智能传播变革丛书

智能认知

陆小华 著

天津大学出版社

智能传播变革丛书　ZHINENG CHUANBO BIANGE CONGSHU
智能认知　ZHINENG RENZHI

图书在版编目（CIP）数据

智能认知 / 陆小华著. -- 天津 : 天津大学出版社, 2024. 8. -- (智能传播变革). -- ISBN 978-7-5618-7785-2

Ⅰ. G219.2

中国国家版本馆CIP数据核字第2024CP2750号

出版发行　天津大学出版社
地　　址　天津市卫津路92号天津大学内（邮编：300072）
电　　话　发行部：022-27403647
网　　址　www.tjupress.com.cn
印　　刷　北京华联印刷有限公司
经　　销　全国各地新华书店
开　　本　710mm×1010mm　1/16
印　　张　17.5
字　　数　260千
版　　次　2024年8月第1版
印　　次　2024年8月第1次
定　　价　76.00元

“智能传播变革丛书”导读

随着生成式人工智能的突破和迅速迭代，新闻传播不仅进入数据驱动、算法分发的智能传播时代，而且进入人类生产内容与人工智能生成内容共同影响人的智能传播新阶段。在智能传播时代，匹配移动需求成为基本规则，实时匹配个性需求改变了传播逻辑，智能传播强烈放大了影响力生成中分发所占的权重。生成式人工智能在文字、图像、视频、音频生成方面不断推进，可用性不断增强，特别是其“生成即传播”的特性，深刻影响着人们的信息获取、知识萃取、观点表达、意识形成。不仅媒体等专业组织的工作范式发生重大转换，形成人与人工智能协同生产内容的新工作模式，而且，多模态大模型等生成式人工智能工具可能成为超级传播主体，并可能与推荐算法、社交机器人、人形机器人协同运行[①]，从而对传播格局产生颠覆性影响，也可能进一步改变影响力生成逻辑。因而，如何应对智能传播变革，如何有效落实“探索将人工智能运用在新闻采集、生产、分发、接收、反馈中”[②]的要求，特别是切实落实“用

① 2024年3月1日和5日，在北京、天津两个机关的内部讲座中，我都曾预测，大模型可能与人形机器人协同运行，当时选择分别由国外和国内制作的两款人形机器人 Figure 01、Walker S 作为案例。这个设想的实现快得出乎预料。2024年3月14日，美国机器人创业公司 Figure AI 正式发布了 OpenAI 大模型加持的 Figure 01。2024年4月初，优必选公司宣布与百度合作，尝试将大模型接入 Walker S 中。

② 习近平：《加快推动媒体融合发展 构建全媒体传播格局》，《求是》2019年第6期。

主流价值导向驾驭‘算法’，全面提高舆论引导能力”[①] 的要求，就成为党政机关、企事业单位、新闻媒体等负责任的传播主体必须深入思考、努力践行的重大课题。因此，我把近年来对“智能传播变革”所做的系统研究的部分成果纳入本套丛书，交付出版。

本套丛书包括《智能认知》《数字变革》《内容竞争》《驱动传播》《重塑融合》，这五本书既分别论述五方面的趋势把握、战略设计、对策选择、案例解剖，又构成一个整体，体现以推动多方面变革来适应智能传播变革。本套丛书的内在逻辑和阅读顺序为《智能认知》《数字变革》《内容竞争》《驱动传播》《重塑融合》，即在智能变革中从优化认知开始，谋划适应数字变革的战略和策略，以有效手段赢得多媒体、多模态条件下的内容竞争，学会并善于驱动传播以改变原有传播模式、增强传播力，并要在智能传播新阶段重塑融合，改变原有融合认知与模式，走向智能融合。

本套丛书体现了智能传播变革中应有的认知框架、战略谋划和对策设计。其中，《智能认知》阐述了应对“与人工智能共生”新阶段的重要战略；《数字变革》提炼了适应新闻传播领域数字化变革中思维方式、运作方式变革的生存规则；《内容竞争》解析了增强内容竞争力、传播力、说服力的底层逻辑和创新方法；《驱动传播》在解析四种重要传播模式的基础上阐述了驱动传播的理念、策略与方法；《重塑融合》阐述了中华民族集体智慧中对“势”的感知、把握、运用、塑造，探究了如何顺应智能科技发展并积极有效得当运用，从深度融合走向智能融合，从融媒体向智媒体加速演变，从而重塑媒体融合。

《智能认知》一书共有“把握趋势”“刷新认知”“塑造能力”“优化战略”四章。本书系统探讨如何把握智能内容生成等新趋势、新变局，把握“与人工智能共生”的智能变革新阶段的演变特点与规律，把握生成式人工智能实质、生成逻辑与运行范式，把握智能传播

---

① 习近平：《加快推动媒体融合发展 构建全媒体传播格局》，《求是》2019年第6期。

演进规律与底层逻辑，以提升认知水平、把握智能变革先机，以催生创新溢价与创造协同价值获得变革成效，以塑造智能竞争力、提升数据话语权赢得舆论博弈。本书还探讨了如何通过优化内容战略、协同战略、拓展战略、规则战略来进一步提升传播力、引导力、影响力、公信力。

《数字变革》一书共有“生存规则”“变革逻辑”“运行范式”“融合体系”四章。本书系统阐述“坚持移动优先战略”“强化媒体深度融合”“成为新型主流媒体”“谋求体系枢纽地位”四个方面的政策要求和生存规则；深入解析数字化变革周期的演化趋势，阐述新型主流媒体应是智媒体的底层逻辑，阐述为什么必须把体系协同作为适应社会生产体系需求的战略选择。本书还系统论述了数字变革中运行范式变化的关键所在，即再组织化、再专业化、再服务化、再社会化、再体系化；并系统解析融合运作体系的构建，提炼智媒体平台设计基点、智媒体平台构建的核心目标，分析融合运作体系构建之关键所在。

《内容竞争》一书共有“竞争核心”“创新依据”“竞争策略”“创意案例”四章。本书系统阐述什么内容才值得生产与传播、为何竞争焦点在于赢得第一解释权、网络内容建设原则与突破点、如何通过价值发现实现基于新历史方位解析中国。本书系统解析如何把握智能传播变革中的创新规律，即数字内容应蕴含传播策略的表达逻辑、支撑短视频传播力竞争力的底层逻辑、新媒体内容与服务产品设计原则所体现的匹配逻辑和凭审时度势善于利用赢得内容竞争的传播之道。本书还系统探讨了作为新传播格局中竞争方法关键之一的需求匹配，新媒体产品供给形态演化所体现的领先制胜和适应新的内容生产分发方式的布局思维。本书以重大庆典多现场、多媒体直播报道为案例，系统解析如何基于塑造引导力构建现场演播室，如何基于体现思想力进行框架建构与报道实现，如何依托洞察力进行画卷构思与创意实现，如何通过效果想象与创意实现追求表达力，如何通过内容挖掘与创意提炼激活发现力，如何通过能力养成与创意验证锻造实现力。

《驱动传播》一书共有“模式认知”“战略选择”“对策实

施”“案例解析”四章。本书重新定义并系统解析关系链传播、驱动再传播、多模态传播、对抗性传播四种传播模式的核心秘诀及其在智能传播变革中的创新表现，深入解析对抗性传播在国际传播、舆论博弈中的应用规律。本书系统探讨了中国共产党的新媒体战略，探讨了最有助于实现战略传播效益的谋势战略和适应新媒体传播的驱动传播战略。本书基于中国实践探讨了如何进行策略谋划，如何让解释和观点在合适的节点体现，探讨了危机报道中的战略权衡与思路拓展、灾难报道中的能力展现与必要约束。本书还系统解析了三组案例，阐述政治传播境界在于既有温度又有深度，事件传播的关键在于多媒体协同传播策略设计与实现，频道运作的关键在于成为基于影响力的引导性媒体。

《重塑融合》一书共有“顺势得生”“重塑则成”“见识制胜”“智媒塑融”四章。本书系统探讨如何识势、蓄势、应势、取势，以顺应数字变革取向与智媒体转型要求；深入解析如何有效利用新媒体产品影响机制、驱动力量；系统阐述在重塑融合进程中如何推进观念重置、模式重构、资源重组、策略重设，如何推进构建适应新媒体竞争的运作模式，如何以颠覆式变革思维谋划融合变革，如何以整合需求、主动干预激发内在活力，如何从把握需求结构入手优化竞争策略。本书重点论述如何通过体现见识、增进共识、明晰标识、传递卓识来实现见识制胜，彰显解释力、凝聚力、说服力。本书系统地阐述了如何推进智媒塑融，以自趋深融来体现新竞争逻辑与融合运作，以协同共融在竞争格局中占领制高点，以变革促融适应新传播格局、赢得融媒体竞争，以智能交融实现深刻变革、适应智能变革。在系统探讨如何把握多约束条件、适应多维度竞争，通过智能化融合有效运用智能科技强大赋能作用的基础上，本书特别提出，适应智能变革，重塑融合是必然选择。本书探讨如何通过目标重置，以智能融合构建智媒体；如何通过内核重塑，构建人工智能驱动的数字媒体；如何通过体系重构，塑造适应人工智能的运作体系。

本套丛书的写作愿景，是希望帮助读者朋友提升“把握人工智能等新科技革命浪潮”[①]的能力，有效运用包括人工智能等在内的数字科技新技术赋能。在我看来，能力学习比知识学习更重要。能力学习的重心，就是思维方式和方法论。因而，基于既长期从事新媒体研究，又长期从事新闻传播实践，既管理过新闻传播业务，又负责过音视频技术系统规划、建设和运维[②]，我努力以多重视角、文工交叉思维解析智能传播变革规律与应对方法，既系统阐述智能传播变革趋势、战略、方法、路径、对策，又在方法论层面做了多方面探索、总结、提炼，紧扣中国实践，直面发展趋势和现实问题并提出解决办法。

“智能传播变革”这套丛书最初谋划于 2023 年 1 月初我写完关于 ChatGPT[③] 在催生什么智能传播新变局的几篇论文和研究报告之后的寒冬；交付此套丛书全部稿件则已是 2023 年 9 月秋暑正炽时。2024 年初夏，又加入了 2024 年 3 月关于 Sora[④] 的研究成果，探究生成式人工智能从 ChatGPT 到 Sora 的发展特点与其间的联系。至于 100 多万字清样的多轮校订，大部分是在出差途中的飞机、高铁上和秋色、冬雪、春风、夏雨错落变换、交相映衬的各种客舍中进行的，也曾有把已看过的部分清样遗落在飞机上而再重新细读的经历。其间，虽曾错过“秋林苍野立，幽谷淡云横。叶落千枝挺，寒起万草丰”[⑤]的璀璨秋色，却也可以在细读清样后掩卷揉眼、倚窗眺望，感受“风急马鬃乱，山远古树铿。地阔天更静，星明月正升”[⑥]。本套丛书虽是学术著作，但也希望读者

① 《习近平主持召开二十届中央财经委员会第一次会议强调 加快建设以实体经济为支撑的现代化产业体系 以人口高质量发展支撑中国式现代化》，《人民日报》2023 年 5 月 6 日，第 1 版。

② 本丛书作者主持建设的“新华社全球视频智媒体平台”项目获 2019 年“王选新闻科学技术奖”一等奖。“王选新闻科学技术奖”是科技部国家科学技术奖励工作办公室批准的传媒科技奖励项目。本丛书作者对通信技术的最早接触是从少年时阅读《无线电》杂志、尝试做矿石收音机和寻找 2AP9 二极管等开始的。

③ ChatGPT，Chat Generative Pre-trained Transformer，生成式预训练聊天模型。

④ 由美国的人工智能研究机构 OpenAI 开发的由文本生成视频的模型。据称，Sora 这一名称源于日文，天空之意。

⑤ 陆小华：《秋林》，写于 2015 年 9 月 27 日。

⑥ 同⑤。

在阅读中能有类似的感受和体悟。

人类文明史就是直面挑战、以变革求发展的历史。今天的中国，“正在谋划和实施一系列全面深化改革重大举措”[①]，“进一步全面深化改革、推进中国式现代化”[②]。我们面对智能传播变革，必然需要直面挑战、以变革求发展。应当如此、必将如是。

以此导读，亦为自序。

2024 年 5 月 25 日，于客舍中

① 《习近平会见美国工商界和战略学术界代表》，《人民日报》2024 年 3 月 28 日，第 1 版。

② 《中共中央政治局召开会议 决定召开二十届三中全会》，《人民日报》2024 年 5 月 1 日，第 1 版。

目 录

第一章　把握趋势

现代意义上的媒体和传播都是基于一定科技条件而产生的，新的科技与应用方式不断催生新的媒体，相应也会催生新的传播形态。推荐算法越来越广泛深入地介入移动传播，使传播进入智能时代。大数据、算法、生成式人工智能（Artificial Intelligence，AI）等对内容生产与传播产生深刻影响，正在改变媒体形态、传播手段、传播方式、影响力生成底层逻辑和传播格局。人们关注的“元宇宙”实质上是一种构想，其沿改善视觉感知路径展开想象与研究。元宇宙将呈现一种多维、体验式的传播形态，是现有传播形态发展逻辑的延伸。这意味着传感科技将大规模进入传播科技领域，一批传感、传播科技融合演进的新传播科技即将出现，孕育中的传播手段、产品更多是传感科技发展带来的感知传播能力发展与进一步有效发挥。

ChatGPT 的上线标志着智能内容生成（Artificial Intelligence Generated Content，AIGC）技术取得重要进展，随着多种基于大模型的 AIGC 工具和应用的出现，智能内容生成进入应用增长期，正深刻影响数字媒体发展、媒体深度融合走向，催生传播新变局。ChatGPT 等智能内容生成工具试用结果与感受的传播形成巨大的卷入效应，引发一系列值得研究、必须回答的重要问题。对于 ChatGPT 等智能内容生成工具的实质，可从以下方面进行理解：其是一种智能内容生成系统而不是“聊天机器人”；其是根据人类制定的规则训练而成的有立场、一定程度上受控的智能内容生成工具，而不是纯客观地依据用户问题生成内容；其虽不具有想象力、思辨力和创造力，但是可代替人类做某些工作，是帮助人类提升生产效率的有力工具。智能内容生成工具生成的内容开始影响人类的认知、决策和行为，这意味着新闻传播活动的影响力生成方式与生成逻辑正发生重大变化。智能工具生成的内容因具有问题针对性、知识性而具有较强说服力，这使得其可能在一定程度上替代人类传播主体对知识性内容传播进行掌控。智能内容生成技术应用于新闻传播等领域，导致出现了人类生产内容与人工智能生成内容共同影响人的局面，媒体等专业组织的运行范式将发生重大转换，形成人与人工智能协同生产内容的新运行范式。进入智能传播时代，匹配移动需求成为基本规则，实时匹配个性需求改变了传播逻辑，智能传播强烈放大了影响力生成中分发环节所占的权重。而智能内容生成技术的发展和应用，使智能传播进入新阶段。在智能传播新阶段，人工智能直接生成的内容开始传播，影响了人们的信息获取、知识萃取、观点表达、意识形成，智能内容生成应用可能成为超级传播体，智能内容生成技术可能与算法推荐、社交机器人协同运行……这都可能对传播格局产生颠覆性影响，也可能进一步改变影响力生成逻辑。

面对急剧变化，最需要把握的是智能传播的演进趋向与演进规律，最需要创新的是人们的思维框架、认知方式和看待、分析、解决问题的方法。确定智能变革应对策略，需要发现一系列人工智能新进展间的内在联系，特别是发现其可用性所在。这样才能既在内容生产、网络传播、舆论博弈、认知塑造等领域有效利用推荐算法、智能内容生成、智能感知等人工智能新技术、新应用，又有效抑制深度合成等人工智能应用可能造成的认知混乱和危害；才能在路径选择、资源投入、政策设计、规则制定等方面，做好方向选择，展开有力行动。

第一节 ChatGPT 到 Sora，生成式人工智能催生新变局

2022 年 11 月底，智能内容生成领域出现了具有引人注目的内容生成能力的预训练大模型——ChatGPT。上线几天后，其在美国高校入学资格考试（学业评价测验，Scholastic Assessment Test，SAT）中获得中等水平成绩，引起人们的广泛讨论。当时，在对 2023 年重要科技进展进行预测时，智能内容生成技术成为多家媒体和研究机构的关注重点。

ChatGPT 面世一年多来，生成式人工智能在文生文、文生图领域的完成度、丰富度不断提升，经过多轮迭代、迅速进化、多模跟进、应用迭生之后，在公众工作、生活、认知领域的渗透不断加快加深，在公众认知、政策设计、资源投入、行业应用等方面于世界范围引发多重复杂效应。2024 年新年伊始，人工智能新进展接二连三地发布，引发全球广泛关注和学界、业界的强烈反响。2024 年 2 月 15 日美国开放人工智能研究中心（OpenAI）发布人工智能文生视频大模型 Sora，其可根据人类语言指令生成长达 60 秒的视频，所生成的视频生动逼真，一些影像“可以像一镜到底一样，从小特写切大全景，变换不同的机位”[①]，有评论认为这是文生视频的重大突破。Sora 发布前后出现的一系列人工智能新进展引发广泛关注、议论与思考，形成又一轮冲击波。

智能内容生成技术的重要进展和应用，正深刻影响数字媒体发展、媒体深度融合的走向，催生传播新变局。2023 年初，我曾经在《智能内容生成在催生什么传播新变局》[②]一文中提出一个问题：值得政策制定者、媒体管理者和研究者们深思的是，距离由一段文字生成的图片、视

---

① 文巧、郑雨航：《Sora 到底有多炸裂，四款视频大模型 5 大场景测评！从 ChatGPT 到 Sora，OpenAI 为何能连续打造出“王炸级神器”》，https://baijiahao.baidu.com/s?id=1791661612117319817&wfr=spider&for=pc，访问日期：2024 年 2 月 29 日。

② 陆小华：《智能内容生成在催生什么传播新变局》，《青年记者》2023 年第 3 期。

频进入数字内容生产与传播环节还有多远？智能内容生成会催生怎样的传播新变局？之后，文生图、文生视频技术迅速发展，多种应用很快出现。2024 年，Sora 发布等一系列人工智能新进展纷至沓来，应当关注的并不仅限于 OpenAI 不再称 Sora 为大模型而称其为“世界模拟器”，也不限于 Sora 所生成影像的逼真程度。生成式人工智能发展迅速，在包括内容生产、信息传播在内的多个领域引发新一轮智能变革。要把握人工智能等新科技革命浪潮， 不仅需要敏锐感知人工智能科技发展方向，还需要以新的眼光发现这一系列人工智能新进展间的内在联系，特别是发现其可用性所在，努力从探索性使用、专业性应用走向创造性运用，从而在智能变革中有新的作为。为了既在内容生产、网络传播、舆论博弈、认知塑造等领域有效利用智能生成能力，又有效抑制深度合成等可能造成的认知混乱和危害，无论在路径选择、资源投入方面，还是在政策设计、规则制定方面，我们都需要认真做好准备，做好方向选择，展开有力行动。

一、2017 年的调研：文稿生成交互视频

智能内容生成技术在内容生产中的运用，是我在媒体生涯中曾重点关注和调研过的。一方面，作为研究者，我一直在关注、研究新媒体和新媒体科技的发展，另一方面，作为音视频内容生产管理者，这是我职责所在，我希望借助智能内容生成技术提升新华社的视频生产能力，解决人力不足导致视频生产能力不足的现实问题。同时，当时一些世界知名媒体在加快步伐获取、运用智能内容生成技术，因而我受命调研智能内容生成技术发展现状，探讨新华社如何借助智能内容生成技术增强竞争力。

2017 年调研时我重点关注了美国联合通讯社（以下简称“美联社”）与 Wibbitz 公司在依文稿自动生成视频方面的合作。Wibbitz 是由以色列人佐哈尔·达扬开发的一个可以将文字自动转换为视频的应用。

只要在内容文本中加入一行 JavaScript 代码，Wibbitz 便可以运用自然语言理解和算法从文章中抽取摘要并从网上获取相关图片，然后基于图片、信息、配音等生成一个用第五代超文本标记语言（HTML5）制作的交互视频，并分享到社交媒体上。早期，Wibbitz 对英语和葡萄牙语的辨识度较高。2011 年 Wibbitz 公司在以色列创立，两年后进入美国市场。2012 年，其获得维港投资（Horizons Ventures）公司 230 万美元的投资[①]。Wibbitz 能够解析关键信息并直观有效地呈现，这使内容生产机构愿意尝试将 Wibbitz 集成在它们的网站上。2017 年 Wibbitz 公司获得的 2 000 万美元的 C 轮融资，就主要是媒体所投。其中，德国知名传媒集团贝塔斯曼旗下的子公司贝塔斯曼数字媒体投资公司（Bertelsmann Digital Media Investments）领投，美国天气频道（The Weather Channel，TWC）、美联社以及法国电视一台（Television Francaise 1，TF1）跟投。原有投资方 NantMobile、Lool Ventures 和 Horizons Ventures 同样也参与了本轮融资。Wibbitz 公司联合创始人兼首席执行官（CEO）佐哈尔·达扬认为，这次的投资方在视频制作方面都有一定的经验，这进一步体现了传媒业对 Wibbitz 的认可。Wibbitz 主要为各家媒体现有的视频团队提供补充支持，让它们以较低成本自动制作大量视频。而剩下的那些高端工作，则留给团队成员去完成。Wibbitz 公司的目标就是尽量缩小智能工具自动生成视频和人手动制作视频之间的差别。现阶段，人们对在内容创作方面使用人工智能技术这一行为的接受程度越来越高，已经开始意识到这一行为带来的价值。据报道，Wibbitz 公司已经与包括彭博新闻社（以下简称“彭博社”）、考克斯集团（Cox Group）、美国天气频道在内的新闻机构达成合作[②]。

2017 年调研时我关注的另一个视频生成平台是纽约的 Wochit。诞

① 《Wibbitz：曾获李嘉诚旗下 Horizons Ventures 投资 怎么使用 Wibbitz？》，https://news.mtrend.cn/26895.html，访问日期：2024 年 3 月 18 日。

② 《将枯燥文本自动转化成趣味视频，AI 创企 Wibbitz 获 2 000 万美元 C 轮融资》，https://lieyunpro.com/archives/375196，访问日期：2024 年 3 月 18 日。

生于 2012 年的 Wochit，官网称其是“白标视频编辑器”（White-label Video Editor），称可“为您的客户提供视频力量”，可为所有技能水平的创作者提供直观界面和功能，提供多种模板、多种功能满足用户的不同需求，生成的视频可以分享到社交媒体上。据其官网介绍，这个应用可作为插件集成到用户的平台上从而使平台具有视频创作能力，用户可根据自身平台需求调整视频编辑器的外观、功能。Wochit 与全球多家新闻视频采集机构签订了合作协议，可帮助用户将原始新闻视频资料剪辑生成“独家内容”，大部分生成工作由算法帮助完成。用户可以上传自己的文字稿件，Wochit 平台可通过搜索提供对应的视频素材，用户选择素材和模板后，再使用具有“拖拽功能”的剪切工具进行视频剪辑，就能制作出与文字稿件相关的视频内容，用户还可在视频内打上自己的水印标识。Wochit 作为一个视频平台，可帮助视频制作初学者在短时间内制作、剪辑出视频。2016 年 10 月，新加坡报业控股集团旗下风险投资基金 SPH Media Fund 宣布领投 Wochit 最新一轮 1 300 万美元的风险投资，参与此轮投资的还有德国媒体 ProSiebenSat.1 等机构和个人。

2017 年对智能内容生成技术的调研，客观上是那个阶段对可用于视频智媒体平台的人工智能技术调研的一部分。2017 年 3 月 3 日，新华社全球视频智媒体平台上线运行，该平台在规划、建设时就以增强体系竞争力为核心目标，它的运行实现了融合运作体系的同步构建，体现了流程优化、平台再造、各种媒介资源与生产要素有效整合，实现了信息内容、技术应用、平台终端、管理手段共融互通。“新华社全球视频智媒平台”项目 2019 年获媒体技术领域唯一国家级奖项“王选新闻科学技术奖”（以下简称“王选奖”）一等奖。在组织推动新华社全球视频智媒体平台建设、运行的同时，我还积极调研与音视频采集、生产、分发相关的人工智能技术，为此探访过国内相关领域的多家企业，包括一些头部企业。相对而言，人脸识别技术等当时在国内更为风行，但人们并没有发现可用于音视频生产流程的智能内容生成技术产品。不过智能内容生成技术发展动向与产品，是研究者应一直密切关注的。

媒体的技术建设从来不是单纯的技术运用，而是既要为媒体融合、业务运行、影响力增强服务，又要密切跟踪对内容生产与传播格局可能产生重大影响的新技术、新趋向。毕竟，新媒体、新传播、新格局等新闻传播领域的重大变革，往往是由某种新发明、新技术、新应用推动的。智能传播科技的发展已经产生了这种推动作用，但包括智能内容生成在内的新技术可能产生更大的催化作用。

二、ChatGPT：智能内容生成的重要进展

人工智能在多个领域取得长足进步是不争的事实。在智能内容生成领域，有两个重要进展引发强烈关注。

其一是 ChatGPT 的面世。其由 OpenAI 于 2022 年 11 月 30 日推出，可以根据用户提问生成多种类型的文本内容。有报道称，应用上线 5 天，用户数量已突破 100 万。因试用人数太多，曾关闭试用。ChatGPT 上线短短几天后参加了美国高校入学资格考试，其成绩相当于中等水平。ChatGPT 还依据《老友记》主角的口吻创作了剧本对白。OpenAI 由埃隆·马斯克和萨姆·奥尔特曼等人创办，2018 年马斯克退出公司董事会。2018 年，OpenAI 推出第一代 GPT，之后两年迭代了三个版本。2020 年，GPT-3 问世，它是一个拥有 1 750 亿参数、利用 45 万亿字节文本数据进行训练的人工智能算法模型。在它出现之前，世界上最大的语言模型是微软旗下的 Turing-NLG，拥有的参数还不到 2 亿。人们可以从与 GPT 相关的论文中了解到，GPT 是通过文字接龙以及人工引导接龙反馈的模式进行语言模型训练的[①]。其后发布的 GPT-4 有 100 万亿个参数。

ChatGPT 的面世作为智能内容生成领域里的重要进展，其价值还可以从微软的新动作中看出来。根据 2023 年 1 月 10 日美国财经媒体“旗

① 沈湫莎：《ChatGPT“火”到官宣满员，人工智能的下一个范式来了吗》，https://www.whb.cn/commonDetail/500798，访问日期：2022 年 12 月 19 日。

语”新闻社（Semafor）[1]的报道，微软公司等投资机构就向ChatGPT的开发者OpenAI投资100亿美元开展谈判。交易达成后，OpenAI的估值将达到290亿美元。Semafor报道称，微软的注资将是一项复杂交易的一部分，直到投资收回之前，微软将持续分得OpenAI 75%的利润。收回投资后，微软将拥有49%的股份，其他投资者持有49%的股份，OpenAI的非营利性母公司则持有2%的股份。不过该报道并未说明在微软收回资金之前的持股情况。此外，该交易中还设定了每类投资者的利润上限。此前，《华尔街日报》报道称，OpenAI试图以大约290亿美元的估值出售现有股票，兴盛资本（Thrive Capital）和创始人基金（Founders Fund）等风险投资机构则从现有股东手中购买股票。这个消息加强了人们对ChatGPT的关注，不仅因为拟投资金额巨大，更因为2023年1月7日美国科技媒体The Information[2]报道称，微软公司将可能把OpenAI的人工智能技术纳入其办公软件Office，这一旦变为现实，将深刻影响Office用户的工作和生活习惯。2023年1月3日，The Information曾报道，微软新版搜索引擎必应（New Bing）将提供自然语言理解搜索结果，而不仅是链接列表。微软与OpenAI的合作早已开始。2019年，OpenAI获得了微软10亿美元的投资。随后OpenAI在微软的Azure云计算服务上开发其人工智能超级计算技术[3]。

其二是可依据文字生成图像和视频的AI模型的出现。英国《新科学家》周刊网站上一篇题为《2022年，人工智能让把一切绘制成图成为

① Semafor由彭博媒体集团（Bloomberg Media）前首席执行官贾斯汀·史密斯和《纽约时报》媒体专栏作家本·史密斯共同创立，于2022年10月上线。Semafor使用AI算法处理内容，致力于为用户提供有价值的新闻资讯内容。

② The Information是《华尔街日报》记者杰西卡·莱辛于2013年创办的科技新闻网站，是硅谷最有影响力的科技媒体之一，在全球84个国家和地区拥有数万名付费订阅用户，以追踪报道全球知名科技企业的独家新闻著称。

③ 吴遇利：《微软考虑向ChatGPT开发商OpenAI投资百亿美元，还要整合进Word》，https://www.thepaper.cn/newsDetail_forward_21496719，访问日期：2024年3月18日。

可能》[1] 的文章称，根据简单的描述性文本生成像照片一样逼真的图像AI 模型，可能是“最大冲击之一”。2022 年以前，将文本转化为图像的 AI 技术还相当不成熟。2022 年这项技术迅猛发展，2022 年美国科罗拉多州博览会美术竞赛上获奖的作品之一就是用 AI 创作的。上面这篇文章引述了英国伯明翰大学马克·李的分析。他提到，在硬件和软件优化的共同作用下，智能内容生成技术迅速发展。开始，研究人员将谷歌公司工程师 2017 年发明的一种名为转换器的算法模型用于生成图像。此前，这类 AI 模型被用于构建像 GPT-3 这样的文本生成模型。然后，在硬件功能变得更强大的基础上，拥有训练这些模型的资金和资源的大公司开始免费提供部分研究成果，甚至很有远见地向更大范围内的公众提供有限的使用机会，使更多科学家涉足这个领域。这篇文章还引述了抱抱脸（Hugging Face）网站创建人之一托马斯·沃尔夫的话，“尽管转换器模型在图像生成方面取得了初步进展，但一种名为扩散的新型算法模型最近几个月一直处于领先地位”，转换器模型“往往会提供一些怪异的作品”，扩散模型“能够创作出具有精细纹理的作品”。文章提到：“用人工智能创作定制艺术品所需的成本和时间将大幅减少，这最终可能会对人类创作者产生巨大影响。”这篇文章还描述了这类可生成图片和视频的 AI 模型对新闻传播业的影响：一位封面创作者抱怨 AI 已经抢走了他的佣金，“客户现在选择免费生成的图片”。

三、生成视频与 Sora 技术链：可用性视角的观察

2024 年 2 月之后发布的一系列人工智能新技术、新应用呈现出四个重要特点，蕴藏着值得深思的关联，为新闻传播业提供了现实应用可能。

---

① 2022 年 12 月 27 日，英国《新科学家》周刊网站刊登了马修·斯帕克斯的《2022 年，人工智能让把一切绘制成图成为可能》，参考消息网以《2022 年人工智能图像技术迈大步》为题于 2022 年 12 月 31 日进行编译转载。

1. 人工智能在视频理解与生成方面的突破展现可用性，引发新变革

2024 年 2 月 15 日，谷歌发布的多模态模型 Gemini 1.5（双子座 1.5）可以识别手绘图画所展现的特定时刻和人类动作。Gemini 1.5 的突破性在于可以在单个统一模型中支持本机多模态。据报道，Gemini 1.5 具有可识别文本、图像、视频、音频和编程代码的“多感官”能力，这使其具备更强的理解和推理能力①。这大概是其在“大规模多任务语言理解”测试中获得 90% 的分数，从而首次超越人类专家的重要原因。

Gemini 1.5 发布仅几个小时后，曾发布 ChatGPT、GPT-4 的美国人工智能领先企业 OpenAI 发布可根据人类语言指令生成长达 60 秒视频的文生视频模型 Sora。AI 生成视频，既包括输入文本生成视频或上传图像生成视频，还包括转换视频风格、预测超出原始视频边界的内容而扩展视频、更换视频内容等。Sora 所生成的视频不仅可达到 60 秒，而且还具有三个重要特点。一是动态镜头运动视频不仅生动逼真，还保证了三维空间的一致性，人物和场景元素在三维空间中可以随摄像机的移动和旋转保持连贯。二是生成的视频体现了长期连续性和物体持久性，可以在单个视频中生成同一物体的多个镜头，一个主体即使暂时出镜，画面也能保持不变。三是能够向前或向后扩展视频，或连接两个视频②。《每日经济新闻》记者采用 OpenAI 官方公布的五条 Sora 视频的提示词，对 Pika（美国 Pika labs 公司研发的一款视频生成应用，2023 年 11 月发布 Pika1.0 版）、Gen-2（AI 初创公司 Runway 发布的生成式 AI 视频模型，2023 年 7 月发布，2023 年 11 月 Gen-2 更新版发布）和 PixVerse（中国 AI 初创公司爱诗科技研发的视频生成工具）的文生视频能力进行了测试，并将生成结果与 Sora 生成的视频进行了对比，测试场景涉及

① 安峥：《谷歌推“双子座” 号称最强 AI 模型》，《解放日报》2023 年 12 月 8 日，第 7 版。

② 韬艾股嘉：《重点板块研究—Sora 文生视频》，https://xueqiu.com/7490643941/278907160，访问日期：2024 年 2 月 29 日。

人物特写、电影预告片等五类。对比结果显示，Sora 生成的视频的平均长度约为 16 秒，最长达到 20 秒，相比之下，其他三个模型生成的视频的长度均在 3~4 秒。Sora 在生成长度、连贯性和视觉细节方面表现出明显的优势。英国皇家工程院院士、欧洲科学院院士许彬（Pan Hui）在接受《每日经济新闻》记者采访时评价说："目前 Sora 在视频生成品质上绝对是无可匹敌的。Sora 生成的视频可以从小特写切大全景，变换不同的机位。"① 可见，Sora 被认为是具有实用性的"生产力工具"，可能引发新一轮内容创作产业革命。

2024 年 2 月 16 日，Meta（原名 Facebook，脸书，创立于 2004 年 2 月 4 日）发布视频模型 V-JEPA（JEPA，Joint Embedding Predictive Architectures，联合嵌入预测体系结构），其可以通过观看视频来教导机器理解和建模物理世界，通过预测视频中缺失或模糊的部分来学习，使训练效率提高 6 倍。V-JEPA 是基于 Meta 首席 AI 科学家 Yann LeCun（杨立昆，1960 年出生于法国，2018 年图灵奖得主之一）2022 年推出的 JEPA 架构开发的模型。2023 年，他还曾开发了图片预测模型 I-JEPA。研究人员使用一系列经过遮蔽处理的特定图片和视频训练 I-JEPA 和 V-JEPA，要求模型利用"抽象方式"填充视频中缺失的内容，从而让模型在填充过程中学习，进一步预测事件或动作，进而对世界进行更深层次的理解②。

2024 年 2 月 21 日，谷歌发布新一代开源大语言模型（LLM）Gemma（拉丁语中意为"宝石"）。这个模型是由曾开发出战胜人类顶尖围棋手的阿尔法围棋（AlphaGo）和利用阿尔法折叠 2（Alpha Fold 2）成功解密蛋白质结构的谷歌深度思维（Google DeepMind）团队等开发的，

① 文巧、郑雨航：《Sora 到底有多炸裂，四款视频大模型 5 大场景测评！从 ChatGPT 到 Sora，OpenAI 为何能连续打造出"王炸级神器"》，https://baijiahao.baidu.com/s?id=1791661612117319817&wfr=spider&for=pc，访问日期：2024 年 2 月 29 日。

② 《Meta 推出 V-JEPA 模型，利用 AI 高效补充视频受遮蔽部分》，https://baijiahao.baidu.com/s?id=1791147088190242145&wfr=spider&for=pc，访问日期：2024 年 2 月 29 日。

采用与 Gemini 模型相同的技术，据称专为开发有责任担当的人工智能而打造，分为 2B（20 亿参数）和 7B（70 亿参数）两种尺寸版本。2B 版本甚至可直接在笔记本电脑中运行。这种便携性是提升可用性的重要基础。

2. AI 声效技术将无声视频变为有声，构成 Sora 技术链，强化可用性

Sora 生成的视频是无声的。2024 年 2 月 18 日，总部位于伦敦、专注于开发人工智能语音模型和工具的十一实验室（ElevenLabs）发布了 AI 声效技术的最新成果，能使 Sora 生成的无声视频具有逼真的声效，从而使生成的场景近乎于真实拍摄的场景。十一实验室用“海浪拍打”“金属碰撞”等文本提示模型生成声音并叠加到 Sora 生成的视频中。但这需要其 AI 模型识别视频中每个物体的类别、材质和空间位置，识别物体之间的高阶相互作用，如棍子是否击中木质、金属或鼓表面，以什么速度击中的；还要识别视频中的环境，如果环境复杂，AI 模型需要根据空间位置叠加多个音轨[①]。而在摄像机真实拍摄的视频中，声音与动作是自然对齐的。十一实验室在社交媒体上发布该技术时说：“我们被 Sora 的公告震撼了，但觉得它需要一些东西……如果你能描述一个声音并用人工智能生成它，会怎么样？”[②] 看到加上十一实验室所配声效的 Sora 视频的观众，会觉得视频宛若天成。在我看来，十一实验室的 AI 声效技术不仅可以让人们关于声音的创意和想象力不再受现实世界的束缚，更与 Sora 视频生成技术构成技术链，进一步强化了生成式人工智能在内容生产中的现实可用性。

3. 音频驱动生成肖像视频的 EMO 另辟视频生成路径，扩展可用性

2024 年 2 月 28 日，阿里巴巴发布音频驱动的肖像视频生成模型 EMO（Emote Portrait Alive），向该模型输入肖像及说话、唱歌的音频就

① 黄建同学：《OpenAI Sora 生成的视频是无声的……》，http://k.sina.com.cn/article_5648162302_m150a81dfe033014e3e.html，访问日期：2024 年 2 月 29 日。

② 《Sora 视频我来配音！ ElevenLabs 宣布 AI 音效即将到来：文字描述化为现实声音魔法》，https://news.sohu.com/a/759174401_121707040，访问日期：2024 年 2 月 29 日。

可让照片中的人物开口说或唱所输入音频的内容。据报道，EMO 支持以中、英、韩等多种语言生成视频，输入多长时间的音频就可生成多长时间的视频。观看实验视频可以发现，生成的视频中人物的口形、表情会与音频内容、节奏、强度等相适应。EMO 的技术报告称其生成的视频在表现力与真实感方面显著优于现有的 DreamTalk（由清华大学、阿里巴巴和华中科技大学共同开发的一个基于扩散模型让人物头像说话的框架）、Wav2Lip（印度海德拉巴大学和英国巴斯大学的团队研发的语音驱动人脸模型，可让口形与音频对应）和 SadTalker（西安交通大学团队研发的使用图片与音频文件自动合成人物说话动画的开源模型）等。研究团队认为这个模型可"提高数字媒体和虚拟内容生成技术水平，特别是在需要高度真实感和表现力的场景中"。但也有评论认为使用这个工具将凭借"一张照片就能造谣"[①]，这是需要预加认知并以有效手段规制、约束、防范的。

从现实可用性观察，这种以音频驱动生成肖像视频的 AI 模型在以下几个应用方向有不俗的表现。一是可与 Sora 等视频生成技术构成技术链，可接续使用或协同使用，使生成的视频从无声变为有声，表现力更强。二是以音频驱动的视频生成方法，为拥有音频、声效资源的行业、机构和其他主体，如广播机构，提供了发挥优势、增强竞争力的支撑手段。三是为正在蓬勃发展的有声书行业提供了更适应移动互联网、智能终端需求的表达手段，让说书人、讲书人、朗诵者"动"起来，让现有的珍贵音频更有感染力，从而让历史音频资源产生更大的价值。以说书音频为基础，通过 AI 加工生成说书视频，可以使有声书内容生产更具效率。

值得高度关注的是，2024 年 3 月 7 日有报道透露阿里巴巴研发了一种由静态图像生成高质量视频并与各种文生图（T2I）模型兼容的生成模型 AtomoVideo，其可使生成的视频有更高的保真度，在保持时间一

---

① 《阿里 EMO 模型，一张照片就能造谣》，https://baijiahao.baidu.com/s?id=1792189739510241856&wfr=spider&for=pc，访问日期：2024 年 2 月 29 日。

致性和稳定性的同时实现了更大的运动强度[①]。从某种意义上说，与各种文生图模型兼容的技术，也完善了技术链。

以技术链思维从技术链角度观察，更有利于发现、感知人工智能技术的可用性与实际运用方法，发现新发布的人工智能产品成果、工具、应用之间的关系与运用可能。同时，也必须以技术链思维把已经在用的技术、设备与生成式人工智能新技术、新应用结合起来。以此眼光观察，Sora 技术链上的应用不仅包括为 Sora 生成的无声视频配声效的模型，还包括已经在用的和最新发布的一些技术。

4. 大模型视觉理解、推理能力在博弈和竞争中发展迅速，拓展应用性

2024 年 3 月 4 日，由 OpenAI 前员工组建的公司 Anthropic（美国 AI 初创公司）发布了最新的 Claude 3（克劳德 3）系列模型，并发布了 42 页的技术报告，声称其在推理、数学、编码、多语言理解和视觉方面树立了全新的行业基准。Claude 3 系列模型按照性能从低到高分别命名为 Haiku（俳句）、Sonnet（十四行诗）和 Opus（巨作）。有报道说，在多模态能力方面，Claude 3 系列模型可以从视觉上识别物体，能用复杂的方式思考，既能理解物体的外观，也能理解它与数学等概念的联系。Anthropic 提供的一个测试案例显示，向 Opus 输入 2 小时 13 分的视频的原始文本，再加上每隔 5 秒截取的图像，Opus 成功生成了一篇图文并茂的 HTML 格式的博客文章[②]。在马斯克与 OpenAI 的争执中，有网友使用 Claude 3 破译了 OpenAI 所公布的马斯克邮件中被遮盖部分的内容[③]。

---

① 《阿里巴巴推出高保真图生视频框架 AtomoVideo，兼容多种文生图模型》，https://www.163.com/dy/article/ISM5DOB005566WT8.html?spss=dy_author，访问日期：2024 年 3 月 13 日。

② 《秒杀 GPT-4，狙杀 GPT-5，横空出世的 Claude 3 是什么来头？》，https://www.jiemian.com/article/10885261.html，访问日期：2024 年 3 月 13 日。

③ 《Claude 3 破译 OpenAI 邮件密文：马斯克怒斥应改名 ClosedAI》，https://baijiahao.baidu.com/s?id=1792848567203563488&wfr=spider&for=pc，访问日期：2024 年 3 月 13 日。

2024年3月5日，专注于视觉内容生成的Stability AI（美国AI初创企业）携手VAST（中国AI初创公司）发布了由开源单图生成3D模型的TripoSR，其能在不到1秒的时间里由单张图片生成草图质量的带纹理3D网格模型，据称其性能超越了其他同类应用。此前，Stability AI曾发布图片生成模型Stable Diffusion 3和视频生成模型Stable Video。VAST是3D内容生成领域的新锐研究团队，他们认为，AI在3D生成领域的发展需要跳出对人类经验的依赖，要通过更庞大的数据、更可扩展的模型和强大的计算能力进一步“学习”。

从可用性视角观察，这种在视觉理解方面有超强能力的人工智能技术具有广阔的应用空间[①]，一旦能够以多模态大模型处理通过多种工具获取的影像，将可能发挥巨大的协同作用。而由单图生成3D模型，不仅提供了联结现实世界与虚拟世界的工具，也提供了不同领域竞争主体在技术链上的合作方式。

四、智能科技正催生传播新变局

对当年科技发展进展的回顾与对未来科技发展趋势的预测，向来是世界知名媒体年终报道的重点。这不仅是因为这种梳理和预测本身就是深受关注的高知识信息含量的内容，能体现一个媒体的水准，还因为这类回顾和预测会对研究者、业界、管理层、决策者产生重要影响。

智能内容生成技术的重要进展就成为2023年元旦前后一些重要媒体和机构回顾和预测的重点之一。比如，美国《连线》杂志盘点“2022年让世界更美好的事”时，就以“DALL-E 2可以将文本输入转变成生动的图像”和ChatGPT“可以回答复杂的问题，写出相对连贯的文章或计算机代码”为例，阐述了其观点：“人工智能工具改变了我们发挥创

① 《0.5秒，无需GPU，Stability AI与华人团队VAST开源单图生成3D模型》，https://baijiahao.baidu.com/s?id=1792657306508184305&wfr=spider&for=pc，访问日期：2024年3月13日。

造力的方式”，“开辟了新天地”[①]。

面对新科技发明应用到新闻传播领域一次次带来传播新变局的历史，面对智能科技的迅速发展正在改变“我们发挥创造力的方式”的现实，面对新的范式是否正在到来的诘问，研究者、业界、管理层、决策者，应当做什么样的准备，展开什么样的行动？至少包括以下几点。

1. 强化创新思维，积极体悟、交融理解智能科技发展趋势

2023 年 1 月 11 日，阿里巴巴达摩院发布了 2023 年十大科技趋势，据报道其采用“巴斯德象限”研究思路，基于论文和专利的大数据“定量发散”，对产、学、研、用领域近百位专家的深度访谈进行“定性收敛”，再从学术创新、技术突破、产业落地、市场需求等维度综合评估[②]。

从达摩院预测十大科技趋势的表达方式看，其分别列出十项是为了强调这些科学技术各自的发展趋势和特点。其中几项与智能内容生成密切相关。第一项是“多模态预训练大模型：基于多模态的预训练大模型将实现图文音统一知识表示，成为人工智能基础设施”。生成式 AI 模型的核心源于算力的大幅提升和对“大模型”（基座模型）认识的变化。很快，多模态大模型就出现了。第七项是“双引擎智能决策：融合运筹优化和机器学习的双引擎智能决策将推动全局动态资源配置优化”。这不禁令人联想到“技术突破点还是在逻辑、推理、决策上”的难题。第八项是“计算光学成像：计算光学成像突破传统光学成像极限，将带来更具创造力和想象力的应用”。当初华为手机拍摄的月亮比有些相机还清晰，就引发人们对计算光学的关注。计算光学成像如果能突破传统光学成像极限，就会生成更引人关注甚至大开脑洞的内容。第九项是“大规模城市数字孪生：城市数字孪生在大规模趋势基础上，继

① 2022 年 12 月 30 日，美国《连线》杂志官网发文点评“2022 年让世界更美好的事”，参考消息网翻译后以《美媒盘点：2022 年让世界更美好的科技进展》为题于 2023 年 1 月 3 日进行转载。

② 李剑平：《达摩院发布 2023 年十大科技趋势》，https://baijiahao.baidu.com/s?id=1754715669598085480&wfr=spider&for=pc，访问日期：2023 年 1 月 11 日。

续向立体化、无人化、全局化方向演进”。这势必进一步推进元宇宙构想的落地，而无人化演进，也一定会与智能内容生成连接起来。第十项“生成式 AI”更是对智能内容生成技术的应用做出极为乐观的预测，认为“生成式AI进入应用爆发期，将极大推动数字化内容生产与创造”。谨慎地看，即使生成式AI没有进入“应用爆发期”，而只是规模明显扩大，是不是也会“推动数字化内容生产与创造”？是不是也会深刻影响数字内容生产，为数字内容创意实现提供更大的创造空间？是不是也会深刻影响传播格局？

在主流媒体总体上智能传播科技应用水平较低的现实情况下，智能内容生成技术出现重要进展，并被预测可能进入“应用爆发期”，这就需要智能传播科技、新闻传播研究与实务等多方面的研究者、业界、管理层、决策者为智能内容生成技术的进展和影响做好应对准备。“只有对前沿技术、颠覆性技术、以重大科技问题为导向的技术趋势及各领域的交叉融合建立深刻理解，才能实现我国整体科技水平从跟跑到领跑的战略性转变。”[①]

2. 强化效率思维，创新整合、跨界运用现有高效科技手段

传统媒体与新媒体在传播效率、传播能力、资源运用、反馈能力等方面存在巨大效率差，从而在传播力、竞争力方面存在明显差距。将智能科技应用于新闻传播领域的内容采集、加工、分发、反馈等环节的媒体、平台与没能运用智能科技的媒体、平台之间的效率差距与能力差距又被进一步放大。

因此，必须强化效率思维，创新整合、跨界运用一切能够帮助提升整体与局部运行效率的现有和前沿高效科技手段。很多时候，现有技术虽然不太前沿，但以创新方式与其他技术整合，把其他领域已经运用的技术跨界运用在传播领域，可以收到出人意料的效果。达摩院所预测的

① 邬贺铨：《十大科技趋势》序言，转载自罗亦丹《生成式 AI、多模态预训练大模型入选达摩院 2023 十大科技趋势》，https://baijiahao.baidu.com/s?id=1754818781492584551&wfr=spider&for=pc，访问日期：2024 年 3 月 19 日。

2023年十大科技趋势中，第三项“存算一体”、第五项“软硬融合云计算体系架构”、第六项“端网融合的可预期网络”等，都体现了某种整合、融合。十多年前算法被应用于信息分发，产生了智能分发平台，深刻改变了新闻传播格局，也使人们进入了智能传播时代。换一种眼光，今天依然有许多这样的技术可以为新闻传播所用。比如，2019年《曼达洛人》基于发光二极管（LED）背景墙和虚实同步摄像、现场实时渲染拍摄等虚拟制片（Virtual Production）技术大大提升了影视制作的效率，其掀起一场变革，成为一根“创新标杆”。虚拟制片可在摄影棚内用最短的拍摄时间完成前后景光照自然融合，媲美外景实地拍摄的镜头光影效果，节省大量的外拍和后期视效成本。通过实时渲染引擎，在拍摄现场实现“所见即所得”，给予了摄制团队极大的创作灵活性，同时大幅提升“片比”（即最终使用素材占全部拍摄素材的比例）①。目前其主要应用于影视剧领域，一些专题片也开始利用这种拍摄制作方式。那么，这种技术整合运用于视频制作领域是否可行？是否可以提升制作效率？对智能传播科技研究与应用而言，就应当这样思考与尝试。这需要媒体业的决策者、操作者关注智能内容生成技术的发展与应用，并尽可能勇敢试用，赢得先机。

3. 强化底线思维，体系监管、超前规避智能应用负面影响

对智能内容生成可能产生的负面影响的监管更应超前研究、同步推进。一方面要重点研发安全、可控、负责任、符合伦理的智能内容生成技术，另一方面要构建相应规则体系以有效控制智能内容生成技术与应用可能造成的不良影响。所幸，国家互联网信息办公室（以下简称“国家网信办”）等三部门公布的《互联网信息服务深度合成管理规定》已自2023年1月10日起施行，为智能内容生成技术应用的监管提供了制度基础，并为在实践中完善提供了空间。

① 极客电影：《如何玩转“虚拟制片”？这群“老兵”有话要说》，https://mp.weixin.qq.com/s/6WIlcMkss7FoKAN1wLS9Nw，访问日期：2023年1月23日。

第二节 问题与透视：实质、生成逻辑与运行范式

可以根据用户问题生成内容的智能内容生成工具 ChatGPT，在理解提问意图、准确生成内容、方便使用等方面，出现标志性重大进展。用户试用结果与使用感受的传播形成巨大的卷入效应，不仅使 ChatGPT 在上线两个月就积累了上亿用户，还使多个领域专业人士与机构试用，诸多互联网公司、高新技术公司还在 2023 年 3 月集中发布了自己的研究成果或公告进一步试用。OpenAI 放出 ChatGPT 的应用程序编程接口（Application Programming Interface，API），不久之后，又发布了功能更强大的大语言模型 GPT-4；斯坦福大学发布训练成本远低于 GPT-3.5 但功能近似的模型 Alpaca；清华大学发布消费级显卡就能部署的 ChatGLM-6B；PyTorch 研发团队发布了开源的机器学习库 PyTorch 2.0 正式版；百度发布基于文心大模型的“文心一言”；谷歌开放了大语言模型 PaLM 的 API，宣布将 AI 工具整合进 Workspace 后，又发布可以一次给出三个答案的对话式智能内容生成工具 Bard；微软发布 Copilot，将 GPT-4 全面接入 Office 办公套件；Stability AI 发布可以根据单个图像无限制生成多种变体而不需要复杂提示的新工具 Stable Diffusion Reimagine；英伟达（NVIDIA）发布提速 10 倍的 H100 NVLink GPU 芯片和加速库、计算光刻；奥多比（Adobe）公司发布可根据文字描述生成或替换图片中的某一元素和可把手绘草稿转换为可编辑矢量图的生成式 AI 工具萤火虫（Firefly）。

与此同时，人们对智能内容生成工具产生了一定的担忧，因为用户利用智能图像生成工具生成的酷似新闻图片的影像广泛传播，足以混淆人们的认知。在特朗普于 2023 年 3 月 18 日在社交媒体上发布消息说预计自己可能在下周二被捕后，有用户利用 2023 年 3 月 16 日发布的 Midjourney V5 图像生成工具，生成了多幅“特朗普被捕”的照片，这些照片被迅速多轮转发，使很多人信以为真。

智能内容生成工具的迅速发展，引发了一系列值得研究、必须回答的重要问题：ChatGPT 等智能内容生成工具的实质是什么？智能工具生成内容被议论、分享、传播，是否意味着影响力生成逻辑发生新的重大变化？智能内容生成工具的使用，是否意味着新闻传播业运行范式发生重大转换？这一系列问题，都值得我们深长思之，并探索回答。

一、ChatGPT 的实质是有立场、一定程度上受控的智能工具

ChatGPT 是 OpenAI 于 2022 年 11 月 30 日推出的由人工智能技术驱动，通过理解和学习人类语言与人类进行不限话题的连续对话，并能根据对话生成相应内容，甚至能撰写邮件、视频脚本、文案、代码、论文等的一种智能内容生成工具，具有“高质量对话、复杂推理、思维链（CoT）、零/少样本学习（语境学习）、跨任务泛化、代码理解/生成等”比以往智能内容生成工具表现更好、更“令人印象深刻”的功能[①]。其实质是根据人类制定的规则训练而成的有立场、一定程度上受控的智能内容生成工具；是基于所链接的由现有知识、信息、问题构成的语料库生成内容的智能内容生成工具，但还不具有想象力、思辨力和创造力；是可帮助人类提升效率或代替人类做某些工作的生产力工具。

首先，ChatGPT 是一种智能内容生成系统。它不是一些文章与讨论所称的“聊天机器人”，称其为聊天机器人会限制人们对智能内容生成技术和可能产生的影响的认知，也会限制人们对智能内容生成技术的利用和监管。聊天机器人对用户问题的回复答案多数是预先写入数据库的，用户提问时，聊天机器人根据对用户问题的理解调取相应内容进行回答。传统搜索引擎则是搜索列出已在互联网上存在的文章、数据、帖子、图像等，也不生成新内容。ChatGPT 不是简单加工现有内容，而是

① Zhou J，Ke P，Qiu X P，et al.，“ChatGPT：Potential，Prospects，and Limitations”，*Frontiers of Information Technology & Electronic Engineering* 25，no. 1（2024）：6-11.

根据用户问题，用经过人工标注数据集训练的算法来智能生成内容。智能内容生成工具既包括 ChatGPT 这类具有较强自然语言理解和文本生成能力的人工智能系统，也包括 DALL-E 2 这类可根据书面文字生成图像的智能图像生成器。DALL-E 于 2021 年 1 月由 OpenAI 推出，据说名称来源于画家达利（Dalí）和动画片《机器人总动员》（*WALL-E*）。DALL-E 2 发布于 2022 年 4 月，同年 9 月公开测试。用户只需简单输入一些文字描述，该系统就可将文字所描述的场景以图片形式展现出来。据 OpenAI 官网信息，至 2022 年 9 月 28 日，已有 150 多万用户使用 DALL-E 2，每天约创建 200 万张图片；至 2022 年 11 月 3 日，已有超过 300 万人使用 DALL-E 2，每天约创建 400 万张图片。不到 2 个月的时间，使用人数和生成图片数量增长了一倍。

实际上，几年前已经有一些写稿机器人程序用于财经等领域辅助文本写作，主要是利用遵循一定规范发布的数据，按一定格式模板生成稿件。2014 年 7 月，美联社就宣布从该月起使用写稿软件撰写 150~300 字的公司业绩稿件。但与 ChatGPT 这种基于大模型训练的智能内容生成工具相比，之前的写稿软件在用户意图理解的准确性、生成结果的针对性、完成度和易用性等方面，都难以比肩。同样，2017 年我曾调研追踪过可依文稿生成交互视频的 Wibbitz 应用和视频制作平台 Wochit[①]，可以清晰看出其体量均太小，技术路线也被后来的大模型和训练方式超越。作为比尔·盖茨所称的“将改变我们的世界”“重要性不亚于互联网的发明”，ChatGPT“利用语言模型（LM）在大规模数据上训练巨大的神经网络模型”，而“现有研究表明，模型规模和数据量越大，性能越好。当模型和数据规模达到一定程度时，模型将获得涌现能力”；因此，ChatGPT“在零样本学习任务上实现了巨大性能提升，具有小模型所不具备的语境学习能力”；另外还采用了代码预训练、指令微调和基于人类反馈的强化学习等训练策略，以进一步提高推理、长距离建模

① 陆小华：《智能内容生成在催生什么传播新变局》，《青年记者》2023 年第 3 期。

和任务泛化能力[①]。ChatGPT 所代表的智能内容生成技术是一种具有很大潜力、变革力、推动力的技术群，将使人们所习惯的信息获取方式、内容生产方式和传播方式发生巨大变化，会催生多种智能内容生成产品，会对诸多领域、行业产生强烈影响甚至冲击。

其次，ChatGPT 并不是纯客观地依据用户问题生成内容，其实质是根据人类制定的规则训练而成的有立场、一定程度上受控的智能内容生成工具。这个认知是观察、试用以至使用 ChatGPT 等智能内容生成工具的应有前提。之所以说 ChatGPT 是有立场的智能内容生成工具，是因为 OpenAI 使用监督学习和人类反馈强化学习（RLHF）的训练方法来训练和优化 ChatGPT，在使其生成的结果更符合人类预期的同时，还设置了一些规则，若用户提出的问题有违这些规则，ChatGPT 将不提供实质性回答。因此，“它可以回答后续提问，拒绝不当请求，挑战错误前提，并承认自己错误”[②]。

从社交媒体所分享的试用结果看，这些规则涉及暴力、歧视、犯罪及一些重大问题的立场等。比如，对于用户提出的“新冠病毒起源于美国吗？”之类的问题，从 ChatGPT 的回答可以看出其所生成的内容明显受到一定的控制。毕竟算法与模型是由人设计的，调整某些参数、规则就可以影响所生成内容的立场。因而，“ChatGPT 作为一款智能信息工具，不仅可以被用于处理客观信息，也隐藏着被用于实施主观认知对抗的相应可能”[③]。

再次，ChatGPT 基于所链接的由现有知识、信息、问题构成的语料库生成内容，但还不具有想象力、思辨力和创造力。人工智能毕竟是人类按照一定使用目的和演化逻辑设计的工具，毕竟是模拟、延伸和扩展

① Zhou J，Ke P，Qiu X P，et al.，“ChatGPT：Potential，Prospects，and Limitations”，*Frontiers of Information Technology & Electronic Engineering* 25，no. 1（2024）：6-11.

② 同①。

③ 许鑫、刘伟超：《ChatGPT 热潮中的冷思考：警惕信息工具用于认知对抗》，《文化艺术研究》2023 年第 1 期。

人的智能的，目前来看人工智能仍然无法替代人类智能。向 ChatGPT 之类的智能内容生成工具提出各种问题就是人类想象力、思辨力和创造力的重要体现，何况人类还有情感、同理心等。ChatGPT 的设计者巧妙地利用体现人类智能的各种问题串、问题群训练 ChatGPT 的“智能”，这种训练方式使它比过去的互联网应用更“聪明”。

最后，ChatGPT 等智能内容生成技术和应用是可代替人类做某些工作，帮助人类提升效率、生产力的有用工具。它不仅可以代替人们做一些资料性、简单归纳性的辅助性工作，帮助人们写代码和检查计算机程序可能存在的问题，甚至还可以辅助人们从事一些具有创造性的工作，比如，人们可以向智能内容生成工具提出各种问题，利用其所生成内容丰富的关注点和线索，从而拓展思考空间和想象空间。

ChatGPT 是一种智能内容生成工具，为人类所使用的同时，也会影响人类发展和认知。

二、AIGC 生成内容进入传播改变影响力生成逻辑

人工智能工具根据用户问题一步步生成的内容，被人们获得、议论、分享、传播，对人们的信息萃取、认知形成、观点表达、决策行为产生重大影响，这意味着人工智能工具生成的内容开始影响人类的认知、决策和行为，意味着影响力生成逻辑发生新的重大变化。

影响力是改变他人注意力、认知、判断、决策、行为的能力，既包括由文化习俗、法律规则、层级权力、武力等形成的强制性影响力，也包括在社会交往中由分享信息、知识、见识等形成的非强制性影响力。新闻传播活动中媒体等传播者以其生产的内容和传播活动对公众、决策者、舆论产生的影响力，远大于社会交往活动中的一般个体。即使个人借助社交平台成为有较大影响力的传播者，互联网平台、媒体等专业组织的影响力也依然远大于个人。

科学技术的重大变革及其在新闻传播领域的运用，不仅会改变媒体

形态、传播形态，也使新闻传播活动的影响力生成方式与生成逻辑发生重大变化。历史上，新闻传播活动的影响力生成方式与生成逻辑至少发生过六次重大变化。

其一，印刷技术的发展使书籍等印刷品得以在广阔地域、不同时空中广泛、持续传播，放大了印刷品中的内容的价值，使其焕发更强生命力，从而使规模化传播在影响力生成中占有重要份额，改变了影响力生成逻辑。手抄书、碑刻等记录的内容，传播范围相对有限。印刷技术支撑的规模化传播促进了知识传播，改变了人们的认知和行为，改变了社会进程。我国唐代盛行的雕版印刷和宋代的活字印刷，都大大促进了知识和中华文化的广泛传播。在欧洲，印刷术使马丁·路德贴在教堂门口的《九十五条论纲》广泛传播，加速了宗教改革。

其二，工业革命后出现专业化分工、组织化运行、大规模生产的现代媒体，媒体采集、加工、传播的内容和传播活动在影响力生成中占据主要位置，之后相当长时间内起主要作用的影响力生成逻辑形成。报纸之所以在工业革命后出现，不仅基于现代印刷机的发展，更基于工业化生产方式的出现。现代报纸不仅构建了采、编、发衔接的媒体运作基本模式，还形成了以定时、定量、定向、分类、选择为关键词的工业化传播模式，以专业分工与一系列规则约束为基础的媒体组织形态，以分类满足读者群需求的基本理念和知识框架。之后出现的通讯社、广播电台、电视台等媒体，都基于报纸形成的运作模式、基本理念、知识框架而发展。即使是移动传播，也是在工业化传播模式的不同关键词上有更新开拓，或有更高效率。

其三，公众借助互联网和社交媒体成为传播主体，既独自生产内容又与互联网平台、媒体协同生产内容，公众生产的内容与其传播活动在影响力生成中占有越来越大的份额，个人影响力与媒体影响力共同发生作用，使影响力生成逻辑发生重大变化。互联网承载、催生了多种新传播工具和新媒体形态。移动传播形态起始于短信成为新媒体工具，之后的移动传播形态是手机电视。短信的新媒体化，提醒人们去发现手机的新功能，以不竭的想象力开发手机这种与人们联系最紧密、用户黏着度最高的信息终端。由此，互联网走向移动化。移动传播的发展使匹配移动需求成为基本规则，从随时随地随需分发内容维度定义了之后的传播形态演变路径。借助互联网和移动互联网的各种传播工具，公众成为传播主体并产生任何社会主体和社会管理者都不能忽视的影响力，不仅使传播格局出现重大变化，也深刻改变了政治运作、经济运转、社会运行的方式。

其四，基于社交平台等的多维、多向、多轮、多样、多次再传播成为传播影响力形成的主要推动力量，再传播效应在某种意义上已取代一次传播，成为影响力生成中的关键因素，并占有越来越大的比重，再次深刻改变影响力生成逻辑。互联网发展的指向之一是社交性增强，具有社交功能的互联网应用促使社交传播形态成为主流，并且点赞、转发、评论等形成的再传播、多次传播在信息传播中所占的份额越来越大。再传播在影响力生成机制中所占的重要地位，使各种社会主体（而不只是传播者）把建立、增强与公众和个体的联系作为有效传播的前提和结果体现。基于社交关系的分享和各种再传播，成为信息传播的主要形式和力量，甚至形成“移动获知、主屏观看、社交认同、共情驱动”的传播模式，从而把再传播对影响力生成逻辑的改变延伸、放大到其他与传播相关的领域。在这种影响力生成机制下，如果没有再传播的助力，一次传播甚至难以产生传播者所期望的影响。相应地，媒体在融合转型中的重要选择，是以再传播效果指标取代发行量等一次传播指标作为衡量工具。

其五，算法推送成为内容分发的主要机制之一，这使分发环节在影响力生成中所占的比重不断增大，算法推送实现的实时匹配个性信息需求从新维度深刻改变了影响力生成逻辑。不同行政规章和规范性文件中推荐算法的名称有所不同。2020 年 8 月 28 日商务部、科技部发布的《中国禁止出口限制出口技术目录》中将其称为“基于数据分析的个性化信息推送服务技术”。2021 年 12 月 31 日国家网信办等四部门发布的

《互联网信息服务算法推荐管理规定》把应用的算法推荐技术区分为生成合成类、个性化推送类、排序精选类、检索过滤类和调度决策类。换一种眼光看，算法是基于数据用系统方法描述、解决问题的策略机制。十多年前，以算法介入移动平台信息分发为主要标志，传播进入智能传播时代。运用推荐算法的互联网平台虽不生产内容却在八年间聚集了6亿多日活用户，具有巨大的影响力和社会动员能力。利用算法分发内容实现个性推送、精准匹配的智能传播不断发展，不仅使实时匹配人的个性需求成为现实，也进一步提升影响力生成中分发环节所占的权重。推荐算法被赋予越来越大的内容分发决定权，从而更深刻改变内容传播和影响力生成的底层逻辑。

实际上，《中国禁止出口限制出口技术目录》2020年新增限制出口的信息处理技术中的相当部分，已经应用于新闻传播领域。如：语音合成技术（包括语料库设计、录制和标注技术，语音信号特征分析和提取技术，文本特征分析和预测技术，语音特征概率统计模型构建技术等）；人工智能交互界面技术（包括语音识别技术、麦克风阵列技术、语音唤醒技术、交互理解技术等）；语音评测技术（包括朗读自动评分技术、口语表达自动评分技术、发音检错技术等）；智能阅卷技术（包括印刷体扫描识别技术、手写体扫描识别技术、印刷体拍照识别技术、手写体拍照识别技术、中英文作文批改技术等）。

从传统新闻活动中内容生产在影响力生成中占主要权重，走向数字新闻活动中分发环节在影响力生成中的权重不断扩大，推荐算法拥有越来越大内容分发决定权，客观上挤压了人类对信息分发的掌控空间。影响力生成逻辑的这种变化影响深远，也引发对诸多相关问题的诘问和研究。实时匹配，而不是一般意义上的满足或延迟滞后满足，促使基于数据分析的个性化信息推送服务技术不断优化，不仅实现了实时匹配人的个性信息需求，而且正走向有能力实时匹配人的个性体验要求。这也正是元宇宙等构想实现的基础。

其六，人工智能工具根据用户提问所生成的内容进入传播领域，并在影响力生成中占有越来越大的比重，这事实上再一次历史性地改变了影响力生成逻辑。它至少表现在以下三个方面。一是人工智能工具生成的内容对人类信息获取、认知形成、观点表达产生深远影响，意味着不再只是人类采集、加工、分发的内容在影响人，不再只是人类萃取的信息、知识在影响人，人工智能工具根据用户问题生成的内容，如同“知识萃取”“观点表达”，也在深刻影响着人。二是人工智能工具生成的内容不仅呈现对问题的针对性，也因表现出知识性而具有较强说服力，这使得人工智能工具一定程度上可能替代人类传播主体对知识性内容传播进行掌控。解释权、话语权竞争本来就是人类社会竞争的焦点，其不仅体现在国际政治等领域，同样深刻体现在新闻传播领域。而智能内容生成工具既增加了解释权、话语权的新竞争者，也成为国际政治中解释权、话语权的竞争工具。三是智能内容生成工具的高效、易用、便利、与使用需求高度匹配等优点，使人们对其的使用率、依赖度不断提升，从而会不断加深其对影响力生成逻辑的影响。

三、人与人工智能协同生产内容改变新闻业运行范式

ChatGPT 生成的内容被提问者在互联网和社交平台上分享，即已进入传播领域，其影响在再传播中不断放大。随着 ChatGPT 接入微软新版必应软件等互联网应用，以及可能有更多智能内容生成工具接续上线参与竞争，将会有更多智能内容生成工具生成更多内容。而随着智能内容生成技术的发展，ChatGPT 等智能内容生成工具会不断优化而逐渐更具可用性。在 OpenAI 等智能内容生成工具研发者已经展示出的分别服务个人用户、中小企业用户和大企业用户的商业模式等的推动下，智能内容生成技术会应用于包括新闻传播领域在内的多个行业和领域，从而出现人类生产的内容与人工智能生成的内容共同影响人的局面，媒体等专业组织的运行范式将发生重大转换，形成人与人工智能协同生产内容的新运行范式。

范式是托马斯·库恩所称的“一种公认的模型或模式”[①]，“是指科学共同体成员共同接受的理论体系，是把握研究对象的一种思维方法”[②]。所谓运行范式是一种基本运行模式，也隐含着对相关事物的一种基本认知方式。在智能内容生成工具出现之前，总体上是人类在生产内容，媒体、出版机构等是围绕人类内容生产所形成的专业组织，内容生产流程中的生产主体是人，新闻工作者围绕采集、加工、分发、传播等活动形成内容生产流程。工业革命后出现并延续至今的专业化分工、组织化运行、大规模生产的现代媒体，其前提是人为内容生产、传播的掌控主体，内容生产组织等活动是由人主导的，所使用的技术、设备不过是人所使用的工具。数字科技时代仍是“内容为王”。即使数字科技赋能普通人使人人可发声传播，内容推荐算法等深度运用于内容分发而推动人类传播走向智能传播，内容仍然基本由人生产，仍然是媒体的立身之本，仍然是价值观、传播意图的基本承载体。“内容为王”仍然是主流媒体的基本生存准则。因此，对于“内容为王”和相应的运行范式，其隐含前提是人类在生产内容。

智能内容生成工具一旦进入专业内容生产领域，就会引发影响深远的运行范式转换。随着以大数据、人工智能等为标志的数字科技一步步应用于新闻采集、生产、分发、接收、反馈各环节，内容生产运行逻辑已经发生重要变化，不但出现了人工智能辅助内容生产，而且写稿机器人等人工智能工具生产内容的数量和可利用度大幅度提升。ChatGPT 生成的内容进入传播，正在推进智能内容生成工具与行业应用场景相结合，并会进一步推动智能内容生成工具进入新闻传播领域，从而使新闻活动从借助机器、主要由人进行内容生产的传统运行范式，走向人与人工智能协同进行大规模内容生产的新运行范式。这里对将发生的运行范

① 托马斯·库恩：《科学革命的结构》，第四版，金吾伦、胡新和译，北京大学出版社，2012，第 44 页。

② 薛菁华、陈广玉：《科研范式数字化转型，“数都上海”如何发力》，《文汇报》2023 年 3 月 4 日，第 6 版。

式转换的分析，并不是说新出现的运行范式比原有运行范式优越，客观而言，它们之间的关系，正如托马斯·库恩所言，“不仅在逻辑上不相容，而且实际上也是不可通约的”①。这种人与人工智能协同生产内容的数字新闻活动，既给数字新闻学提供了不可忽视、不可放弃的研究对象，也提出了一系列严肃课题，需要数字新闻学与其他学科分别并协同回答如何构建人与人工智能协同进行大规模内容生产的理论框架、伦理规则、政策法规和监管方式。

历史地看，劳动工具的每一次变革，都带来生产方式变革，并随之带动社会形态变化。报道形态、传媒形态、传播形态等嬗变的重要驱动力量，是信息科技的发展，是新内容生产工具和传播科技手段的引入及其与新闻传播活动的有效结合。这种新工具、新科技与一定工作需求结合，就可能改变运行范式。在包括新闻业在内的多个行业和领域，因为某种工具、技术的运用而引发的运行模式的转换已多次发生。

比如，照相术的发展与其在多个领域的运用，就引发了这种运行模式转换。1826 年尼埃普斯在法国小城夏隆索思把暗箱对着窗外院子经 8 小时曝光得到世界上第一张摄影作品。1839 年 8 月 19 日达盖尔公布“银版摄影术”，使摄影成为人类在绘画之外保存视觉影像的新方式。1842 年 5 月在德国汉堡发生连烧四天的大火，比欧乌和史特尔茨纳拍下了第一张新闻照片《汉堡大火》，但因照相制版术②尚未应用，当时《伦敦新闻画报》报道汉堡大火所用的插图是画家绘制的。1855 年罗杰·芬顿拍摄了 300 多幅与克里米亚战争有关的照片，成为最早的战地摄影师，但这些照片也只能在伦敦展览。直到照片印刷技术具备可用

① 托马斯·库恩：《科学革命的结构》，第四版，金吾伦、胡新和译，北京大学出版社，2012，第 95 页。

② 照相制版术是利用照相复制和化学腐蚀相结合的技术制取金属印刷版的化学加工方法。1822 年，法国的涅普斯首先进行了照相制版实验。1839 年，苏格兰的庞顿阐明了现代照相制版方法。19 世纪 40 年代，英国人威廉·亨利·福克斯·塔尔博特发明了固定负片的方法，使照相制版术更加实用化。此后，照相制版技术在印刷行业得到广泛应用。

性，世界上第一幅刊登在报刊上的新闻照片才出现，即美国纽约《每日图画》于 1880 年 3 月 4 日刊登的《棚户区风光》。之后，新闻摄影成为基本新闻手段，文图并重成为基本运行模式，甚至在奥运会等重要事件中会给摄影记者以特殊位置和待遇。摄影的发展也为新媒体融合传播模式提供了基础条件。

摄影术也引发了天文观察的运行模式转换。19 世纪下半叶，法国著名天文学家、光学仪器设计师保罗·亨利和他的弟弟普罗斯佩·亨利为记录无法目测的海量暗星，将新兴的照相技术用于天文观测，以照相方式记录恒星分布。为此他们专门制造了一台口径为 33 厘米、焦距为 3.45 米的照相物镜，于 1885 年安装在巴黎天文台。这台仪器的精度和效率都远高于肉眼观测，引发了天文学研究范式的转换①。由此，时任巴黎天文台台长的欧内斯特·穆谢兹提出完成全天星图的照相和数据测算。为此，1887 年 4 月召开了有 16 个国家 56 名代表参加的第一届国际天文照相会议，这是天文学界的首次国际大型学术会议。

人与人工智能协同进行大规模内容生产，不仅是借助机器进行内容生产，也不仅是人与人工智能协同生产，还可能发生人工智能连续生产、自动生成、直接进行内容生产和传播。就内容质量把控而言，这会出现几种谬误衍生的隐忧。一是为适应移动媒体特性和人们需求变化，人们习惯运用多种表达手段制作数字内容，但数字内容本身虽然使用了多种表达手段与表达形态，表达效果却未必得到增进，有时反而会减损。但数字内容生产者却未必意识到这种减损是如何发生的，应该如何抑制。毕竟，数字内容往往是文字、音频、视频、数据等多种表达形态的集合，单独评判时每一种表达手段可能都是适宜的，但应用到一个数字内容产品中却可能出现合成谬误。所谓合成谬误指分别看是使用得当的手段，合成到一起使用所产生的效果却可能不当；局部而言，合理、有效率的选择，加起来却是一个谬误。二是数字内容生产连续进行、自

① 《“东亚第一镜”背后，“天图计划”浮现 揭秘一场百年前的科学范式转换》，《文汇报》2023 年 2 月 18 日，第 6 版。

动生成、不断累积的特性，可能导致生成内容中的微小误差不断累积而铸成大错，这被称为累积谬误。三是数字内容生产连续进行时极个别的异常点可能导致生成结果存在隐含偏差。四是不断深度学习的算法运作的结果可能存在偏离预设或出现设计者难以解释的某种结果的情况。这都需要数字新闻学与其他学科开展研究，深刻认识、系统研究、发现规律，从而指导实践有效控制人工智能参与的数字内容生产，指导人们基于可解释、可追溯原则在数字内容生产与传播中更可控地运用人工智能，指导人与人工智能协同进行大规模内容生产。

智能工具生成内容进入知识生产与传播领域，意味着智能生成内容可能由此进入人类文化传承体系。由此，人们需要面对涉及人类文明根本的一系列重大问题，需要面对人与人工智能如何共生的一系列特殊问题。这都需要我们深刻解析、系统思考、探索回答。

第三节　智能变革新阶段：与人工智能共生

ChatGPT 上线测试引发巨大震荡效应，同时引发对智能内容生成技术进展、未来影响的强烈关注。更值得思考和回答的不仅是智能内容生成技术与工具能生成什么内容，还包括新闻传播领域面临什么挑战、应当如何应对。基于正在演进的智能变革，对 ChatGPT 引发的震荡效应的深入解析，本节将深入探讨新闻传播面临的智能变革挑战，以及在智能变革中的应有思维与生存方式。

一、ChatGPT：震荡效应映射的智能变革

作为智能内容生成技术的标志性产品，ChatGPT 具备一定程度的上下文语义理解能力。ChatGPT 的公开测试，展示了这个领域的新发展水平。在这种新发展中起到关键作用的技术，一是强化学习，二是长篇幅的注意力机制。“强化学习在大模型训练的反馈上提供了更强

大的机制，这也使它逐渐从只应用在游戏等几个孤岛场景中脱离出来”，“注意力是维护模型在持续任务上的上下文一致性的核心机制”①。2023 年 2 月 24 日，科技部高新技术司司长在国务院新闻办举行的新闻发布会上评价说：“ChatGPT 形成了一种现象级的应用，表现出很高的人机理解交互水平，也表现出自然语言的大模型已具备面向通用人工智能的一些特征，在众多行业领域有着广泛的应用潜力。”②

ChatGPT 及运用智能内容生成技术的新搜索引擎（如微软的 New Bing）能够根据问题智能生成内容，而不是简单调取预设答案。智能内容生成与传统搜索引擎的区别在于：ChatGPT 等智能内容生成应用是针对用户问题依据已收集的数据和资料生成一段内容，运用智能内容生成技术的搜索引擎，如微软的 New Bing，在生成内容的同时，还会提供一些链接；传统搜索引擎仅搜索并展示已在互联网上存在的文章、数据、帖子、图像等，并不生成新内容。目前智能内容生成工具的输出结果，已反映出与聊天机器人和传统搜索引擎的不同，也体现出智能内容生成技术与搜索引擎技术结合的可能前景。这也是百度官宣公测“文心一言”的内在原因之一。

由此可见，“数字技术发展演进换代的技术周期”正在到来，“IT 领域研究者、投资者、企业家和政府的决策者们正在探索未来方向，触摸可能正在到来的新周期的门槛，在积极准备和试错，以避免错过新阶段”③。智能内容生成技术与产品的重要进展，将使人们习惯的信息获取方式、内容生产方式和传播方式发生巨大变化。智能内容生成技术是一种具有很大潜力、变革力、推动力的技术群，它催生了智能内容生成

① 陆小华：《智能内容生成在催生什么传播新变局》，《青年记者》2023 年第 3 期。

② 吴科任：《关于 ChatGPT，科技部发声！》，https://mp.weixin.qq.com/s/-o3Gf2b8FSSh8ovet5Efpw，访问日期：2023 年 2 月 24 日。

③ 陆小华：《数字化变革周期与新媒体平台竞争的底层逻辑》，《青年记者》2022 年第 23 期。

产品，会引发在诸多领域、行业的多重震荡效应。

一是新奇体验效应。ChatGPT 在与用户对话时输出针对用户问题生成的答案，这些内容远不同于搜索结果和以往聊天机器人的回答，从而给用户新奇的、有一定满意感又能实现一定的知识增值的特殊体验。这样的体验在社交媒体上传播开，又卷入更多用户进一步使用、探索 ChatGPT。对 ChatGPT 的探索与体验本身及其在各种渠道、平台、场合的传播，形成了强劲的体验效应，让那些看到 ChatGPT 问答结果截图的人们也尝试使用 ChatGPT 并分享体验。

二是用户卷入效应。有报告指出，ChatGPT 上线两个多月就已经吸引了上亿用户，其他互联网应用达到同样的用户规模所需的时间远比 ChatGPT 长得多，如奈飞（Netflix）用了 10 年，推特（Twitter，现称“X”）用了 5 年，脸书用了两年半，照片墙（Instagram）用了两年半，抖音（TikTok）用了 9 个月。ChatGPT 这样的智能内容生成工具带给用户的不只是新奇体验，还带来了实际帮助，这才产生了强烈的用户卷入效应。

三是新赛道效应。ChatGPT 针对用户问题生成答案的效果，让人工智能研究者、投资者、经济科技领域管理者看到生成式 AI 模型及其应用可能带来的新空间、新赛道，引发多方面追加投资、投入资源、重新布局。

四是引发变革效应。ChatGPT 的上线公测及其使用体验的传播，引发公众对人工智能的强烈关注。国际商业机器公司（IBM）研发的人工智能系统“深蓝”战胜国际象棋著名棋手卡斯帕罗夫，谷歌旗下 DeepMind 公司研发的 AlphaGo 战胜围棋著名棋手李世石，都引发人们对人工智能发展与影响的强烈关注。但那时，人工智能只是在博弈规则清晰、人类经验可寻的棋类运动上取得突破性进展，并未触及人类职业边界的改变。如今 ChatGPT 及智能内容生成应用引发的关注则更为深远，人们开始关注职业边界会如何改变。人与生成式 AI 的智能水平的对比，引发了人们对人类主体性与精神领域是否会被冲击的担忧，以及对智能内容生成对意识形态安全等方面的影响的关注，就像一块石头投入表面平静的水面，激起一圈圈涟漪。

ChatGPT 引发的强烈震荡反映出，智能变革时代已经到来。总体来看，已经深刻影响传播格局和人们认知的个性化算法推送等智能传播，以及以 ChatGPT 为代表的智能内容生成，是迅速演进的智能变革在新闻传播领域的体现。智能变革既是数字变革的最新进展，又呈现出与人们通常认知的数字变革的重大区别与不同特征。在百度创始人李彦宏看来，“云服务从数字时代跃迁至智能时代，之前选择云厂商更多看算力、存储等基础云服务；未来，更多会看框架好不好、模型好不好，以及模型、框架、芯片、应用之间的协同”①。同样，从数字变革时代进入智能变革时代，新闻出版业不同主体的传播力、影响力、竞争力会因人工智能运用水平、智能变革适应能力而拉开新的差距。“面对正在催生一系列新体验、新想象、新变化的智能变革，今天，特别需要以智能变革思维观察、分析挑战与机遇，以赢得智能变革先机。”②

二、智能内容生成：新闻传播面临智能变革挑战

智能内容生成技术取得重要进展。人工智能不仅进入棋类运动和游戏领域，而且可能进入更为深远地影响人类精神生活的知识萃取、知识生产、知识传播等领域，从而对人类精神生活、文化传承、意识形态等产生重要影响，新闻出版等领域的运行范式、工作方式、职业边界等将发生重要改变，面临新的智能变革。智能内容生成给新闻出版业带来的改变与挑战表现在诸多方面。

① 《百度智能云 2022 年营收 177 亿元，生成式 AI 将重塑中国云产业》，https://mp.weixin.qq.com/s/nRs64BgzTpaD40CKipg8MA，访问日期：2023 年 2 月 22 日。

② 陆小华：《以智能变革思维透视并赢得智能变革先机》，《青年记者》2023 年第 5 期。

（一）知识萃取

人类知识萃取工作，在现代新闻出版业出现之前，主要是个体劳动。在搜索引擎出现之前，主要是手工劳动。因而，40 多年前，大学老师告诉学生做学问要多做卡片，用卡片积累知识、积累资料。日本电影《编舟记》讲述了用 15 年编一部面向大众的中型辞典的故事，其中的老编辑就是用卡片来积累语言资料的。互联网出现后，类似百科全书的互联网应用出现，而且由网民参与编写、修改，迫使大型百科全书在线化。如今，智能内容生成技术已经取得重要进展，随着其与检索技术等行业需求的结合，智能内容生成工具一定会影响并改变人类的知识萃取方式。作为专业组织的新闻出版机构的知识萃取工作既面临挑战，也面对机遇——可以利用智能内容生成工具提升知识萃取工作的效率。毕竟，智能内容生成工具输出内容的价值倾向、科学价值、准确程度等都可以由人来判断、取舍。

（二）知识生产

知识生产是人类把生产、生活的发现和探索成果转化为知识的过程。从新闻出版业看，知识生产既表现为新闻记者、作者等在采访、积累基础上形成稿件、作品的过程，又表现为编辑、把关人在专业编辑流程中完成稿件加工、审校等工序后通过刊登、播出、上线、出版、发行等使其进入传播的过程。稿件形成过程与编审加工过程，构成内容生产流程的主体部分，共同完成知识生产。

人类知识生产范式、累积速度在不同历史阶段有很大的不同。工业革命不但大大提升了知识生产速度，使个人知识的生产与累积速度不断加快，客观上使单个劳动者的产出不断提升，进而促进劳动力的经济价值不断提升；而且改变了知识生产范式，出现了信息搜集、知识生产的专门组织和专业分工，使知识生产呈现出组织化、专业化、流程化、规模化等工业化生产方式的特征。这种效率与范式的革命性变化产生的益处，为相关创造者、生产者所得的同时，还会向社会外溢，社会不必为这些创意、观念、知识支付过高成本就可以享受这些益处，从而促进了经济发展与社会进步。这里，有个人内生驱动在发挥作用，也有新的工具与范式在发挥重要作用。1986 年，当时还是博士生的诺贝尔经济学奖得主保罗·M. 罗默提出："有用的知识不会自动按照某个速度积累，有用的知识也跟国家的人口规模、经济规模无关，而完全取决于个人的决策，取决于个人为了寻求自己的经济利益所采取的知识生产行动。只有人们觉得把钱和时间等资源投入知识创造能够给个人带来好处，才会去创造知识。"① 知识生产的范式与工具在提升知识生产能力中所起的作用，同样是人们能清晰看到的。最明显的例子就是信息革命。

信息革命的重要推动力是数字技术，特别是互联网的发展，因而数字革命与信息革命的概念互有涵盖。互联网时代的到来，使知识生产主体、知识生产方式、知识呈现形态都发生了巨大改变。公众成为知识生产体系的参与者，通过互联网应用客观上向社会提供了个人体验和所获得的一般知识，既在互联网平台上进行了个人化的专业性知识生产，也成为内容生产体系的内容提供者和知识生产者。新闻出版专业机构的知识生产范式、效率、效能同样因为互联网技术、工具、应用、生态的出现而彻底改变。知识呈现形态进一步多媒体化、数据化，数字技术的发展使知识记录与呈现方式既更接近知识的原本状态，比如数据态的知识，又更便于知识的萃取、传输、获取与使用。

随着智能时代到来，人工智能技术和工具已经进入知识生产领域。传感器加图像识别帮助人类发现仅凭视力难以或不可能发现的信息，数据挖掘帮助人类发现数据间的关联等，形成新的知识和认知。语音识别与合成早已成为知识生产过程中的便利工具。推荐算法所使用的基于数据分析的个性化推送服务技术，其基础是对用户数据、内容数据、行为数据的多维度分析，从而形成用户画像，并据此对用户使用行为数据实

① 黄少卿：《探索知识生产常规化的机制：〈世界上最强大的思想〉给我们的启示》，《南方周末》2021 年 12 月 2 日。

时分析、个性匹配，这种数据分析与匹配的结果，使得用户可以更了解自己的偏好与行为取向。

智能内容生成应用上线公测，用户以各种问题与其对话、获取答案，就已经参与了公众的知识生产过程。观察、分析社交媒体上各种试用体验，就会发现人们分享的多是知识性问题与答案。虽然人们向ChatGPT所提的问题一定包括娱乐性问题，但人们在使用中把ChatGPT和类似应用作为知识性辅助工具的趋向已经非常明显。多个行业专家分享了向ChatGPT提出的专业性很强的问题和答案，多个专业机构、媒体、自媒体分享了精心设计的问题和答案，智能内容生成技术开发者也已经表达其面向行业应用推广的愿景。因此，可以预见，新闻出版业在有规则约束的条件下，会以专业方式探索使用智能内容生成工具，而智能内容生成技术开发者也会把新闻出版作为重要行业应用场景定制开发相关产品。

（三）知识传播

经济发展、社会建设、文明发展水平的提升，一定伴随着知识需求水平的提升。其中既包括知识性内容需求数量的大大增加，又包括专业性知识需求水平的大大提升，公众因生活、工作决策对某种知识的需求会更加旺盛。因而，知识性内容在传播中会产生强烈的超专业影响，成为互联网传播的重要规律和有效传播的底层逻辑。这也是知识含量在内容中的占比、知识传播在传播总量中的占比均不断提升的原因，是从工业革命到信息革命，知识传播不断发展的需求侧牵动力所在。

随着社会文明水平提升，人们对各种信息源的要求与权衡标准之一是所获得信息的知识含量。这是因为，对人而言，生命是有限的，约束性最强、最有价值的变量是时间，人们希望在有限的时间里获得更有知识价值的信息。因而，知识传播能力与水平成为新闻出版等专业机构竞争力的核心构成因素；知识传播效率、便利度、知识溢价等，成为新闻出版等专业机构追逐的目标。这是供给侧知识传播不断发展的内生动力所在，也使得新闻出版专业机构有动力不断运用最新的信息技术，并不断改变原有的知识传播理念、范式、工作方式。数字媒体、数字出版的发展，清晰地体现了知识传播内生动力如何驱动新闻出版专业机构进行融合变革。

推荐算法在信息分发环节应用，新闻出版专业机构生产的内容在互联网平台上被算法推送，意味着人工智能早已深刻影响新闻出版专业机构的知识传播。智能内容生成工具公测后，各种对提问结果的分享被自媒体和公众再传播，呈现了智能工具生成的内容进入知识传播的场景。随着智能内容生成工具的优化，以及针对新闻出版行业需求的应用的开发，智能工具生成的内容可能与新闻出版专业机构生产的内容一起被传播。

除此之外，新闻出版、新闻传播领域面对的更大的挑战在于，如何应对智能内容生成对一个国家和民族的文化传承、认知形成和意识形态产生的影响。

智能内容生成对公众的信息获取、认知形成和观点表达会有深刻影响，这种影响目前还难以准确估量。一是 ChatGPT 之类的智能内容科技产品针对用户所提的问题生成内容，且可以根据聊天上下文智能生成新内容，因而与用户即时需求的匹配度更高，甚至可能比算法推荐内容更精准贴近人们的实时信息需求，从而影响更大。二是 ChatGPT 等智能内容生成产品针对用户问题，根据人类已有的知识和信息生成内容，类似于根据互联网上所能抓取的现有知识和信息，经选取、提炼后生成内容，知识性特征更明显，更有说服力。三是智能内容生成技术一旦广泛应用，像 ChatGPT 这样的智能内容生成产品将更多样化地出现，使用将更加便利，辅助提升效率、节约时间成本的效应将更加明显，公众特别是青少年会大规模地使用智能内容生成技术和产品，它们会在一定程度上替代人们现有的信息来源，给专业新闻传播机构的主体地位、影响力带来挑战。四是从科学与真实等维度看，ChatGPT 等智能内容生成应用生成的内容，在目前及今后一段时间内存在鱼龙混杂的问题，可能帮助也可能干扰公众的信息获取、认知形成和观点表达，在一定程度上会影响人们对所看到的内容的真实性、准确性、权威性的辨别。五是在教育、科研、新闻出版等领域大规模使用智能内容生成应用，会对现有内容生产规则产生挑战，需要制定相应的约束性规则，以确保新闻出版的原则、规范等得以有序贯彻、执行和体现。

从政治高度来看，也可能带来意识形态安全风险。因此，重要的不仅是优化算法、推进人工智能向可信方向发展，还应未雨绸缪，加快进行系统、全面、有针对性的研究并制定相应的规则体系，以有效限制、减少、防范智能内容科技应用可能带来的负面影响。

三、与人工智能共生：智能变革中的应有认知与选择

人工智能已经介入人类社会生活，人类与人工智能共生已经成为一种不可逆的趋势。早在 1956 年，信息论创始人克劳德 · E. 香农与发明 LISP 语言的约翰 · 麦卡锡合编的著名论文集《自动机研究》（*Automata Studies*）开篇曾提出过两个问题：大脑是如何工作的？我们能否设计一个机器来模拟大脑？同样在 1956 年，克劳德 · E. 香农、约翰 · 麦卡锡及人工智能与认知学专家马文 · 闵斯基、计算机科学家艾伦 · 纽厄尔、诺贝尔经济学奖得主赫伯特 · A. 西蒙等在达特茅斯学院开会时，探讨用机器来模仿人类学习以及其他方面的智能并提出了“人工智能”的概念。人们通常还把人工智能发展史追溯到艾伦 · 图灵于 1950 年发表的为人工智能科学提供了开创性构思的论文《计算机器与智能》（*Computing Machinery and Intelligence*），以及判断机器是否具备人工智能的著名的“图灵测试”，甚至追溯到图灵所设计的“图灵机”。人工智能是一步步进入人类生活、改变人类生活的。

如今 ChatGPT 引发的关注，提示了人工智能研究在智能内容生成领域所获得的标志性进展。人工智能应用在诸多领域引发的巨大变化，证明智能变革时代已经到来。在新闻传播领域，近十年，算法推荐已成

为信息分发平台的基本手段和核心机制，使信息分发在影响力生成中所占的比重越来越高，深刻影响了传播力、影响力、说服力生成的底层逻辑。无人工厂等智能制造构想得以实现对制造业的影响，无人飞行器运用对战争形态与走向的改变，智能舆论战、认知战作为混合战争的组成部分呈现出的复杂态势，都是正快速演进的智能变革的具体表现。智能变革时代的到来，显然不以智能内容生成技术取得重要进展为终点。可以预见，随着基础研究和工程技术的进一步发展，人工智能必将更大规模地进入人类生活。

人工智能不仅对社会经济的发展具有渗透性、扩散性和颠覆性作用，而且已经表现出改变诸多领域、行业发展走向的力量。因此，进入人与人工智能共生时代，需要我们调整思维方式以适应智能变革，并由此做出一系列新选择。

（一）与人工智能共生需重点考虑的问题

如何与人工智能共生，需要重点考虑以下几个方面的问题。

其一，在认识人的主体性基础上得当把握人与人工智能的关系。

人的主体性是近现代哲学对人及其活动的一个基本理解原则。人类有目的的活动，受到人的意识、理性等主观方面的支配，体现了人对自己需求的满足和对理想的追求。人具有主体性、能动性、创造性，这是人类在自然界真实地位的哲学体现。人的实践，把人的主体性、能动性、创造性与自然界的现实性、客观性、物质性辩证地统一在一起。

人工智能是人类按照一定使用目的和演化逻辑所设计的工具，它只能模拟、延伸和扩展人的智能，而不能替代人类成为主体，至少目前看不到人工智能替代人类智能的可能性。对 ChatGPT 等智能内容生成工具提出各种问题和进行提示就是人类智能的重要体现。人的不可替代性，不仅是因为人类有情感、同理心，更重要的是人类有理性和创造性，人类可以评价人工智能的发展水平与发展方向，可以看它能否得当地提出问题。就像新闻业评价一名记者的水平与能力的高低，主要看他是否善于提出有价值的问题。沿着这条线索观察、分析、思考，有助于我们对“人与人工智能共生”问题进行更为深刻的理解。

梳理一下关于 ChatGPT 的信息就会发现，ChatGPT 依据人类向其所提的问题进行训练，人们不断提问题，就会使它更“聪明”。这样的训练方式也使它比过去的互联网应用更“聪明”。也就是说，ChatGPT 的设计者巧妙地利用体现人类智能的各种问题串、问题群训练 ChatGPT 的“智能”。随着 ChatGPT 等智能内容生成产品所依托的大模型参数量、数据量变得更大，这种基于人类反馈进行强化学习的训练方法也会进一步发展，一定会变得更为优化，或者方法本身更为“智能”。因而，自然语言“处理”进一步体现为自然语言“理解”。研究大模型、研究智能内容生成产品的科技工作者，会从研究算法优化、数据集优化、模型训练优化，转向投入更多精力与智慧去研究让智能内容生成产品如何像人类那样提问题，研究如何让智能内容生成产品向人学习。

其二，充分发挥人的能动性，在智能内容生成工具运用中发挥专业素养优势，通过有效利用增强自己的竞争力。

智能内容生成工具可以帮助人类提升工作效率。新闻出版工作者可以把 ChatGPT 等智能内容生成工具作为提升工作效率、生产效能的工具。新闻出版工作中的那些资料性、简单归纳性、重复性工作，可以部分由 ChatGPT 等智能内容生成工具和加入智能内容生成技术的搜索引擎等完成。ChatGPT 难以具备的，恰恰是新闻出版工作者多年积累的理论、经验、伦理、规则和深厚的专业素养。

换个思路，运用智能内容生成工具，可以帮助新闻出版工作者拓展创意空间、研究空间和思维空间。以探索性思维、系统性思维形成一些问题，然后向 ChatGPT 等智能内容生成工具提问，并不断变换提问逻辑，它会给出不同答案。这可以带来多种看待问题的线索、角度甚至思维框架，帮助新闻出版工作者从多个角度看待问题，拓展创意、策划和形成内容产品的空间。从积极方面来看，ChatGPT 等智能内容生成工具对内容生产、创意表达会有所帮助。

从实质来看，智能内容生成是对人类已有知识、发现、认知等的“再现”，只不过是在依据算法模型水平进行信息提取基础上的“再现”，当然，目前这种“再现”的水平还不够高，显然不具有“专才”的水平，更重要的差异是机器还不能想象未来、预测未来，而这恰恰是人的主体意识的重要组成部分。ChatGPT 的出现，实际上特别提示了新闻出版工作者，人类的想象力、创造力对未知的探索、对真知的探索、对真相的探索，是多么重要。当问到新闻出版工作者的哪些品质或素养是智能内容生成技术和产品永远不能具备的，除了新闻出版工作者的使命感、价值观、情感和同理心外，还有对未来的想象能力、对真相的探寻能力。这可能是永远存在的人工智能的“未达之地”。

新闻出版发展历史证明，信息相关基础技术发生变革就会导致新一代传播技术和新媒体形态、传播形态的出现。印刷术、无线电广播技术、电视技术、互联网等的出现都产生了这种革命性影响。今天的新闻出版工作者很难想象，二十多年前能不能用电子邮件采访会是一个需要新闻机构界定的职业伦理问题。而今天人们已经习惯了用邮件、社交工具在线提问。那么，进入“人与人工智能共生”的时代，人们为什么会不愿意把一些事项交给可提升生产力和工作效率的工具呢？ ChatGPT 等智能内容生成模型作为一种工具，可以帮助人把更多时间和精力用于辨识、用于想象、用于创造性工作。因而，需要积极探索如何运用智能内容生成工具，并在探索中首先确定使用伦理和规则，以防范负面影响。

其三，以智能变革思维认识并应对智能内容生成工具给新闻出版业带来的挑战，以及“颠覆性技术”带来的变革。

面对智能内容生成技术的发展和可用工具的出现，应该以新的眼光、新的认知审视智能内容生成技术发展和应用所引发的现象，看待不同领域人们使用智能内容生成工具的结果，以前瞻思维看待可能引发的变化，以新的思维框架、新的利用方式看待在用的智能内容生成工具及仍在实验室阶段的成果能带来的益处。

智能内容生成技术和工具给新闻出版领域带来的最大挑战，一定是内容生产方式的革命性变化，它会使媒体机构的组织架构、发展战略、竞争策略等都相应发生变化。智能内容生成技术和工具会给新闻出版业带来许多帮助，人工智能等现代科技成果一定会以更高效率、更大便利性在多个领域发挥作用，帮助我们更有效率地工作与生活。

更重要的是，要以大开脑洞的创造性思维看待智能内容生成工具及其运用方式与可能未被开发者重视的功能。原本作为消费品的手机今天已成为生产工具，被当作社交工具的微信已经成为协同工作平台，事实上智能手机、社交平台、短视频平台都发挥了生产力工具、协同运作平台的功能，在政治、经济、社会运行中发挥着特殊而重要的作用。这与开发时的预想、上线时的初衷已经相去甚远。客观地看，任何新技术、新工具、新手段在广泛使用中，都会经历功能与作用不断被再发现，影响力与推动力不断被再塑造的过程。因此，在对智能内容生成工具的探索性使用中，需要以更科学的眼光和认识方式看待这种新科技产品和相关现象，从而使新工具以最大效益服务于人所主导的新闻出版业，使可能的危害和负面影响能够被最有效地抑制。以这种思维方式看问题，探讨 ChatGPT 对新闻出版业的影响，就不能只看到挑战，还要看到它所带来的诸多益处。

其四，以探索思维将 ChatGPT 之类的智能内容生成工具用于研究自然、社会与人，从而获得创新研究成果和高质量知识性内容。

智能内容生成工具同样可以承担如同研究助理之类的职责。使用智能内容生成工具辅助写代码、检查计算机程序可能存在的问题，已被人们所尝试。在科研领域，人工智能为生物科学、材料科学、能源科学的一些研究提供了新方法和新途径。智能内容生成工具引发新闻出版领域人们热议、争议和担忧的焦点之一，是智能内容生成工具产出的内容难以验证、难以使用。而如果以探索思维而不是单纯的稿件思维，以研究思维而不是单纯的采用思维，在研究自然、社会与人时使用 ChatGPT 等智能内容生成工具，可以获得可研究的问题、可追寻的线索、可借鉴的思路、可尝试的方法和可纳入研究领域的材料。

其五，增强人工智能素养以更有效利用 ChatGPT 等智能内容生成工具。

在互联网深刻改变政治、经济与社会运行的过程中，人们对进一步增强网络素养、增强互联网思维有了越来越清晰的共识。在智能变革进程中，在人与人工智能共生的时代，单凭网络素养、互联网思维难以应对智能变革。

面对 ChatGPT 等智能内容生成工具，包括新闻出版工作者在内的各相关领域的使用者、管理者、决策者需要具备更强的人工智能素养。所谓人工智能素养，就包括把人工智能技术、应用变成有效提升工作效率、提升生产力的工具的能力，得当使用人工智能工具及其产出、生成、合成的内容的能力，在探索性使用中发现、提炼更有价值的东西和应用方法的能力，得当地辨别智能生成内容哪些可信、哪些可取、如何运用并从中总结出规律、方法、规则的能力。

其六，研究制定智能内容生成技术相关伦理和规则，从而确保智能内容生成工具的发展和运用在伦理、规则、法律的约束下进行。

智能内容生成工具本质上是由人按一定目的设计、训练而成的，深度学习过程总体上是沿着其算法设计的方向而行的。算法由人设计、由人操控，就应由人负责。智能内容生成工具生成的内容所体现的价值取向在相当程度上体现了智能内容生成工具设计者与服务提供者的价值观。算法应用必须向上向善，这是人类社会的共识，联合国正寻求国际社会就数字规则达成共识。“我们国家对于任何一个新的技术，包括 AI 技术出来以后，在伦理方面都采取了一些相应的措施，对科学技术发展趋利避害，让利更好地发挥出来。”[①]

（二）智能内容生成技术与工具的运用

想要更好地运用智能内容生成技术与工具，更有效地趋利避害，需

① 吴科任：《关于 ChatGPT，科技部发声！》，https://mp.weixin.qq.com/s/-o3Gf2b8FSSh8ovet5Efpw，访问日期：2023 年 2 月 24 日。

要争取实现以下几点。

一是要以更具科技感的认识方式看待智能内容生成技术和可用性工具的发展。ChatGPT 引发多个互联网平台加快了人工智能技术的应用步伐，或把 ChatGPT 与搜索引擎相结合，或是加快在这个领域推出相应产品的速度。人们普遍预测，智能内容生成技术和工具会得到更大范围的应用。更具科技感的认识方式，会帮助新闻出版业找到更切合行业实际的智能内容生成技术和工具的运用方式。

二是针对智能内容生成技术、工具以及人工智能生成内容涉及的伦理问题，急需加强研究并形成规律性认识，以制定相应规则。使用智能内容生成工具生成的内容，能否直接用于新闻出版工作？如果允许智能内容生成工具进入内容生产流程，用于新闻出版领域，是否应当先制定出版之前必须有人审核、有人负责等规则体系，并强制性确保执行到位？这一系列问题都值得关注和探讨。正因为新闻出版能够深刻影响社会，智能内容生成工具生成内容的运用伦理和规则问题才显得更加重要。

三是专业化地跟踪研究智能内容生成技术与工具的发展，谨慎分析、深入思考新闻出版行业能否以及如何在一定规则、条件约束下运用智能内容生成技术与工具。新闻出版行业有很强的意识形态属性，对社会有强大的影响力。因此，只有坚持新闻出版规范、伦理和规则，既积极研究，又依规谨慎行事，才可能实现“利用好”智能内容生成技术。

四是积极探索智能内容生成科技可能带来的新问题的解决方法。新闻出版领域是意识形态工作的重要阵地，已经面临人工智能生成内容谁来负责的问题。相应产生的问题是：智能内容生成工具生成的画面、文字等内容，版权归属到底如何认知、如何确定？智能生成内容经人工审核后播出或出版，其版权是审核者的，还是智能内容生成工具的？智能内容生成技术、工具不断发展和广泛使用，必然促使人们深刻认识随之而来的各种新问题，进而确定相应的规则。

预见并采取有力手段去规避智能内容生成可能带来的负面影响在智能变革时代尤为重要。人工智能技术不断发展是趋势也是必然，“探索将人工智能运用在新闻采集、生产、分发、接收、反馈中”[①]是习近平总书记的明确要求。面对智能内容生成技术的发展，要科学评估影响，积极探索利用方式与约束方法，从而更好适应“人与人工智能共生”的新趋向与新环境，更好地担负起新闻出版工作者的职责和使命。

第四节　体悟底层逻辑之变从而更深刻把握发展趋势[②]

多模态大模型以比人们预期更快的速度拥有了强大的文字、图片、视频生成能力，这会使新闻传播业的边界、发展路径发生什么样的变化？会对新闻传播格局产生什么影响？面对日渐强大和进入实用的生成式人工智能技术与工具，新闻传播工作者所能凭借的最大优势是什么？如何更积极、专业、有效、得当地运用智能内容生成技术与工具？这一系列问题需要人们深刻思考、努力回答。想要回答好这一系列问题，人们需要深刻思考、体悟多模态大模型等人工智能技术的发展与运用会如何改变新闻传播业的工作方式及其运行、发展的底层逻辑。只有体悟底层逻辑之变，才能更好地把握发展趋势。

一、改变传播格局：AI 等新技术新应用的影响解析

应用于网络传播各环节的人工智能等新技术，成为影响网络传播格局的重要力量。相比于传统搜索引擎，ChatGPT 可针对用户问题直接生成内容，在提问意图理解度、生成内容准确度、易用性等方面呈现标志性重大进展，引发了新一轮人工智能浪潮，对网络传播格局影响深远。社交机器人等人工智能新技术新应用在俄乌冲突等重大国

① 习近平：《加快推动媒体融合发展 构建全媒体传播格局》，《求是》2019 年第 6 期。

② 李嘉毅副教授、张洋讲师、王岚君研究员、邵明来副教授对本节内容亦有贡献。

际事件相关的舆论战、认知战中体现了特殊影响力。总体来看，网络传播不仅进入数据驱动、数据分析、算法分发的智能传播时代，而且进入人类生产内容与人工智能生成内容共同影响人的智能传播新阶段。

（一）人工智能已应用于网络国际传播各环节

人工智能技术应用于传播领域的标志是基于数据分析的算法自动决策成为内容分发、需求匹配的主要机制之一。算法是基于数据用系统方法描述、解决问题的策略机制，近十年来已应用于网络传播的需求感知、内容生产、内容分发领域，涉及舆情态势感知、用户需求分析、内容采集制作、内容推送转发、传播效果反馈等环节。作为模拟、延伸和扩展人的智能的新兴技术科学，人工智能已经在经济、社会多个领域有不同程度的应用，其中一部分对网络国际传播产生强烈影响。

1. 人工智能提升舆情和用户需求感知能力

人工智能在网络传播需求感知领域的应用，主要包括以自然语言处理等技术处理网络文本数据和用户行为数据，以发现舆情热点，包括以情感计算、知识图谱驱动的网络空间突发事件挖掘、网络舆情及网络空间异常行为感知，从而实现网络舆情态势感知；也包括通过数据分析发现用户偏好并进行有针对性的推送等。8 700 万脸书用户的数据被泄露给政治咨询公司，用于在 2016 年总统大选时支持特朗普，就是引起世界关注的案例[①]。

---

① 2019 年 7 月 24 日，美国联邦贸易委员会对脸书公司开出 56 亿美元的罚单，并对剑桥分析公司提出行政诉讼，指控其采用欺骗手段从脸书数千万用户那里收集个人信息并进行选民分析。剑桥分析公司的网页曾刊载："剑桥分析已经重新定义了数据和竞选活动之间的关系，通过更好地了解你的选民，你可以在降低总成本的同时，获得更大的影响力。"2020 年 4 月，脸书公司宣布，美国联邦法院批准了脸书与美国联邦贸易委员会就剑桥分析丑闻的 50 亿美元和解协议。孙宝云、李艳、齐巍：《网络安全影响政治安全的微观分析——以"剑桥分析"事件为例》，《保密科学技术》2020 年第 4 期。

目前，国内已可实现网络空间大数据的实时感知、分析和语义理解，如网络事件多时空多粒度感知、突发事件实时预警、社会热点和情绪跨尺度分析、用户多维度精准画像、群体复杂行为模式分析等；还可实现公共安全舆情案例知识图谱的自动构建、高效事件检索与关联分析、舆情走势可视化、重点人物分析、辅助决策方案生成等，支持亿级知识的百秒级响应和事件溯源、事件推演、轨迹刻画等，形成从感知认知到预警处置的一体化全流程覆盖。

各种互联网平台上的用户数据数量巨大，包含大量需求偏好、行为等信息，通过特征提取、情感分析等可以对用户需求有比传统方法更精确的感知。这方面的技术和应用发展迅速，应用越来越广。

2. AI 辅助内容生产提升效率、增强表达力

近年来人工智能技术应用于内容生产领域，已经有文本生产、智能图像处理、图片生成、音频生成、视频生成、数字人等案例，人工智能开始辅助内容采集、制作，提升了内容生产效率，增强了表达力。典型应用如下。

智能内容生成（AIGC）。基于利用海量文本数据进行预训练的大语言模型，智能内容生成应用可针对用户问题或主题自动生成内容，并已经被广泛传播。国内外皆有媒体利用智能内容生成技术建立智能编辑部。

写稿机器人。这是一种可从股市行情、体育比赛结果等数据源抓取数据，按特定模板填写成稿件的软件。2014 年 7 月，美联社宣布开始用写稿机器人撰写美国企业财报报道。2015 年 11 月 7 日，新华社开始在体育报道中使用写稿机器人，并令其相继承担了里约奥运会、平昌冬奥会、东京奥运会、我国第十四届全运会、北京冬奥会等重大赛事的报道，写稿机器人圆满地完成了比赛成绩公报播发任务[①]。2016 年上半年，腾讯使用写稿机器人撰写稿件 200 条，下半年即达 2 万条。

① 石超：《机器人写稿在北京冬奥会的创新应用》，《中国传媒科技》2022 年第 10 期。

AI 主播。它是指运用机器学习、语音合成、图像深度合成等技术生成的数字主播。最初是真实新闻主播的数字分身，如新华社和搜狗公司研发的中国首个 AI 主播，其使用真人形象，配合语音合成、人脸建模、深度学习等人工智能技术，于 2018 年 11 月 7 日在乌镇第五届世界互联网大会上发布，有研究者对其进行了语流自然度评价实验[①]。其后，更多完全虚拟的数字人像应用于新闻报道、电视节目、在线直播、人机互动采访、娱乐节目协同主持等。使用深度合成技术伪造的国外名人演讲视频已在互联网上屡次出现。2023 年 4 月 25 日，腾讯云智能小样本数智人生产平台对外发布，其可以实现“自助式”数智人生产制作，只需要 3 分钟真人口播视频、100 句语音素材，就能以千元级别成本生成定制化的数字人[②]。国家网信办 2023 年 6 月发布的《境内深度合成服务算法备案清单》中，就有多个互联网公司备案了相关算法[③]。

智能视频剪辑。中央广播电视总台央视频利用 AI 智能内容生产剪辑系统制作与发布冬奥会冰雪项目的视频集锦；人民日报社在 2023 年两会期间利用“智能云剪辑师”生成视频并自动匹配字幕；新华社媒体大脑“MAGIC”可实现一边直播一边剪辑，一键生成“短视频直播流 + 专题页面”；中央广播电视总台利用“AI 云剪辑”技术实时收录多路信号，进行人脸检测、动作检测、镜头质量评测、穿帮镜头检测等，进行“找”“选”“编”三个阶段的智能加工。语音识别、语音合成、机器翻译、自动问答等技术在多个媒体、平台运行。

---

① 卢鹏飞、周安然、陈筱，等：《AI 主播播报语流自然度的研究——以新华社 AI 新闻主播为例》，《科技传播》2021 年第 11 期。

② 孙奇茹：《AI“自助式”生成，数字人分身成本降到千元》，https://baijiahao.baidu.com/s?id=1764198524205897740&wfr=spider&for=pc，访问日期：2023 年 4 月 26 日。

③ 《国家互联网信息办公室关于发布深度合成服务算法备案信息的公告》，http://www.cac.gov.cn/2023-06/20/c_1688910683316256.htm，访问日期：2023 年 6 月 20 日。

3. 算法推荐成为信息分发基本手段和核心机制

在网络传播领域，算法推荐成为信息分发平台的基本手段和核心机制已近十年，其使得信息分发在影响力生成中所占的比重越来越高，深刻影响了网络传播影响力、传播力、说服力生成的底层逻辑。互联网平台通过使用算法提升信息服务与用户需求匹配度而获得竞争优势，单一平台甚至拥有数亿日活用户。算法推荐服务对社会生活、公众认知和意识形态具有越来越大的支配作用。

中国在推荐算法应用方面具有一定优势。2021 年抖音成为第五款达到 30 亿次总下载量（包含 ios 版抖音）的非游戏应用，也是第一个全球下载量突破 30 亿的非脸书应用，2022 年其用户月平均使用时长为 23.2 小时，超越了油管（YouTube）。

4. 传感科技与 AI 催生智能表达与沉浸体验

运用三维建模、实时跟踪、智能交互、传感技术的增强现实（AR）/ 虚拟现实（VR）/ 扩展现实（XR）将虚拟信息与真实世界巧妙融合，带给人们沉浸式的体验，使体验传播从二维向三维甚至更多维延伸。传感科技与传播科技的融合演进本身就是人工智能科技的进一步发展。数字孪生可为网络传播带来新载体和新内容形态。

（二）影响传播格局的人工智能新技术新应用

前瞻地看，“星链”等通信技术可帮助绕开各国有线通信、移动通信网络直接接入互联网；智能内容生成技术可与推荐算法协同运作，连通内容生产、精准推送和协同转发等环节；智能传感技术及传感数据内容更多地应用于传播。以上发展都可能成为深刻影响网络国际传播格局的“颠覆性”力量。

1. 智能内容生成走向超级智能传播主体

基于预训练大模型的智能内容生成技术的发展催生了一系列重大改变。诸多国外互联网公司、科技公司发布了自己的生成式 AI 成果或应用。据公开信息统计，至 2023 年 6 月中旬，国内已发布近 90 个大模型，在体现中文优势的同时，“文心一言”“通义千问”“星火认知”等大模型力求在垂直领域拓展应用，提供针对特定业务场景的专业解决方案。

大模型技术积累较雄厚的百度于2023年3月16日推出“文心一言”后，将飞桨深度学习平台和文心大模型联合优化，于2023年6月推出文心大模型3.5版本，与3.0版本相比，其训练速度提升2倍，推理速度提升17倍，模型效果累计提升50%。百度创始人李彦宏在世界互联网大会数字文明尼山对话上发表的“大模型重塑数字世界”演讲中提到，新的国际竞争战略关键点不是一个国家有多少个大模型，而是大模型上有多少原生的AI应用，这些应用在多大程度上提升了生产效率[①]。至2023年7月，飞桨深度学习平台已汇聚了750万开发者，服务20万家企事业单位，67万个模型基于其创建。根据中国信息通信研究院发布的《深度学习平台发展报告（2022）》，飞桨深度学习平台是中国深度学习市场应用规模第一的深度学习框架和赋能平台[②]。

在2022年的世界人工智能大会上，阿里云“通义”大模型系列首次亮相。作为国内首个开放公测的大模型应用产品，“通义听悟”可作为AI助手帮助完成音视频内容的转写、检索、摘要提取和整理。在2023年7月7日的世界人工智能大会上，阿里云宣布AI绘画创作大模型“通义万相”开启定向邀测。这是继大语言模型“通义千问”、聚焦音视频内容的“通义听悟”之后，阿里云“通义”大模型家族的又一位新成员。该模型可辅助人类进行图片创作，未来可应用于艺术设计、电商、游戏和文创等应用场景。在2023年的世界人工智能大会上，国家标准化管理委员会指导的国家人工智能标准化总体组宣布我国首个大模型标准化专题组组长由上海人工智能实验室与百度、华为、阿里巴巴等

① 张云山：《李彦宏：AI原生应用比大模型数量更重要》，https://baijiahao.baidu.com/s?id=1769835575268573123&wfr=spider&for=pc，访问日期：2023年6月27日。

② 《最新成果！王海峰谈文心大模型3.5》，https://mp.weixin.qq.com/s/SxSvU4ODXLoXej93hKLpXw，访问日期：2023年7月30日。

企业联合担任，现场颁发了证书，并正式启动大模型测试国家标准制订工作[①]。

华为公司于 2021 年 4 月发布“盘古”系列大模型，包括语音语义大模型（NLP）、视觉大模型（CV）、科学计算大模型、多模态大模型和图网络大模型。其中，多模态大模型具备图像和文本的跨模态理解、检索与生成能力；图网络大模型首创图网络融合技术。2023 年 7 月 7 日，华为开发者大会 2023 上发布了华为云“盘古”大模型 3.0，并首次明确定位为“为行业而生”[②]。

粤港澳大湾区数字经济研究院已经开源多个模型，覆盖 AIGC、自然语言理解、受控文本生成等多个领域。中国科学院自动化研究所于 2023 年 6 月中旬发布的“紫东太初”2.0，是千亿参数的图文音三模态大模型，融入了视频、传感信号等识别能力，打通了系统识别能力从感知、认知到决策的通路，可拓展广泛的应用场景，目前，其已在短视频内容审核等多个领域应用[③]。

2. 社交机器人已被用于舆论战、认知战

社交机器人是使用自然语言理解等人工智能技术、按预定控制策略自主运行的程序，可在社交平台上如同人类般开设账号运行，发送内容、转发其他账号内容等。社交机器人作为一种人工智能应用，不仅能够模拟人类行为进行对话、发表言论，甚至可在网络环境中构建与人类社交相近的社会关系，如关注其他账号和被人类账号关注，从而在网络国际传播中形成更强的可信任感。

① 李立：《阿里云“通义”大模型家族扩容 剑指“大模型自由市场”》，https://baijiahao.baidu.com/s?id=1770949665478266480&wfr=spider&for=pc，访问日期：2023 年 7 月 9 日。

② 涂明、朱悦：《华为云盘古大模型：下矿坑、测台风、进产线，没时间作诗》，https://baijiahao.baidu.com/s?id=1771002575548683145&wfr=spider&for=pc，访问日期：2023 年 7 月 10 日。

③ 诸尔佳、李俊：《中国科学院：自主研制新一代人工智能大模型问世》，https://baijiahao.baidu.com/s?id=1768826833215629100&wfr=spider&for=pc，访问日期：2023 年 6 月 16 日。

社交机器人能够在网络空间中进行高频率、大规模的信息操作，通过发布、传播某种信息，强化或者弱化某种舆论态势来引导甚至操纵公众的认知和情绪。其结果可能导致社会舆论指向大幅度偏移，使公众特别是重要人群的认知发生明显或深刻改变，甚至影响社会稳定、政治运行，进而在一定程度上影响博弈态势、战事走向。

有研究者重点关注到，围绕俄乌战事在海外社交平台上有多个社交机器人协同运行，以多种方式发送、转发信息，推动形成不利于某一方的舆论和认知。社交机器人的大规模使用，正深刻影响网络国际传播，使其走向强度更大的舆论博弈。

3. 可具颠覆性影响的新技术和运用方式

（1）“星链”可提供具有战略价值的互联网接入通道

美国太空技术探索公司（SpaceX）提出的“星链”计划是当前最具有代表性的低轨互联网星座计划，其因具有高速率、低时延、全覆盖等特点而备受关注。“星链”是由上万颗卫星组成的覆盖全球的卫星互联网网络，其中一部分部署在地球上空 550 千米处的近地轨道。“星链”可为发生突发事件的地区提供互联网快速接入，仅需要小型移动设备将卫星信号转换为无线通信信号，即可绕开现有网络设施的互联网提供接入通道，使屏蔽变得更加困难。因此，其在商业领域具有极强的竞争力，且军事应用前景较广，战略价值极大。俄乌军事冲突爆发后，“星链”在恢复战场通信、支援乌军武装力量态势监控、帮助打击俄军目标及外交舆论等方面发挥了重要作用，显示了其特殊“网络通道”的作用。“星链”中的低轨星座和军事相结合不仅增强了天基对地观测、通信、定位和控制的能力，同时深刻影响军事作战时观察、判断、决策及行动的全过程，对未来战争的作战进程和样式、指挥方式和战争结果也产生了深远影响[①]。

① 张广娜、刘旭光、骆华东，等：《“星链”计划在俄乌军事冲突中的应用与启示》，《通信技术》2023 年第 4 期。

（2）智能内容生成工具与推荐算法衔接、协同运用

智能内容生成工具正朝网络国际传播超级传播主体发展，一旦在技术上和策略上实现推荐算法衔接、协同运用，会形成更为强大的传播力和影响力。在我看来，谁能掌握智能内容生成技术与推荐算法的衔接、协同运用，谁就具有强大的国际影响力和舆论博弈能力。

（3）智能传感技术催生新内容形态与传播方式

网络国际传播中的多种互动类内容、数据产品都借助了智能传感技术，如约翰斯·霍普金斯大学的“全球疫情地图”。传感器是可以探知特定的物理量并遵循相关的定律（公式或函数等）将其转化为相应输出量的装置或器材。传感器决定了获取外部信息的效率和广度，在诸多智能化程度较高的装备中，传感技术是装备性能的支柱[①]。智能传感科技帮助人类将以往无能力感知、难获取、难处理的信息变成可获取甚至易获取的更精准的数据，使这些数据成为可传播的内容。智能传感科技延展了人类的感知能力，将出现的传感、传播科技融合演进的新传播科技，也会放大掌握这项技术的网络传播者的传播、说服能力。

（三）AI 等新技术新应用对传播格局的新挑战

1. 超级传播者可比互联网平台更具影响力

ChatGPT 等智能内容生成应用并不是纯客观地依据用户问题生成内容，其实质是根据人类制定的规则训练而成的有立场、一定程度上受控的智能内容生成工具。按训练规则针对用户提问所生成的内容，不管是呈现，还是弱呈现、潜呈现、不呈现、拒绝呈现，都在表达态度、传递信息、体现立场、产生影响、传播观点，从而影响人们的认知。智能内容生成技术不断演化，公众习惯使用智能内容生成工具，会使智能内容生成应用超级传播者的地位不断强化，成为比互联网平台更具影响力的传播主体。SimilarWeb（网站数据分析工具）显示，虽然 ChatGPT 的访

① 肖宇麒：《智能传感技术的发展与应用》，《电子技术与软件工程》2021年第1期。

问量增长率在 2023 年 4 月后明显降低（环比增长率分别为：1 月 131.6%，2 月 62.5%，3 月 55.8%，4 月 12.6%，5 月 2.8%）①，但智能内容生成工具出现得越来越多，使用量仍大幅增长。

2. 有知识的 AIGC 成解释权、话语权竞争工具

解释权、话语权是网络国际传播竞争焦点。人工智能工具生成的内容因呈现较强针对性和知识性而具有较强说服力，其深刻改变网络国际传播影响力生成机制，成为解释权、话语权的新竞争者和国际政治中解释权、话语权的竞争工具。

3. 社交机器人协同运用具明显舆论博弈优势

大国博弈不仅体现在政治、经济、科技、军事领域的竞争，也体现为全方位、立体化的信息制胜能力博弈。俄乌冲突中，战争正义性成为舆论博弈焦点，在推荐算法、社交机器人等协同运用加持下转发推送信息，形成“一边倒”的舆论态势，压缩了谈判斡旋空间。有观察者称，俄乌冲突第一天，带“I Stand With Ukraine”话题标签的机器人推特推文，每小时多达 3.8 万条，第三天增加到每小时 5 万条。第七天支持俄罗斯的推文才成规模出现，短暂达到每小时 1 万条。微博账号“科学未来人”于 2023 年 1 月 9 日发表评论称，澳大利亚阿德莱德大学的一项回溯研究显示，最初几周英文推文中 80% 以上的内容都是水军机器人发出的。有研究者综述了一些研究成果，南加利福尼亚大学的研究显示，在推特中 9%~15% 的活跃用户是机器人而非人类。脸书则在 2019 年第一季度“禁用”了 21.9 亿个虚假账户，这些账户大多是机器人——由自动程序创建以发布某些类型的信息，同时脸书还承认在其活跃用户中，大约 5% 可能是由机器运行的。安全公司 Incapsula 估计超过 55% 的互联网流量是由这些自动化的计算机程序产生的。在单一议题讨论中，社交机器人也十分活跃。在 2016 年美国总统选举期间，研究指出推特中大约有 40 万机器人参与总统

① 《ChatGPT 访问量今年以来环比增速明显下滑，6 月或为负数》，https://m.thepaper.cn/baijiahao_23634575，访问日期：2023 年 6 月 27 日。

选举的政治讨论，产生了约 380 万条推文，占总体的 20%。而在英国“脱欧”运动中，研究者发现一组由 13 493 个社交机器人组成的网络在支持“脱欧”运动。在关于英国“脱欧”公投的推特信息中，占账户总量不到 1% 的社交机器人生产了约 33% 的内容。在与中国相关的议题中，例如中美贸易争端、北京冬奥会等，推特中社交机器人也产生了 20%~30% 的流量。基于算法技术的连接和推动，社交机器人可以执行复杂的协调行动。社交机器人往往进行群体化、持续性、动态性的行动，不同于人类个体化活动需要保持言行的相对一致，社交机器人通过协同行动来创造影响力。使用基于网络的方法来识别推特发布的最大公开数据库中所有活动中的这种协调模式，研究发现，在每次竞选活动中，74% 的相关账户进行了一种简单的协调，研究者称之为共同发推（co-tweeting）和共同转发（co-retweeting）[①]。可见，社交机器人在推荐算法的协同运用下，不仅可以实现信息在短时间内的全覆盖，还可以将信息精准投送给需要的用户，从而最大限度影响舆论态势。

二、体悟底层逻辑之变：从可用度、便利度切入

思考、体悟底层逻辑之变，可用度、便利度是实用而有效的分析角度，可以让人们看到某种技术与手段如何改变某个领域的底层逻辑。可用又便于使用，就会使某种工具具有特殊的力量。在某个领域人们习以为常的技术，在另一领域可能成为“颠覆性技术”。民用四轴飞行器赋予使用者强大的地面战场态势感知能力和顶部攻击能力，多艘无人艇以 42 节（约 77.8 千米 / 时）的最高速度攻击大型军舰屡屡得手，都深刻改变了战争形态和作战能力评价的底层逻辑。

人工智能是人类研发的工具，有用又便于使用的工具就会被人类

① 赵蓓：《信息失序的背后：社交机器人对网络传播秩序的影响》，《青年记者》2023 年第 2 期。

拿来改变现实世界。ChatGPT 上线一年多来，生成式人工智能所呈现的重要特征之一，就是可用性不断增强，可用度不断提升。就 OpenAI 的使命和与马斯克的争议，2024 年 3 月 6 日，OpenAI 及多位高管在其联名发布的长篇博客中强调，OpenAI“通过构建广泛可用的有益工具”来践行使命，并列举了一些诸如企业利用 GPT-4 降低农业推广服务成本从而帮助提高农民收入的事例[①]。2024 年 3 月 10 日凌晨，文生视频平台 Pika 发布消息称，用户现可在 Pika 生成的视频中无缝生成、整合声音，可以通过提示词来描述想要的声音，或者让 Pika 根据视频内容自动生成声音[②]。这与 Sora 技术链达到的效果类似，但却可在一个平台接续完成生成视频、生成音效并集成的工作过程。显然，这大大提升了 Pika 平台的可用度和便利度。换一个角度观察，较高的可用度与便利度就是一些互联网平台赖以成功的秘诀。短视频平台之所以成为最有影响力的平台，短视频之所以如此具有影响力，重要原因就是抖音等短视频平台提供了便于学习、便于使用的短视频制作工具（包括音效工具），使短视频制作的门槛大为降低，亿万普通人成为短视频制作者。因而，生成式人工智能在视频生成领域的可用度、便利度提升，必然会迅速影响新闻传播业运行、发展的底层逻辑。客观分析，新闻传播业运行与发展的底层逻辑之变，会在三个方面有复杂表现。

（一）范式之变的双重表现

生成式人工智能在文本生成、图片生成、视频生成（包括无声视频生成、声效生成、有声视频生成）领域迅速推广，从内容生产与传播角度看，相关文本、图像、视频生成工具的可用度越来越高；从已

---

① “OpenAI and Elon Musk”，http://openai.com/blog/openai-elon-musk，访问日期：2024 年 3 月 13 日。

② 《文生视频平台 Pika 喜提功能升级：视频有声音了，可生成各种背景音效》，https://www.ithome.com/0/754/779.htm，访问日期：2024 年 3 月 13 日。

经上线的试用情况看，易用度也越来越高。这必然促使新闻传播行业的工作方式和运行范式都发生重要变化。

2023—2024 年，多个研发主体在生成式人工智能的竞争博弈中取得引人瞩目的进展，推动文本生成、图像生成、视频生成能力的多阶跃进；多家技术公司基于多模态大模型已有成果研发了应用工具；多种接续开发形成技术链、工作流，从而进一步提升可用度、便利度。这一系列贡献的集合，既为人类把生成式人工智能用于实际内容生产提供了基础，使新闻传播领域加速形成更大范围、更深程度地利用人工智能进行内容生产与传播的工作范式，也深刻改变新闻传播业的运行范式，即要与人工智能生成内容展开影响力竞争，要与作为超级传播主体的大模型在内容生产、知识传承、文化影响方面博弈，从而进入“与人工智能共生”的新运行范式。

客观来看，新闻传播领域工作范式的变化，是相对容易适应的。以大数据、人工智能等为标志的数字科技一步步应用于新闻采集、生产、分发、接收、反馈各环节，人工智能辅助内容生产已经不同程度地出现，生产方式的变革已经在发生。生成式人工智能在文本、图像、视频生成领域的巨大进步及可用度、便利度的提升，使新闻活动从借助机器、主要由人进行内容生产的传统工作范式，走向人与人工智能共同进行大规模内容生产的新工作范式。

新闻传播领域已形成“与人工智能共生”的运行范式，媒体工作者需要以新的思维、新的努力才能适应。生成式人工智能发展迅速，即使在试用阶段，人工智能生成内容“生成即传播”的特性与事实也已经在影响人，至少已经在影响提示词的输入者。而提示词的输入者如果把人工智能生成内容转发到社交平台上，即可能影响千百万人，就会出现人类生产内容与人工智能生成内容共同影响人的局面。因此，生成式人工智能成为人类在影响力方面的博弈对手。之所以需要重视与生成式人工智能的影响力竞争，是因为生成具有较强针对性、知识性、创意性内容的多模态大模型及其相关工具，正在成为重要传播主体。一方面，这些多模态大模型及其工具是人设计的，按照设计者设定的一定规则运行。如果要问智能内容生成工具是否真的价值中立，答案显然是“不”，毕竟，生成式人工智能是面对特定用户或不特定用户受控输出特定内容。另一方面，生成式人工智能依据输入的提示词输出内容，但生成式人工智能训练和机器学习所“涌现”的能力和生成结果，目前人类并不能完全解释。就是这样的多模态大模型和相关工具，却已经在影响人，在与人类生产的内容展开影响力竞争。因此，面对“与人工智能共生”的运行范式，媒体人需要学习如何与多模态大模型这样的超级传播主体竞争，需要适应其所引发的变革，需要以创新实现能力增强。

（二）效率之争的深刻影响

效率是竞争的决定性因素之一。效率可以是单位时间内完成的工作量，或获得某一成果与所花时间和包括人力在内的资源投入的比值。

人工智能用于辅助内容生产已显著提升了内容生产效率。2018年俄罗斯世界杯开赛第一周，由新华社媒体大脑“MAGIC”平台生产的世界杯相关中文短视频达 10 296 条，占主要视频网站世界杯中文短视频总量的 78%[①]。虽然这些短视频是根据直播视频剪辑加工的，但如此高效率生产和发布的短视频，不管其质量高低，其覆盖效果与所形成的潮涌现象足以产生相当大的影响力。究其根本，就是内容生产效率在起作用。推荐算法用于信息分发，固然会因基于数据分析的个性化推荐形成精准传播而产生影响力、形成竞争力，但不可否认，推荐算法支撑的智能传播的高分发效率是其影响力、竞争力强的决定性因素，毕竟，推荐算法根据实时数据做出反馈和进一步动作的速度、维度，是人力难以企及的。人工智能战胜国际象棋、围棋领域

① 《AI 玩虐人工！“Magic”世界杯集锦“炫”出新高度》，https://www.163.com/dy/article/DL5LIPN90511A72B.html，访问日期：2024 年 2 月 29 日。

国际领先棋手的“智能”，是人工智能尽览人类形成的棋谱、学习人类积累的知识的结果，AI 棋手可以在极短时间内从多种选择中找到最优解，预测人类棋手可能的选择并通过计算选择应对路数。因此，AI 棋手之所以能战胜人类棋手，不是其智慧已超过人类，而是其对已有下法的记忆容量、调取速度，对多种可能的预测和应对方案的计算速度已非人类所能及。“深蓝”“AlphaGo”的效能，而不是其智慧，决定了其能够战胜人类棋手。

作为一种工具，生成式人工智能带来的变化之一，就是效率大大提升。以处理输入文本的效率为例，2024 年 2 月 15 日谷歌发布的 Gemini 1.5 Pro，可一次性处理 1 小时视频、11 小时音频、超过 3 万行代码或超过 70 万个单词。大模型处理输入提示文本的效率和能力是不断提升的。文本大模型的试用者对大模型生成文本的速度是有深切感受的。可以推断，生成式人工智能技术的迅速迭代、多阶进展，特别是在文生视频、图生视频方面的进展，给内容生产与传播带来的最大改变之一，就是效率提升，并且效率在竞争力中所占的权重更大。因而，不同传播主体与其他社会主体一样，会面临人工智能等新技术发展与运用所带来人与人工智能的效率之争。

这种效率之争，会集中反映在内容生产效率上。运用人工智能工具进行内容生产既可因低时间投入、高数量产出获得较高内容生产效率，相应获得大量覆盖与潮涌现象所带来的高传播效率；也可因较多智能生产、较低人力资源和其他资源投入而获得较高资源利用效率和较低成本。这种效率之争，既可能部分消解现有新闻传播机构原有专业化分工、组织化运作、大规模生产的效率优势，也可能迫使现有组织形态、人力资源结构发生重要改变。更值得重视的是反应效率，即能否在更短时间内对需求做出反应。这不仅要求新闻机构进一步提高反应效率，同样也要求出版机构提高反应效率。其原因，不仅是某个出版机构在创意形成、内容加工、审核辅助、装帧设计、成品加工、宣传推广、营销实施等环节运用人工智能提升了效率，从而迫使其他新闻机构必须提升效率；更可能是生成式人工智能使知识生产普遍提升了效率，而促使公众选择反应效率更高的内容生产者和传播主体，如同移动互联网已经催生的变化。因此，Sora 技术链具有的更高可用度、便利度，对出版机构的意义，绝不仅限于提供了制作视频、转型多媒体出版的工具，还一定包括其所体现的效率和能力要求出版机构适应、参与效率竞争。

三、应对策略：从探索性使用、专业性应用走向创造性运用

面对人工智能技术迅速发展，有一系列重大问题需要思考和回答，包括如何有效利用人工智能科技发展带来的机遇，既要借助人工智能提升传播力、影响力、引导力、公信力，也要与当今世界正在形成的生成式人工智能超级传播主体竞争，还包括如何制定新闻传播业应用智能工具的使用伦理、规则以有效规避负面影响。更重要的是，要思考如何更好地服务于建设中华民族现代文明这一新的文化使命。

面对生成式人工智能的发展及其在传播中的越来越大的影响，我们不仅要思考涉及人类文明传承的问题，诸如如此超越人工效率的智能内容生成工具会对人类知识生产、文化积累、文明传承产生何种影响，智能工具所生成的文字、图片、视频等内容会以什么样的方式成为文化传承的载体，会对人类信息萃取、认知形成、观点表达产生什么样的影响，会如何影响人类物质、社会和精神生活，等等；更要思考在生成式人工智能迅速发展的背景下，如何更好地落实“用主流价值导向驾驭‘算法’”[①]，如何建设好包容数字文明发展、体现发展成果与独特认识的中华民族现代文明。面对智能传播新变革，新闻传播业的发展战略、应对策略、具体措施等，要立足于建设中华民族现代文明这一新的文化使命的层面上进行权衡和思考。

---

① 习近平：《加快推动媒体融合发展 构建全媒体传播格局》，《求是》2019年第6期。

面对人工智能技术的多轮迭代，不仅要关注技术发展指向和技术路线，更要从技术链、工作流等视角发现其联系，从可用度、便利度、能效比等角度分析如何为我所用，并由此权衡战略设定、资源投入、应对措施。就制定应对策略而言，可用度、便利度、能效比是可用、管用的分析工具。而以可用度、便利度、能效比权衡，相对更得当的应对策略是从探索性使用、专业性应用走向创造性运用。

多点开花的探索性使用，是一种积极的初始应对。所谓多点开花，是要鼓励尽可能多的新闻传播工作者和团队成员探索使用、积极利用。在多人、多环节、多方位的探索性试用中，发现更具可用度、便利度、能效比的应用工具和使用方法。多点开花的探索性使用，也是一种对各种生成式人工智能技术的检测方法和认识途径，在探索性使用中对生成式人工智能可以实现的、正在发展的、预期可行的等等有更直观的认识，也可以有效提升人工智能素养和运用能力。以同一提示词与不同生成式人工智能工具对话，既以不同答案帮助实际内容生产，也借以检测不同生成式人工智能工具的可用度、便利度。就同一任务与一个生成式人工智能工具对话时，不断改变提示词、不断增加难度，既探索让生成结果更符合自己实际工作需要，也在提升自己运用能力，同时探索这个生成式人工智能工具的能力边界。

匹配需求的专业性应用，是更适应新闻传播业特殊要求的运用方式。专业性应用与探索性使用的最大区别，是更符合所在行业的特殊需要，更有利于提升内容生产效率和表达力，具有较高能效比，体现专业水平。应用，比一般使用更具主动性、专业性、可行性，更匹配增强传播力、竞争力需要。一般使用者可以好奇式提问人工智能工具，专业使用者则必须体现出专业水平，体现出与行业需求、工作需求的匹配度。专业性应用的机遇在于，生成式人工智能底座的开发者需要发展出更多行业应用、专业应用以构建生态，因此，在这个阶段，开发者之间可以互相借力。

适应变革的创造性运用，是更体现独特发现、更有助于增强内力的运用方式。在探索性使用、专业性应用的基础上，依据对生成式人工智能工具的理解和竞争要求的独特认知，创造性地运用人工智能工具，由此在有效增强传播力、影响力、引导力、公信力的同时，也有效增强了竞争力。客观地看，创造性运用也可催生出具有竞争力的创新，甚至可获得“颠覆性技术”带来的变革效应而实现重大发展。中国在互联网应用创新上有许多成功的案例，也诞生了有世界影响的短视频平台、电商平台等互联网平台。总体上看，劳动工具的每一次变革，都带来生产方式变革，并随之带动社会形态变化。但对劳动工具的使用方式是否得当、使用时间早晚与长短，却会决定能从劳动工具中获益多寡。对劳动工具使用方式、使用水平、使用能力的差异，决定了不同使用者的竞争力。无论是新闻传播出版业，还是其他领域，对生成式人工智能工具的使用，也会呈现同样的特征和规律。

第二章　刷新认知

智能变革既是数字变革的最新进展，又与人们通常认知的数字变革呈现出重大不同。智能内容生成是正在迅速演进的智能变革在新闻传播领域的表现。ChatGPT 的上线在新奇体验、用户卷入、新赛道和引发变革等方面有巨大的震荡效应。智能内容生成引发的认知震荡具有不同寻常的现实性、紧迫性和深刻性，其最大价值恰恰在于催生智能变革能力，在于由此努力提升智能传播能力、驾驭算法能力、与人工智能共生的能力。谁能将智能内容生成技术与推荐算法衔接、协同运用，谁就具有强大的国际影响力和舆论博弈能力。

网络是人类物质与精神生活的基础性依托，也是法律关系存在条件、存在空间和法律制度变化的重要影响因素。今天，面对正在催生一系列新体验、新想象、新变化的智能变革，需要以智能变革思维观察、分析挑战与机遇，以赢得智能变革先机。与人工智能共生是智能变革中的应有思维与生存方式：应深刻认识人的主体性、充分发挥能动性，以智能思维认识并应对智能内容生成带来的变革；以探索思维运用智能内容生成工具从而获得高质量知识性内容；增强人工智能素养，研究制定智能内容生成技术发展、运用相关的规则体系，确保人工智能工具的运用在伦理、规则、法律约束下进行；还必须以系统思维、战略思维、创新思维、跨界思维研究智能内容生成技术与推荐算法衔接、协同运用，以有效增强中国的国际传播能力和应对智能舆论战的能力。

第一节　演进规律与底层逻辑：智能传播源流解析

人类历史上出现过多种传播形态，既包括在自然条件下出现的人际传播，也包括在技术条件下出现的多种传播形态。所谓传播形态是传播的存在样貌与在一定条件下的表现形态，有学者称其为传播在一定技术环境中的表现形式和情景及媒介系统的具象化①。传播形态是特定自然、社会、技术条件下传播的基本模式，是特定传播模式的核心特征的简洁概括。

现代意义上的媒体和传播都是基于一定科技条件而产生的，基于新的科技与应用方式不断产生新的媒体，相应地也会产生新传播形态。新传播形态并不是被动产生、运行的，它们往往会促使传播方式发生变化，推动科技发展，促使内容采集、加工、传播工具不断变化。从传播形态演进可以清晰地看出技术逻辑与传播逻辑如何在传播形态演变中交织，可以借此把握如何更好地进行新闻传播，也可以以此观察被新闻传播深刻影响的当代社会将如何发展。

一、印刷传播到电子传播：依循工业化传播方式

400 多年前，工业进步催生了现代意义上的报纸，相对于口头传播、人际传播，相对于书籍，报纸就是当时的新媒体。报纸的出现，既基于现代印刷技术的诞生，也基于大规模生产、专业化分工、组织化运作等为社会所接受的工业化生产方式的形成。

作为工业革命产物的报纸带来了工业化的信息传播方式：定时、定向、定量传播经过选择、分类的新闻和商业信息。定时、定向、定量、选择、分类这五个关键词或五要素所构成的工业化传播方式，实际上确立了

① 王君超：《未来传播形态的三个重要维度》，《人民论坛·学术前沿》2017 年第 23 期。

现代传播形态的基本模式。以后出现的媒体形态与信息传播方式，总体上是在工业化传播方式基础上的发展。即使是在移动平台上所进行的传播，实际上依循的也是工业化传播方式，只是在某些方面或领域有更新的开拓或有更高的效率。算法推荐所呈现的智能传播，更加精准，更加匹配人们的需求偏好，更有效率。智能传播同样是借助智能科技对定时、定向、定量、选择、分类这五个关键词的运用、发挥，并进一步放大其效能。

电子传播形态的出现基于无线电广播技术的发明及其在声音传送方面的应用。无线电广播技术是 20 世纪科技发展的重要成果之一，其传递信息的效率、快捷性、便利性等远远超过报纸。在广播技术运用之前让人们束手无策的传播时间差距与地理阻隔问题，在广播技术应用后不复存在。此外，广播直播带来的现场感、同步感与身临其境感，使广播媒体具有比纸质媒体更强烈的感染力、冲击力和说服力。

值得深思的是，广播这种新传播手段的真正潜力及电子传播形态的真正魅力，是人们逐步发现的。新传播手段、新传播形态的魅力往往被处在传统传播形式边缘的人们发挥到极致，从而引起新闻行业的从业者及公众的注意。20 世纪 20 年代的广播只用于播报新闻提要，广播员在广播结束时总会提示："详情请参阅你们的地方报纸。"那时的人们认为广播的声音转瞬即逝，不像报纸容易保存与收藏；认为广播的选择性不强，听众听广播只能按播送顺序收听，比较被动，不像读报时可以自由选择版面阅读顺序；广播的理解准确度也不高，由于只闻其声、不见字形，同音字词容易混淆，不如白纸黑字清晰明白。而广播这种新媒体传播信息的及时性、表达内容的传真性、收听对象的广泛性、收听节目的方便性并没有被人们充分认识。这与互联网出现之初，囿于报纸思维的人们最初的看法很类似。作为电子传播形态的最先体现，广播的价值至今仍然被人们低估。

电视实现了影像的获取与传播，但其媒体形态、传播规律很大程度上是基于广播发展而来的，毕竟其本质上是电视广播。梳理电视技术的发展史，其关键也在影像记录与显示技术的突破上，而不是如何实现"广播”上。“‘电视’问题，即任意图像转换成模拟电量和这些电量再转回成类似原物的可见图像，首先出现在贝尔电话的推广和硒光电转换性质的偶然发现之后”，“当时的公开发表和专利权”，“表明大约有 50 个不同的发明者”，“利用他们自己可利用的技术知识和设备，为解决这个复杂任务而奋斗。直到 20 世纪 20 年代中期，电视终于成为一个现实”[①]。

电子传播形态更重要的意义在于，由此，人类传播的主要媒介由岩壁、竹简、纸等可见物，转为电波、电子等不可见物。之后的其他传播形态同样以电波、电子等不可见物为主要媒介。

二、网络传播到移动传播：关键是匹配移动需求

新的信息传播和沟通工具的出现，在提供便利和提高效率的同时，也更为迅速而强烈地改变着人与人的交往方式和社会结构，改变着产业结构与科技、经济的发展逻辑，改变着人们的时空观、价值观和社会结构。以铁路为代表的交通方式、以电报为代表的信息传递方式、以现代媒体为代表的信息传播方式等等，都曾起到这样的作用。但人们越来越感受到，一些信息传播和沟通工具在经济发展、科技发展、社会运行和人的潜能发挥等方面，起着越来越强大的基础性作用。虽然人们曾经把互联网称为第四媒体，但人们已经感受到，互联网作为一种基础平台、基础力量对经济、社会与人所产生的深刻影响。

“互联网已经融入社会生活方方面面，深刻改变了人们的生产和生活方式。”[②] 同时信息化为中华民族带来了千载难逢的机遇。不管在中国还是在世界其他国家或地区，当互联网被普通公众使用后，互联

① 陈玉生：《电视技术的发明和发展简况》，《现代电视技术》1991 年第 4 期。

② 习近平：《习近平谈治国理政（第一卷）》，外文出版社，2018，第 197 页。

网的主要创造者也许可以说就已经是公众。特别是互联网功能与效用的拓展，互联网的各种应用，更是成千上万网民的智慧聚变而实现的。互联网的发展史上有许多关键发明和关键人物，但互联网能有如此颠覆性的影响，却是当初的发明者与推动者始料不及的。互联网刚开始出现时，许多人只是把它视为一种通信手段，并非一种新媒体。而当互联网在信息传播领域的影响不断暴增，人们终于承认互联网是一种新媒体时，世界已经大变，信息传播的主要平台已经转移。这一新媒体出现很久以后，人们才意识到，互联网不仅是一张“网”，不仅是信息传播工具，它“颠覆”了信息流向和对信息流向的控制，把权力简化成信息权力。当更多人习惯了利用互联网后，它更像人类的一种新的存在方式。

网络传播形态的历史地位在于，后来出现的新传播形态，依然总体上是基于互联网的。因而，尽管出现了新传播形态，网络传播形态仍然是基础形态。

移动传播形态起始于短信成为新媒体，远在移动互联网出现之前。短信之后的移动传播形态是手机电视。那么，是谁发明了手机电视？就不同技术而言，答案有所不同。短信的新媒体化，提醒人们去发现手机的新功能，以不竭的想象力开发手机这种与人们联系最紧密、用户黏着度最高的信息终端。由此，互联网走向移动化。

移动传播形态在传播格局中占有主要地位，则是在 2007 年智能手机大规模发售之后[①]。智能手机的出现、普及、不断迭代，以及通信网络由 3G、4G 进而发展到 5G，使全人类体验到更快捷通信的同时，更体验到诸多新经济形态、新传播形态、新生活形态、新认知形态带来的

① 2007 年 1 月 9 日，苹果公司 CEO 史蒂夫·乔布斯发布第一代 iPhone 手机，2007 年 6 月 29 日正式发售，引发智能手机对功能手机的全面取代，标志着移动互联网时代的到来。2008 年 7 月 11 日，苹果公司发售 iPhone 3G 手机的同时，推出应用商店 App Store，带动了整个互联网开发和应用模式的重大变革。方兴东、钟祥铭、彭筱军：《全球互联网 50 年：发展阶段与演进逻辑》，《新闻记者》2019 年第 7 期。

便利和冲击。多种互联网应用都转移到手机上，也使得移动社交平台、客户端、小视频平台等多种移动平台占据了越来越多网民的注意力，生活形态、社会形态、传播形态都随之发生深刻变化。

移动传播形态的历史地位在于，其使得移动优先不仅是一种传播策略，更是无可回避的战略抉择。移动传播形态从另一维度定义和概括了之后的传播。

三、社交传播到智能传播：实时匹配改变传播逻辑

社交传播形态的形成缘于社交平台的出现与广泛使用。但实际上，具有社交功能的互联网应用（如社区、论坛等）都在一步步促使社交传播形态成为主流。更直白地说，互联网本身就具有社交性，因而，基于互联网的具有分享功能的产品也就具有了社交功能。互联网发展的体现之一是社交性增强，无论国外还是国内，具有社交性的互联网应用越来越多，而且这些互联网应用发展出越来越强的传播信息、交流观点的能力，从而体现出更强的舆论属性和社会动员能力。更为重要的是，点赞、转发、评论等形成的再传播、多次传播成为信息传播的主要形式，从而使社交传播形态的传播力、影响力越来越大。

社交传播形态的历史地位在于，即便后来出现了其他传播形态，基于社交关系的分享和在社交平台上的各种再传播，依旧是信息传播的主要形式，甚至形成“移动获知、主屏观看、社交认同、共情驱动”的传播模式。

智能传播形态的出现以算法介入移动平台信息分发为主要标志。算法是基于数据用系统方法描述、解决问题的策略机制，在经济、社会生活多领域广泛应用的同时，基于累积数据不断迭代，成为影响信息分发、服务提供、机会分配、资源配置的基础性机制和力量。客观地看，这种自动化决策在经济生活、社会生活中日益获得更大的影响力和主导权。

21世纪以来传播领域最为隐秘而重要的变化之一，就是基于数据分析的个性化信息推送服务技术等算法技术发展迅速，并深度应用于传播领域。将人工智能应用于移动互联网场景下的信息分发，大大提升了匹配效率，也形成了新的传播机制。1994年，美国明尼苏达大学推出基于协同过滤技术的自动化推荐系统GroupLens。此后，推荐系统运用于推荐音乐、电影、书籍等和电商领域。2009年12月，谷歌上线用户个性化定制搜索结果。之后，脸书、推特等社交平台开始运用算法推荐服务推送新闻。协同过滤推荐基于对用户点击历史数据的挖掘，自动推荐用户可能最感兴趣的内容。即通过用户数据挖掘，以用户偏好相似性程度来发现可能感兴趣的用户并推荐[①]；也可以是基于物品的推荐或基于项目的推荐，即基于物品或项目相关性，发现并推荐用户可能感兴趣的物品或项目[②]；还可以是基于模型的推荐，如设计包含物品相似性、兴趣相似性等指标的算法模型，依据算法模型计算的结果发现与推荐[③]。在新闻传播领域运用更为广泛的是基于内容的推荐技术。基于内容的推荐是根据对用户选取内容的特征数据的分析结果，向用户推荐特征类似、用户可能感兴趣的内容[④]。成立于2012年3月的字节跳动公司最初希望能“把社交网络里好的内容筛出来”，其旗下“今日头条”“抖音”等产品迅速增长的用户量，让人们看到基于内容的推荐算法可能产生的影响、用户卷入能力与发展潜力。推荐算法的运用和迭代发展，在提升信息服务与用户需求匹配度、增强分发能力等方面起到了有益作用。中国规模庞大的用户群体与推荐算法在多方面的深度应用，为中国在基于数据分析的个

① 邢春晓、高凤荣、战思南，等：《适应用户兴趣变化的协同过滤推荐算法》，《计算机研究与发展》2007年第2期。

② 邓爱林、左子叶、朱扬勇：《基于项目聚类的协同过滤推荐算法》，《小型微型计算机系统》2004年第9期。

③ 邓园园、吴美香、潘家辉：《基于物品的改进协同过滤算法及应用》，《计算机系统应用》2019年第1期。

④ 曾春、邢春晓、周立柱：《基于内容过滤的个性化搜索算法》，《软件学报》2003年第5期。

性化推荐技术领域获得一定领先优势，提供了重要基础。

四、智能传播的影响：放大影响力生成中分发所占的权重

包括推荐算法在内的人工智能技术与方法应用于移动互联网场景下的信息分发，大大提升了匹配效率，也形成了新的传播机制，显然也使智能传播时代呈现与印刷传播、电子传播、网络传播、社交传播、移动传播等时期迥然不同的特征与问题。总体来看，智能传播对新闻行业的影响至少包括四个方面。

（一）凸显分发环节影响

智能传播强烈放大了信息分发环节在影响力生成中的权重和分量。传统上，人们认为影响力是基于内容生成的，因而，内容生产者在影响力生成中占有更重要的位置。而在智能传播时代，运用推荐算法的移动平台虽然自己并不生产内容，仅汇聚、选取、分发和基于数据分析个性化推送信息就获得巨大影响力。推荐算法的运用不仅使移动平台具有强大的影响力，也深刻改变信息分发环节在影响力生成中的权重，让人们认识到不仅内容可以生成影响力，不制作内容、只个性化推送内容同样可以获得巨大影响力。正是因为运用推荐算法产生了巨大影响力，移动平台才具有了鲜明的舆论属性和强大的社会动员能力。

（二）深刻改变传播格局

从总体上看，推荐算法的运用不仅迅速提升了信息分发效率，有效提升了与受众需求、受众偏好匹配的效率，更有效提升了已运用推荐算法技术的传播主体的影响力与竞争力。与之相比，没有运用推荐算法技术的传播主体，虽然仍具有强大的内容提供能力，但影响力和竞争力却有所下降。传播格局的这种改变，经过初期相对平缓的发展后，会在某个节点开始迅速演进，没有运用推荐算法技术的传播主体在传播力、影

响力方面的弱势会更明显地呈现出来。

（三）深刻影响内容生产

在传播力、影响力的竞争中，具有强大内容制作能力的传播主体，为有效影响那些习惯使用已运用推荐算法的平台的受众，不仅会在相应平台上开设自己的账号，为平台提供内容，而且会自觉或不自觉地顺应这些平台的不同要求去制作内容，会因为对传播数据的关注本能地揣摩推荐算法的推荐逻辑和偏好，调整包括内容形态、叙述方式等在内的内容制作方法。

（四）深刻改变传播形态

推荐算法的运用使得传播进入智能传播时代，形成智能传播形态。与以往新传播形态出现之后发生的变化所不同的是，算法等人工智能技术会大踏步地进入内容采集、生产、分发、接收、反馈诸环节，会进一步强化诸如沉浸式体验、交互传播等新传播现象和传播形态，会衍生包括元宇宙等在内的新现象和新探索。虽然算法推荐应用于新闻传播还处在发展中，但是其可能更深度地介入内容生产、信息分发和传播。主流媒体要“探索将人工智能运用在新闻采集、生产、分发、接收、反馈中，用主流价值导向驾驭‘算法’，全面提高舆论引导能力”[①]，从而在算法推荐应用于新闻传播方面有新的作为和贡献。

智能传播形态还处于演化进程中。智能传播形态的历史地位就在于它同样会深刻影响今后出现的传播形态。

五、元宇宙是孕育中的体验传播形态

如何看待人们正在热议的元宇宙？

---

① 习近平：《加快推动媒体融合发展 构建全媒体传播格局》，《求是》2019年第6期。

在我看来，穿过词语、概念“喧嚣”和技术“景象丛林”观察其本质，人们想象与讨论中的元宇宙，就是比当前一维传播、二维传播更具感染力的多维传播形态，是一种让人们在现实与虚拟相结合的感知环境下通过体验获得更多信息、更强感受和受到更深影响的体验传播形态。

从传播形态视角看，元宇宙是智能传播形态的拓展，并可能孕育出体验传播形态。

（一）传播形态演变的五个规律性特征

纵览400多年来传播形态的演变，可以清晰地看出一些规律性特征贯穿其中。

其一，人类总是本能地在信息获取、加工、传播、分享等领域运用新的科技发明和技术，以满足人们的物质生活和精神生活需要。人的生命过程，总结起来就是两个交换过程，即从大自然获得氧气、水、食物并排出二氧化碳等以维持生命的过程和与外界交换信息以实现成长的过程。因而人类会本能地利用各种有助于与外界更便利、更有效率交换信息的科技发明、技术手段和组织运作形式。

其二，最先将新的科技发明、技术手段等运用于信息获取、加工、传播、分享领域从而催生新的传播形态、传媒形态的，往往不是传统的媒体人，而是善于领悟最新科技发明与技术手段在信息传播、分享等方面的能力、潜力与魅力的人们和既有科技感知力（即“科技感”）又对信息分享、内容传播有自己的独特体悟和认知的人们。

其三，新传播形态产生后总体上是向着不断增强人的信息获取、加工、利用能力的方向发展的，让人们从自然状态下的面对面交流，发展到借助纸笔、印刷术实现超时空传播，到借助电子传播实现远距离传播，再到借助移动互联网实现全球实时交流、分享、传播。

其四，新传播形态发展的总体取向是更便利、更高效率、更好体验。

其五，新传播形态并不是简单地取代原有传播形态，而是依然会遵循已经形成的规律，正如工业化传播方式的五个关键词在智能传播中依然发挥重要作用；同时，传统传播形态也会不断地借鉴新传播形态而演变发展。

把握400多年来传播形态的演变规律，把握上述五个贯穿其间的规律性特征，在智能传播时代，就可以更为深刻地把握各种传播形态的运用规律，更为有效地增强传播力、影响力、引导力、公信力。

（二）智媒体离我们还有多远?

在技术革命和传播方式变革等因素的推动下，媒体开始走向深度融合，人工智能技术应用也越来越多地介入媒体运行、内容生产和新媒体传播过程，媒体的演变趋势呈现出从融媒体走向智媒体的鲜明特征。只有把握这样的演变规律，与这样的变革趋势为伍，而不是仅仅观察趋势，才能更好地落实使互联网这个最大变量变成事业发展的最大增量的要求。

历史地看，媒体发展史与科技创新、技术变革紧密相连。每一轮传播技术的重大变革，都会导致媒体形态、媒体组织、内容形态、内容生产方式、传播方式、受众行为、媒体与受众关系等发生重大变化。这一切变化，必然引发、推动或加剧人们思维方式、社会交往方式、社会关系形态等的变化。现代意义上报纸的出现和发展，不仅缘于工业革命中诞生了现代印刷机，实现了传统印刷方式难以实现的高效率生产，还缘于工业革命带来的规模化生产方式与分销方式。1900年无线电广播技术的出现，催生了无线电广播这种传播方式，1920年第一家商业广播电台开播[①]。其后，电视技术出现，催生了电视媒体。基于无线通信技术的广泛使用，有媒体开始用手机短信发送新闻，从而把短信变成第五媒体。互联网技术的出现，更催生出门户网站、搜索引擎、即时通信工

① 1915年，美国威斯汀豪斯公司工程师康立德用无线电技术试验广播音乐，获得成功。于是，威斯汀豪斯公司向政府申请营业执照，不久获得批准。1920年11月2日，威斯汀豪斯公司于美国匹兹堡成立的首家商业广播电台（KDKA）正式播音，这是世界公认的运用电信技术创办的电台，也是世界上第一家正式获准播音的商业广播电台。

具、博客等新应用和新媒体形态。移动互联网技术的出现，使新媒体代际更替的速度更快，媒体形态更为多样，并呈现出以移动传播为主要传播形态、以移动终端为主要接收终端的新传播格局。因而，媒体发展史与传播变革史、社会变革史紧密相连。

什么是新媒体？人们的理解可能有所不同。关于新媒体，除了从时间维度区分产生的顺序，从技术维度区分所依托的制作技术和传播技术，还要从传播模式维度区分所依赖的传播模式和传播规律。这背后，在人们的潜意识里，更是以新媒体为一种思维框架、分析工具和判断标准，来判断相关媒体的内容形态、组织形态、生产方式、传播方式是更像传统媒体还是更像新的媒体，分析其是否与趋势为伍并发挥新技术工具、新媒体形态、新传播方式的潜能。人们这样区分、判断时，并不拘泥于这个媒体或这种传播方式基于什么技术。因而，人们常常这样评论："一些网站其实不过是传统媒体，虽然它们也是基于互联网技术进行传播的。"

每一代传媒基本技术或传播基本技术，都可能产生至少一种传媒形态和新的传播方式，但历史地看，每一代新的媒体形态出现，都没有简单地让以往出现的媒体形态消失，反而会促使原有媒体形态借鉴新的媒体形态的诸多特点。这也是一种媒体间的融合。

但今天人们讲的媒体融合，实际是一种适应互联网传播的媒体形态、内容生产方式和传播方式的变革。而当人们越来越发现移动传播已经成为主要传播方式，通过移动终端获取信息和服务已经成为受众主要的信息服务消费方式，媒体融合便开始走向更加适应移动互联网的深度融合阶段。

今天，越来越多的媒体领导者意识到，应当把移动优先作为一种战略，而不仅仅是一种策略；把移动传播作为一种战略方向，而不仅仅是工具式应用。如今，越来越多的媒体在考虑并积极实施移动优先战略，即以优先在移动新媒体终端传播为基本战略来确定整个生产流程。一些媒体，甚至包括纸媒，已经渐渐采取了直播式的工作方式，以直播带动整个内容生产链的运行。

此刻，人们还在推进媒体深度融合，还处在融媒体竞争阶段，而人工智能技术已经越来越迅速地进入媒体内容生产和传播过程。

智媒体离我们还有多远？

2018 年 1 月 10 日，哈佛大学尼曼新闻实验室（Nieman Lab）网站刊登的作者为克里斯汀·施密特的文章中提到："美国媒体机构还在小心翼翼地把人工智能引入编辑部，而中国已经开足马力全速前进了。"这篇文章特别指出，新华社近期发布的"媒体大脑"平台，可以整合云计算、物联网、人工智能和更多的新闻生产，并通过人工智能技术实现新闻的线索搜集、采访、编辑以及后期的报道反馈分析等。这个"媒体大脑"指的是新华智云公司开发的"MAGIC"。在 2018 年俄罗斯世界杯期间，有报道称，截至 2018 年 7 月 18 日，31 天时间里，"MAGIC"生产世界杯相关短视频 37 581 条，其中生产最快的一条仅耗时 6 秒，这些短视频在全网实现了 116 604 975 次播放[①]。

媒体融合进程中，为什么要引入人工智能技术和应用？传统媒体和新媒体相比的一个巨大差异在于效率：内容获取、加工、审核等内容处理效率方面有差异；新媒体可以实现大集群、高通量、大传播面、多维度的传播；新媒体的资源利用效率明显更高。而人工智能技术和应用的引入，可以帮助传统媒体和新媒体在多个方面提升效率。

实际上，人工智能技术和应用越来越迅速地在媒体领域得到应用。一些聚合网站、聚合客户端使用人工智能技术抓取并选择内容。多个媒体和互联网公司开发了写稿机器人。人工智能技术和应用介入媒体内容生产流程在 2016 年前后令人期待的方向之一，是以人工智能处理图片和视频资料，通过图像识别和理解给画面自动添加标引，从而使得原有图片和图像资料的利用率大大提升。从随访结果看，电视节目制作机构

① 《世界杯结束了，Magic 这条生产流水线却不会停下来》，https://baijiahao.baidu.com/s?id=1606247516828286621&wfr=spider&for=pc，访问日期：2018 年 7 月 17 日。

视频资料的再利用率是比较低的，有反映说甚至只有 2% 左右。而借助人工智能识别图片、视频后，可以使“沉睡”的图片、视频资料成为媒体最有价值的资源之一。

随着人工智能技术和应用更多地被引入媒体内容生产和传播领域，特别是随着人工智能的发展，媒体运行中人工智能的贡献率会更高，因而，人们会看到智媒体更有力地走来。

（三）智能传播是已经到来的未来

关于如何定义正在深刻影响人类社会的智能传播，最简单直白的定义方式是，智能传播是已经到来的未来。在信息过剩、“信息找人”的时代，什么样的传播形态可以使一个传播平台拥有 7 亿以上日活用户？答案一定是运用了基于数据分析的个性化信息推送服务技术即推荐算法的平台，因为其拥有可以匹配用户个性需求与即时需求的推送能力，从而可以不断地卷入新用户。

纵览人类历史，传媒发展演变是因应于人类的传播需求，更是基于一些传播基础技术的发明和应用，因而，传媒发展变革进程与科技发展史紧密相关。在广播、电视发展的进程中，报纸、广播、电视三种传媒形态互相影响，出现了一些渠道互用、产品借用、传播方式借鉴等交叉、协同的现象与案例，可以视为媒体融合的早期探索。媒体融合的概念与实践的出现，是在互联网诞生及其发展改变了传播格局之后。多种多样的新媒体纷至沓来，逐步削弱报纸、广播、电视等传统媒体的传播力和在传播格局中的地位，促使一些媒体在自身随之变化的同时，开始探索融合新闻与融合媒介。学者们在 21 世纪初开始把融合新闻与融合媒介视为前沿性课题。在个体层面，融合新闻表现为具有多种媒介技能的“超级记者”；在运作层面，融合新闻理念的融入改变了生产流程的岗位设置与管理方式；在组织层面，融合则表现为所有权融合、策略性融合、结构性融合等形态；在产品层面，融合报道不仅仅是媒介与技术的融合，还是报道方式与叙事风格的融合。

但互联网所代表的新传播形态对传统媒体形成更大冲击，则是在2007年智能手机大规模发售之后。智能手机的出现、普及，使移动社交平台、客户端、小视频平台等多种移动平台占据了越来越多网民的注意力，生活形态、社会形态、传播形态都随之发生深刻变化。个体与社会的关系更趋向个体化特征，人人可参与传播的赋能与人们尝试后带来的深刻体验，使越来越多的网民不只是在网上冲浪浏览，而是参与互动、体验表达、介入传播，使传播从由传媒这种专业组织进行的专业活动，变成一个“人人生产信息、传播无处不在”的群体传播活动。网民的信息接收渠道和接收习惯发生剧烈变化，国内外传统媒体的发行收入、广告收入等反映受众数量、影响力和传播格局份额的指标不断下滑；从“人找信息”到“信息找人”的变化，凸显传统媒体的传播渠道、传播方式、传播形态与需求不相适应。移动传播的发展，凸显了传统媒体在传播效率、运作效率、反应效率等方面与新兴媒体的差距；移动传播所擅长的互动传播、便利传播、多次传播的扩散效应，凸显了传统媒体直接传播、线性传播、一次传播的传播力相对弱势。“信息无处不在、无所不及、无人不用，导致舆论生态、媒体格局、传播方式发生深刻变化，新闻舆论工作面临新的挑战。”[①]这使得报纸、广播、电视等传统媒体如何通过媒体融合保持传播力、增强竞争力，成为世界传媒行业关注和探索的课题。

更为深刻的变化，还体现在21世纪第二个十年推荐算法越来越广泛深入应用于移动传播。这也使传播进入智能传播时代。中国规模庞大的用户群体为算法发展提供了坚实基础。在海量增长的用户数据的支撑下，算法不断迭代，智能水平也在逐次提升。有关算法综合治理的法规也正在陆续出台。

推荐算法的运用提升了传播效率，互联网平台通过使用算法提升信息服务与用户需求的匹配度而获得竞争优势。在中国，单一平台甚至拥

① 习近平：《加快推动媒体融合发展 构建全媒体传播格局》，《求是》2019年第6期。

有数亿日活用户。据有关研究，自 2018 年《日本经济新闻》开始调查以来，2020 年，中国公司开发的短视频平台 TikTok 在美国及欧洲和南美洲许多国家的下载量都高居第一位，首超脸书旗下应用。这既从一个侧面印证了推荐算法介入移动传播所产生的影响，也让人们看到了中国移动应用在全球的影响。客观地看，2020 年暴发的新冠肺炎疫情在全球的流行，进一步加深了人们对移动互联网的依赖，也相应加剧了推荐算法介入传播的影响，提出了更多值得研究的课题。

（四）孕育中的体验传播形态与元宇宙构想

元宇宙构想引起人们广泛注意的原因之一，是 2021 年 10 月 28 日在名为“Facebook Connect”的年度大会上，脸书公司宣布将公司名称改为“Meta”，即英文“元宇宙”一词“Metaverse”的前缀[①]。

什么是元宇宙[②]？一些定义和解读指向更为庞杂的构想，称其是“新型虚实相融的互联网应用和社会形态”[③]。也有人寄希望于在增强现实（AR）与虚拟现实（VR）技术进一步发展的前提下，构建一个数字化世界，提出“基于扩展现实技术提供沉浸式体验，基于数字孪生技术生成现实世界的镜像”[④]。

元宇宙将呈现一种多维、体验传播形态的判断，从提出元宇宙构想的互联网公司自己的解读中，也可以找到支撑。脸书宣布改名的这次大会的主题即为增强现实与虚拟现实。一些互联网公司认为元宇宙就是将

① 之前围绕改名传闻，人们纷纷猜想。有博彩网站开出赔率最高的前三个名字是“Virtual”“Connect”和“Horizon”。

② 元宇宙（Metaverse）是整合了多种新技术而产生的新型虚实相融的互联网应用和社会形态，通过利用科技手段进行链接与创造的、与现实世界映射与交互的虚拟世界，具备新型社会体系的数字生活空间。

③ 《北京大学学者发布元宇宙特征与属性 START 图谱》，https://www.sohu.com/a/502061675_162758，访问日期：2023 年 12 月 17 日。

④ 《什么是元宇宙？为何要关注它？——解码元宇宙》，https://baijiahao.baidu.com/s?id=1716854014749625905&wfr=spider&for=pc，访问日期：2021 年 11 月 9 日。

互联网应用由传统的语音、视频、二维图像、平台交互等联结方式，拓展到无所不在的互联网连接，“以 AR/VR/XR 为基础的视频体验，可以将三维的视频体验广泛应用于互联网的各种场景，实现人类视觉感知的一次颠覆性革命”[①]。此处所谓“人类视觉感知的一次颠覆性革命”，是一种“以 AR/VR/XR 为基础的视频体验”，其清晰地表明元宇宙构想是传播意义上的一种结果，是现在已出现的体验传播形态从二维向三维甚至更多维的延伸。正像阿里巴巴达摩院 XR 实验室的谭平博士所解释的：“元宇宙是构建在 VR/AR 眼镜基础上的整个互联网。”[②] 网络设备和通信设备的研发与制造公司认为，元宇宙是“由传统的对人类信息交互的支撑，变为仅仅是信息社会多元化交互的一种辅助手段”[③]，其想象基点依然是交互传播的拓展。可以看到的是，在多维体验传播的发展中，人们的思维框架是沿着如何进一步改善视觉感知的路径构建的；目前一些所谓元宇宙尝试，也往往围绕视觉感知进行，诸如做虚拟人像还是做虚拟环境。

这种围绕视觉感知构想元宇宙与体验传播手段、呈现方式的发展路径，意味着传播科技的走向将发生重要变化，意味着传感科技将大规模进入传播科技领域，并将与传播科技结合，出现传感、传播科技融合演进的新传播技术。体验传播形态的新产品样态、新传播渠道的产生，可能不再像过去 30 年那样主要依赖信息技术（IT）、互联网、移动互联网科技，不再只以互联网、移动智能终端为主要物质载体。孕育中的体验传播手段、产品，可能更多是基于传感科技发展带来的感知传播能力的发展与进一步有效发挥。传感科技与传播科技的融合演进本身就是人工智能科技的进一步发展，多维体验传播的庞大数据量也一定需要更强大的数据传输和数据处理等能力支撑，需要人工智能科技的发展给予支撑。

① 史炜：《元宇宙如何成为信息经济的催化剂？》，《人民邮电》2021 年 12 月 13 日，第 3 版。

② 同①

③ 同①。

实际上，传感科技的发展与传感器的广泛运用，却往往在人们的感知以外。传感器帮助人类将以往无能力感知、难获取、难处理的信息变成可获取甚至易获取并更精准的数据。因而，从某种意义上说，传感器正在成为数字化社会重要基础设施的一部分。传感器隐秘地帮助感知用户活动与心理，基于获取到的各种数据甚至可能比用户自身还了解用户，因而，传感器也延展了人类的感知能力。智能驾驶需要依赖激光雷达等传感科技获取外部信息，才能智能化地做出判断。智能手机之所以智能，不仅在于其强大的信息处理能力，更在于其强大的感知能力，可以感知外部光线调整屏幕亮度，可以感知人类走路的振动与海拔高度从而可以计算步数与判断是否爬楼等，不过这仅是人们经常可以体验到的传感科技表现的很小的一部分。有专业网站称，2020 年全球有 3 000 亿个传感器遍布于人们的日常生活中。正是因为人们相信未来传感器将变得更小、更便宜、更准确、更灵活、更节能、更环保、更多样，能够收集更多类型的数据，并集成越来越多的新技术，才推动了传感科技的快速发展。传感科技领域的专家、天津大学教授栗大超认为："十年之内，我们将生活在一个万物都被测量的世界。这是一个极度透明的世界，隐私问题将需要被重新定义。从太空边缘到海洋底部再到血液内部，我们这个世界上新兴的传感器正在产生无限可用的感知信息。知识不再是最重要的东西，拓展思路与创新才是关键。"

（五）面对急剧变化需要创新思维框架

从传播视角解析元宇宙构想，可以对正在热议的元宇宙有更为理性的认知、把握，有更为符合创新逻辑的把握，从而在大潮中做出更有价值的抉择。更重要的是，孕育中的体验传播提示我们，要以创新思维来应对媒体深度融合中的挑战，以新的思维框架来认知、谋划传媒的未来。

面对传播领域的急剧变化，传媒业的从业者与研究者需要不断回答的问题就是如何看待已经发生的变化。关键在于，在重大变化正在到来的关口，以什么样的思维框架与分析方法看待已经发生的变化，以及如何谋划自己的下一步选择。

2010 年、2015 年我因工作之需分别带队走访调研过美国广播公司（ABC）、英国天空电视台（BskyB）、南非广播公司（SABC）、欧洲卫星公司（SES Global）、美联社电视新闻社（APTN）、路透集团等多家国外媒体机构；2016 年带队走访调研了俄罗斯的多家媒体机构；2014 年 11 月作为一个高级别团组成员参与调研了法国新闻社（AFP）、位于德国的欧洲最大软件公司思爱普（SAP）等欧洲多家媒体机构和互联网企业。2013 年在学术分享之余，我在哈佛大学、哥伦比亚大学对新闻传播、技术和设计教育进行了调研。调研时我更习惯用比较研究思维审视、分析。这种比较研究的思维框架，是否也应当是我们面对媒体深度融合中的挑战，以新的思维框架来认知、谋划传媒未来时应有的创新思维的组成部分？

在智能传播迭代发展、媒体深度融合中，必须要有匹配受众现时需要的新媒体产品与新媒体平台的运营方法，许多人为此殚精竭虑。但从应对挑战、谋划未来的层面来看，仅此还是不够的。以创新思维来应对挑战，以新的思维框架来谋划未来，还需要从更高层面观察、分析问题，改变认知，做出抉择。比如，一些媒体运用数据资源、数据可视化手段、数据挖掘结果做出了创新报道，产生了很大影响。从应对挑战、谋划未来的角度说，就要以新的思维框架继续开拓，比如，要以体系思维经营数据可视化作品，不仅在多种平台系列展现，还应进行体系挖掘；要以效率思维优化版面设计与可视化表现，提升信息有效密度与传播效率；要以产品思维运作，从数据可视化实践中发现市场需要的数据产品，拓展价值空间。

面对急剧变化，最需要创新的是思维框架、认知方式和看待、分析、解决问题的方法。许多时候，对现有状态最大的冲击，是新的力量从新的维度生长所引发的变化。元宇宙构想与一些公司、团队在元宇宙方面的动作，还只是互联网领域、数字科技领域等寻找未来发展方向的一种尝试。而智能传播是已经到来的未来，将来在传播领域还会有新的未来，这是符合自然规律与唯物辩证法的一种认知。变革不会在算法运用、智能传播这个阶段中止，体验传播也已经初见端倪，多种给人沉浸式体验的设备与作品的出现就是一种证明。应对挑战、谋划未来的最有效途径之一，一定是借助创新思维方式。

第二节　规则演进与内在逻辑：从网络的法律地位透视

在互联网时代，网络已经成为社会的基础设施、诸多事物存在的基本环境和人类物质与精神生活的基础性依托，网络活动成为政治、经济、科技活动和社会生活等的重要组成部分，其重要性也必然逐步在法律领域得到相应体现。一系列行政法规、部门规章已经对网络活动进行了规范。《中华人民共和国民法典》（以下简称《民法典》）对网络在民法中的法律地位进行了界定。网络的法律地位，既是依法治国原则下的重要理论问题，也是新闻传播实践、司法实践、社会实践中具有重要意义的现实问题。

法律地位是指法律主体拥有享受权利与承担义务的资格，或法律主体在法律关系中所处的位置。法律地位常用来表示权利和义务的相应程度。法律地位一般由其他社会规范、习俗先行限定，由法律最终确认后生效。法典是经过整理的比较完备、系统的某一类法律的总称。新颁布的《民法典》是中华人民共和国成立以来第一部以“法典”命名的法律，在中国特色社会主义法律体系中具有重要地位。这部《民法典》是权利的宣言，体现了对生命健康、财产安全、交易便利、生活幸福、人格尊严等各方面权利的平等保护，更是民事活动的基本规范。系统解析作为具有高位阶法律效力的规范法律文本的《民法典》对“网络”一词的使用方式，对准确把握网络的法律地位具有重要意义，也有助于更好地理解《民法典》，遵守《民法典》的法律规范。

一、《民法典》中“网络”的使用方式与媒体的法律地位

网络是人类社会最重要的信息传播媒介之一。从传播层面看，信息的载体就是某种媒介。以文字、影像、声音等形态传播的信息，其文字、影像、声音仍然是信息传播的媒介。当信息通过网络传播时，其媒介可以是电子信号，可以是二进制编码的数据，也可以是文字、影像、声音。当信息分别通过通信网或互联网传播时，通信网或互联网就成为其媒介。

媒体作为信息和观点的专业传播者，是社会各主体之间、人与人之间的重要纽带。随着技术进步和媒体行业的发展，媒体概念的内涵和外延不断发生变化。互联网特别是移动互联网的兴起，多种新媒体工具的使用，使媒体概念的内涵和外延已经远远突破了人们对媒体的传统认知。传统意义上的媒体包括报纸、杂志、广播、电视。因为出版同样具有传播信息和观点的功能，同样以纸介质承载内容信息，人们常常把新闻、出版联系在一起，或认为其都属于更宽泛概念的传媒。大众传播等传播学的认知方式被引入后，人们开始以大众传播即向非特定群体传播的内涵，来界定一种媒介或传播工具是否属于大众传播媒介，或直接把在信息传播过程中处于专业传播者和大众之间的组织、工具等媒介，称为大众传媒。这里的大众传媒，已经开始纳入电影这样的传统大众传媒和动画等新大众传媒。因而，这个时期人们曾经把动画、动漫等称为新媒体。而互联网进入资讯、信息和观点交流、传播领域后，其不仅成为主要大众传播渠道，而且成为诸多新媒体的技术平台。基于互联网、移动互联网，社交媒体等多种新媒体形态兴起，“媒体”一词的内涵更为丰富多样，不仅包括传统媒体、新媒体，甚至在一部分人的认知中优先排序的是互联网、新媒体。早期，人们把互联网称为第四媒体，把短信称为第五媒体。很快，基于互联网和移动互联网的新媒体工具、新传播形态纷至沓来，人们除了以社交媒体、网络媒体、平台媒体、移动媒体等概念分称外，更习惯统而概之地称其为新媒体。这在某种程度上也反映了人们与报

刊、广播、电视等传统意义上的媒体形态的接触时间或对其的使用时间逐渐减少，与新媒体的接触时间或对其的使用时间逐渐延长的现实。

法律是对现实社会生活的反映，但人们基于现实发展与生活体验，对媒体及新媒体的认知并不一定同步反映到法律中来，其法律地位的确认会表现为一个过程。作为具有高位阶法律效力的成文法，《民法典》对“网络”一词的使用方式，反映了网络在民法中的法律地位。

（一）《民法典》对“媒体”概念的使用

什么是法律意义上的媒体？以往的规范法律文本中没有专门对“媒体”这一概念进行清晰界定。《民法典》对“媒体”一词的使用方式，反映出规范法律文本中“媒体”概念的拓展。

《民法典》共在 2 个法条中 3 次使用了“媒体”概念，其把网络与报刊并列作为媒体一部分。第四编“人格权”第一章“一般规定”第一千条规定：“行为人因侵害人格权承担消除影响、恢复名誉、赔礼道歉等民事责任的，应当与行为的具体方式和造成的影响范围相当。行为人拒不承担前款规定的民事责任的，人民法院可以采取在报刊、网络等媒体上发布公告或者公布生效裁判文书等方式执行，产生的费用由行为人负担。”这里是把媒体作为审判机关公告或生效裁判文书的发布平台，人民法院不仅可以通过发布公告的方式执行法院裁定，还可以通过公布生效裁判文书的方式执行，以比行为人侵害人格权时影响范围更大的传播范围，实现生效裁定所强制要求的消除影响、恢复名誉，实质上也强化了行为人担负赔礼道歉等民事责任的程度。《民法典》第一编“总则”第六章“民事法律行为”第一百三十九条规定：“以公告方式作出的意思表示，公告发布时生效。”因而，人民法院在报刊、网络等媒体发布的公告，是具有法律效力的。

《民法典》中另一个使用了“媒体”概念的法条，是“人格权”编第一千零二十八条的规定：“民事主体有证据证明报刊、网络等媒体报道的内容失实，侵害其名誉权的，有权请求该媒体及时采取更正或者删除等必要措施。”这里，媒体是民事主体，与认为“内容失实，侵害其名誉权”的民事主体法律地位平等。这同样是《民法典》第一编“总则”第四条所规定的基本原则。

（二）《民法典》中“网络”的四种意指和使用方式

网络在人类活动中的复杂角色与功能，必然反映到立法中来。《民法典》共在9个法条中25次使用“网络”概念。梳理《民法典》对“网络”概念的不同使用方式，可以发现意指有所不同，内涵、外延有明显差别，大略有四种不同所指。

1. 与报刊并列作为媒体

在人格权相关的民事关系中，报刊、网络等媒体既可以是因报道内容涉及名誉权纠纷的民事主体，也可以是根据审判机关的裁定消除影响、恢复名誉的传播平台。在《民法典》第一千条、第一千零二十八条两个法条中，明确地把网络与报刊并列为媒体的组成部分。

2. 作为虚拟财产存在空间

《民法典》第一编“总则”第一百二十七条使用了“网络虚拟财产”概念①，明确网络是虚拟财产的存在空间、存在环境，这里没有包括可能已经产生但不存在于网络环境或网络空间中的虚拟财产。随着人们对虚拟财产认知范围的扩大，可能还会有存在于其他环境或网络空间的其他有价值物被视为虚拟财产。

3. 作为包含互联网的信息渠道

《民法典》第三编“合同”第四百九十一条使用“网络”时，将其作为一种或多种包括互联网在内的可以传递信息的渠道。在这种使用方式下，以“信息”一词对“网络”进行内涵界定，以表达方式“互联网等”进行外延界定。这种使用方式下的“网络”可用以发布信息，因而可以成为民事主体之间设立、变更、终止民事法律关系的中介。第

① 《中华人民共和国民法典》第一百二十七条：“法律对数据、网络虚拟财产的保护有规定的，依照其规定。”

四百九十一条规定，“通过互联网等信息网络发布”就可以作为当事人意思的表示并可能作为合同要约条件[①]。这一规定，实质上从法律角度明确了通过互联网等网络发布的信息在设立、变更、终止民事关系上的可证据性，因而，也间接明确了互联网等信息网络在法律上的可用性和一定程度上的可确认性。

《民法典》第五百一十二条对“网络”的使用方式，也体现了可以传递信息的功能界定以及可证据性、可用性和可确认性的性质界定。这个法条规定，通过互联网等信息网络订立的电子合同，标的为提供服务的，生成的电子凭证或者实物凭证中载明的时间为提供服务时间，即电子凭证可以作为法律意义上的凭证。这一法条还明确，标的物“为采用在线传输方式交付的，合同标的物进入对方当事人指定的特定系统且能够检索识别的时间为交付时间”，即以特定系统记录并可检索识别的时间作为标的物实际交付的标志。某种意义上，这与物权变动时登记的效力已经可以类比或相当[②]。值得注意的是《民法典》对与网络密切相关的“在线”一词的使用方式。“在线”是一种状态或一种传输方法。《民法典》仅仅在第五百一十二条第二款中使用了一次“在线”一词，用以定义一种电子合同的传输方式。

4. 作为提供在线服务的平台

《民法典》第七编“侵权责任”共有 4 个法条 20 次使用了“网络”一词，其含义是服务提供者可以向用户提供服务的平台，是网络服务者利用的对象。这 20 次使用中，2 次是“利用网络”，其余分别是

① 《中华人民共和国民法典》第四百九十一条：“当事人采用信件、数据电文等形式订立合同要求签订确认书的，签订确认书时合同成立。当事人一方通过互联网等信息网络发布的商品或者服务信息符合要约条件的，对方选择该商品或者服务并提交订单成功时合同成立，但是当事人另有约定的除外。”

② 《德国民法典》第八百七十三条规定，土地等物权权利变更，应有权利人与相对人对于权利变更的协议，并将权利变更登记入土地登记簿册。《中华人民共和国民法典》第二百零九条：“不动产物权的设立、变更、转让和消灭，经依法登记，发生效力……”

"网络服务""网络用户"和"网络服务提供者"，是3个相关的概念。这3个概念确定了与网络服务相关的民事法律关系，有利于确立一旦发生侵权时厘清责任的规则和救济途径。

（三）新闻出版、广播影视在《中华人民共和国宪法》中的地位

媒体是从事信息采集、加工、分发、传播的专业机构，以采集、加工、分发、传播新闻性信息和观点内容为主。新闻出版与广播电视业被视为媒体行业的代表，在以传统媒体为主的时代尤其如此。媒体活动对一个国家和国际社会的政治、经济、社会生活运行，对人们的意识和行为都会产生迅速、持续和深远的影响。因而，媒体被视为特殊的政治主体，媒体行为被视为特殊的社会现象。这种特殊性决定了其法律地位。

媒体的法律地位在《中华人民共和国宪法》（以下简称《宪法》）中有清晰体现。《宪法》明确规定媒体是"国家发展"的事业。《宪法》第二十二条："国家发展为人民服务、为社会主义服务的文学艺术事业、新闻广播电视事业、出版发行事业、图书馆博物馆文化馆和其他文化事业，开展群众性的文化活动。"这条规定，不仅明确了发展新闻广播电视事业、出版发行事业等是国家目标，而且明确了其价值指向是"为人民服务、为社会主义服务"。第二十二条在《宪法》第一章"总纲"部分，"总纲"占据了《宪法》篇幅的近四分之一，规定了国家未来要实现的目标，也规定了保护的是公共利益，对国家机关具有法律约束力。"对于立法机关来说，国家目标规定赋予其一种立法义务去规定实现国家目标的方式。"①《宪法》第二章"公民的基本权利和义务"第三十五条："中华人民共和国公民有言论、出版、集会、结社、游行、示威的自由。"这从国家的根本法层面明确了对作为公民基本权利的言论出版自由的保护。"国家目标规定是针对未来，去寻求达到一种目前还不存在的状态或者法益"，国家目标规定保护的是"共同体和政治体的价值决断"②。国家

① 王锴、刘犇昊：《宪法总纲条款的性质与效力》，《法学论坛》2018年第3期。

② 同①。

发展为人民服务、为社会主义服务的文学艺术事业、新闻广播电视事业、出版发行事业等，这些事业有助于言论出版自由这个公民基本权利的实现。

二、网络的媒体属性的行政确认与法律界定

网络的媒体属性与网络的法律地位密切相关。网络与报刊在《民法典》中被并列作为媒体的一部分，这是在具有高位阶法律效力的成文法中第一次确认了网络与媒体的关系，确认了网络和报刊并列作为媒体一部分的法律地位。以往对于网络与媒体的关系，只有行政法规、部门规章和政策性文件以不同区分标准予以明确。梳理从行政确认到法律界定的过程，有助于认识网络的法律地位。

（一）网络的媒体属性的行政确认

互联网越来越成为人们传播信息的主渠道、工作生活的新空间、获取公共服务的新平台，这是人们的现实体验，是一种事实确认。在社会发展进程中，互联网信息服务的传播量、影响力越来越为社会各方面，特别是传媒行业所关注，从而推动了媒体融合进程。媒体融合借助互联网传播渠道一步步深化，传统媒体不约而同地选择将自身优势互联网化体现，加大力度借助互联网、大数据、人工智能等技术提升传播力、竞争力，这可看作对网络具有媒体属性的行业确认。

在网络的媒体属性没有得到法律确认前，出于行政管理的必要和必须，国务院和国家有关主管部门曾经在行政法规、部门规章、政策文件和管理制度层面，以不同区分方式对网络的媒体属性部分进行了行政确认。所谓行政确认，是指行政主体依法对行政相对人的法律地位、法律关系或有关法律事实进行甄别，给予确定、认定、证明（或证伪）并予以宣告的具体行政行为。通过行政法规、部门规章、政策文件和具体行政行为对网络媒体属性的确认，具有相当程度的法律效力。依据这一系

列行政确认，对互联网新闻信息服务的管理，与新闻、出版、广播、电视等媒体行业的管理既有原则一致、规则相同的部分，也有明显区别。

梳理对互联网新闻信息服务的规范进程可以发现，对互联网信息服务的性质认定，经历了五种区分方法，体现了不同的区分路径与分类逻辑，实际上也经历了不同发展阶段。

1. 以行业相关性区分界定

以行业相关性区分界定互联网信息服务，即把线上信息服务与某个现有传统行业的相关度或类似度、重合度作为区分标准。国务院颁布的《互联网信息服务管理办法》第五条规定，从事新闻、出版、教育、医疗保健、药品和医疗器械等互联网信息服务，在申请经营许可或者履行备案手续前应当依法经有关主管部门审核同意[①]。这个行政法规只是把从事新闻出版服务作为互联网信息服务的一部分列举出来，并没有明确互联网信息服务本身的媒体性质。从所列举的类别看，并不以是否具有意识形态属性来区分，而只以与特殊性行业的相关性为区分标准。虽然，这个办法所列举的行业，具有意识形态属性的占一半，与人们健康相关联的占另一半，但依然可以看出是以与现有传统行业的相关性作为区分依据。

2. 以内容相关性区分界定

以内容相关性区分界定互联网信息服务，即把是否涉及具有意识形态属性的内容作为区分标准。这个区分标准比按行业相关性区分界定更为精准，且比以新闻、出版行业相关度为区分标准所确定的管理范围大得多，从而把大量与传统媒体行业类似度并不高的信息服务方式，即互

① 《互联网信息服务管理办法》第五条：“从事新闻、出版、教育、医疗保健、药品和医疗器械等互联网信息服务，依照法律、行政法规以及国家有关规定须经有关主管部门审核同意的，在申请经营许可或者履行备案手续前，应当依法经有关主管部门审核同意。”《互联网信息服务管理办法》2000 年 9 月 20 日由中华人民共和国国务院第 31 次常务会议通过，2000 年 9 月 25 日公布施行。2011 年 1 月 8 日，根据《国务院关于废止和修改部分行政法规的决定》修订。http://www.cac.gov.cn/2000-09/30/c_126193701.htm，访问日期：2024 年 3 月 20 日。

联网传播中新出现的传播形态、服务形态等及其相关主体，纳入有效行政管理的范围。

2017 年 5 月，《互联网新闻信息服务管理规定》以国家互联网信息办公室令第 1 号颁布，其管理范围集中于新闻和具有新闻性质的内容服务①。此规定第二条明确定义："本规定所称新闻信息，包括有关政治、经济、军事、外交等社会公共事务的报道、评论，以及有关社会突发事件的报道、评论。"这种以与新闻内容相关度为基准的区分方式，管理依据与涵盖范围更为清晰。

一般意义上，互联网上传播的内容不仅仅是新闻和具有新闻性质的内容，互联网信息服务的定义也远远大于互联网新闻信息服务的定义。但互联网新闻信息服务的运转方式、分工方式、涉及范围、表现形态、使用工具已经远远超出传统的新闻、出版、广播、电视行业所呈现出的。从事生产传播服务的传统媒体，在互联网新闻信息服务生态下，已经发展成独立运行、具有巨大影响力的传播平台，甚至被学者称为平台型媒体，比如主要从事内容分发的"今日头条"。因此，需要对什么是此规定所管辖的互联网新闻信息服务给予清晰定义，以行政手段确认此规定的管理对象。这个规定第五条明确定义了此规定所称互联网新闻信息服务"包括互联网新闻信息采编发布服务、转载服务、传播平台服务"。这个定性方法明确规定即使没有从事新闻信息采编发布，只是从事转载服务、传播平台服务，提供的服务也是互联网新闻信息服务。毕竟，从传播角度看，转载其他新闻信息采编者发布的内容，也介入了内容传播，也对内容传播产生了实质性影响，同时，也利用了内容的影响力。现实中，主要从事转载、分发的传播平台，依据算法和数据所形成的传播方式已经具有了巨大的传播效率和竞争力。这里对互联网新闻信息服务方式的界定，与只以内容相关性来区分相比，更为准确地把握了互联网新闻信息服务不同于传统媒体信息服务的运行特点和关键环节。

① 2015 年 9 月国家互联网信息办公室曾经颁布《互联网新闻信息服务管理规定》，2017 年 5 月修改后重新颁布。

《互联网新闻信息服务管理规定》第五条第一款还列举了互联网新闻信息服务的具体形态，即“通过互联网站、应用程序、论坛、博客、微博客、公众账号、即时通信工具、网络直播等形式向社会公众提供互联网新闻信息服务”，包括了截至此规定发布时所出现的基于互联网和移动互联网的、以计算机或手机等终端为载体的主要新媒体工具和新传播形态，但没有包括同样可能转载新闻信息内容的户外大屏、电梯广告屏等传播工具和传播形态。实际上，在移动互联条件下，户外大屏、电梯广告屏的内容已经利用4G或5G通信网在线更新，已经互联网化运行了。由此可见，此规定的定义更注重通过个人终端提供的互联网新闻信息服务，更注重管理经典的互联网新闻信息服务，而不关注互联网式的其他信息服务。但从传播形态上看，通过互联网网站及其他形式与户外大屏、电梯广告屏实现的传播，都是新媒体传播，总体上都体现为通过面向个体的传播实现群体传播。

以内容相关性区分界定互联网信息服务的区分方式，在2019年12月15日国家互联网信息办公室颁布的《网络信息内容生态治理规定》获得延续，第八章“附则”第四十一条界定了规定中所使用的网络信息内容生产者、网络信息内容服务平台、网络信息内容服务使用者概念。这个规定使用了更为宽泛的“网络”概念。而国家网信办以往颁布的部门规章中，涉及具有意识形态属性的部分，多明确以“互联网”进行范围界定，如上述《互联网新闻信息服务管理规定》；涉及网络安全的部分，多以涉及范围更大的“网络”进行范围界定，如2021年12月国家网信办等多部门颁布的《网络安全审查办法》。有些部门规章为了指称更为准确，还专门把电信与互联网并列作为该规章的范围界定，如工业和信息化部2013年7月颁布的《电信和互联网用户个人信息保护规定》。

3. 以身份相关性区分界定

以身份相关性区分界定互联网信息服务，即主要通过识别互联网新闻信息服务的实际控制者来区分新闻信息服务提供者的不同类别，并相应确定适格者及是否给予许可。

《互联网新闻信息服务管理规定》第六条："申请互联网新闻信息采编发布服务许可的，应当是新闻单位（含其控股的单位）或新闻宣传部门主管的单位。"这条规则清晰地体现了以隶属关系来确认身份，从而确认适格者。此规定第五条第一款以列举方式界定什么是互联网新闻信息服务，第六条则是在界定互联网新闻信息服务业务范围的基础上进一步界定谁才能提供互联网新闻信息服务，即界定互联网新闻信息服务适格者。虽然是依据部门规章来确认适格者，但此部门规章是国家主管机关根据《中华人民共和国网络安全法》《互联网信息服务管理办法》《国务院关于授权国家互联网信息办公室负责互联网信息内容管理工作的通知》制定的，因而具有一定法律效力。

"新闻单位（含其控股的单位）或新闻宣传部门主管的单位"方为适格者，为了体现这一原则，《互联网新闻信息服务管理规定》还确定了五个延伸性规则。其一是设立特殊管理股制度。该规定第六条明确："符合条件的互联网新闻信息服务提供者实行特殊管理股制度"，即以特殊管理股制度来体现第六条前款规定的原则。其二是明确禁止外资进入互联网新闻信息服务领域。该规定第七条明确规定："任何组织不得设立中外合资经营、中外合作经营和外资经营的互联网新闻信息服务单位。"其三是明确安全评估类别。该规定第七条第二款："互联网新闻信息服务单位与境内外中外合资经营、中外合作经营和外资经营的企业进行涉及互联网新闻信息服务业务的合作，应当报经国家互联网信息办公室进行安全评估。"其四是明确采编营销两分开原则。该规定第八条："互联网新闻信息服务提供者的采编业务和经营业务应当分开……"其五是非公有资本不得介入互联网新闻信息采编业务，以更严格的尺度强调了资本不得干预新闻信息业务的基本原则。

在行政管理中，这种"新闻单位（含其控股的单位）或新闻宣传部门主管的单位"方为适格者的原则，以资质确认的方式得到体现，并作为网站具有申领新闻记者证资格的确认标准。2015 年 11 月，首批获得国家互联网信息办公室发放记者证的网站都已经取得了互联网新闻信息服务许可一类资质，都是中央主要新闻网站。《国家网信办就“首批新闻网站记者证发放”答记者问》中强调：申请新闻记者证的网站“必须具有国家互联网信息办公室核发的一类新闻信息服务资质”，同时国家网信办“统筹考虑网站影响力、股权构成、采编人数以及是否受到主管部门处罚等因素，确定发证网站名单”，并明确，“目前来看，商业网站不具有新闻信息采编权，暂时不考虑在商业网站核发新闻记者证”①。在这次答记者问中，还明确以“网络媒体”指称新闻网站，强调“还要结合网络媒体特点，进一步研究完善相关的管理制度和办法”及“依法保障推动新闻网站和传统媒体拥有同等的新闻信息采编权”；明确了与上述适格者原则相关的第六个延伸性规则，一个标准、一体管理，即新闻网站与传统媒体记者证权利、责任和义务相同，主管部门以同一标准实施管理。这次国家网信办答记者问，有行政权威背书。把有资质的新闻网站直接称为“网络媒体”，是一种实务层面的行政确认。

4. 以功效相关性区分界定

以功效相关性区分界定互联网信息服务，即主要通过判断互联网信息服务的预期效果或实际作用来区分互联网信息服务提供者的不同类别。这种以功效为标准的区分方式更具兜底性作用。

国家互联网信息办公室 2018 年 11 月发布《具有舆论属性或社会动员能力的互联网信息服务安全评估规定》（以下简称《评估规定》），把互联网信息服务中具有舆论属性或社会动员能力的部分区分出来，实施安全评估，就是将预期效果和实际作用作为区分标准。具有舆论属性或社会动员能力是媒体信息服务的基本特征，作为一种区分标准，可使相关规章管理效能更强。有些互联网信息服务，从名义上看不像新闻信息服务，但实际上具有舆论属性和社会动员能力，因而就具有媒体属性。按此规章的行政确认，这类互联网信息服务的提供者就必须承担接

① 《国家网信办有关负责人就“首批新闻网站记者证发放”答记者问》，http://www.cac.gov.cn/2015-11/06/c_1117062527.htm，访问日期：2024 年 3 月 20 日。

受安全评估的义务。虽然国家网信办在对《评估规定》的介绍中明确其属于政策性文件，不属于行政许可事项，不设立行政处罚措施①，但此规定的界定依然可视为一种行政确认。

《评估规定》的第二条中明确，“本规定所称具有舆论属性或社会动员能力的互联网信息服务”包括两类，一是“开办论坛、博客、微博客、聊天室、通讯群组、公众账号、短视频、网络直播、信息分享、小程序等信息服务或者附设相应功能”，二是“开办提供公众舆论表达渠道或者具有发动社会公众从事特定活动能力的其他互联网信息服务”。第一类以列举方式明确基于互联网、移动互联网的一系列新媒体形态的信息服务属于管辖范围，其列举范围已经大于2017年5月颁布的《互联网新闻信息服务管理规定》第五条第一款所列举的具体形态，增加了通讯群组、短视频、信息分享、小程序等具体形态，并对“信息服务或者附设相应功能”进行了进一步延伸。其中关于“或者附设相应功能”的表述方式，适应了在《互联网新闻信息服务管理规定》颁布后互联网领域出现更多新工具、新产品、新功能的现实，“附设相应功能”也更具有包容性，适应未来可能的变化。第二类则是兜底性条款，适用于管理列举不尽和新出现的能够“提供公众舆论表达渠道”和“具有发动社会公众从事特定活动能力”的信息服务。虽然，《评估规定》中并没有出现“媒体”一词，也并没有明确“具有舆论属性或社会动员能力的互联网信息服务”是否属于媒体服务，但以“具有舆论属性或社会动员能力的互联网信息服务”功效为标准，更体现媒体的本质特征，比简单以“媒体”或类似概念来概括更为准确而广泛地界定了管理范围。

以功效相关性区分界定互联网信息服务，比以行业相关性区分界定更加符合互联网信息服务发展实际。从《评估规定》第三条列举的互联网信息服务提供者“必须自行开展安全评估”，“并对评估结果负责”的几种情形看，该规定更直接强调了功效标准，只要某种新增项目或改

① 刘沁娟：《〈具有舆论属性或社会动员能力的互联网信息服务安全评估规定〉发布规范互联网信息服务行为》，《网络传播》2019年第3期。

变“导致舆论属性或者社会动员能力发生重大变化”，互联网信息服务提供者就要自行进行安全评估并对评估结果负责。根据《评估规定》，须进行安全评估的情况包括：具有舆论属性或社会动员能力的信息服务上线，或是“增设相关功能”；或是因为使用新技术、新应用，使信息服务的功能属性、技术实现方式、基础资源配置等发生重大变更，“导致舆论属性或者社会动员能力发生重大变化”；或是“用户规模显著增加，导致信息服务的舆论属性或者社会动员能力发生重大变化”。这些变化，都使相关互联网信息服务的预期效果和实际作用发生变化，都符合功效变化就要进行安全评估的管理意图和管理原则，因而都被纳入必须进行安全评估的范围。此规定还特别强调“发生违法有害信息传播扩散，表明已有安全措施难以有效防控网络安全风险”的，互联网信息服务提供者必须自行进行安全评估并对评估结果负责，这更是从预期效果和实际作用角度明确了管理措施。

5. 以属性相关性区分界定

以属性相关性区分界定互联网信息服务，即主要通过是否具有媒体属性来确定网络传播平台是否纳入管理范围。所谓属性是一个事物的本质特性。以属性相关性区分界定，是从本质特征上来界定行政管理对象和行政管理范围。

中共中央办公厅、国务院办公厅 2016 年印发的《国家信息化发展战略纲要》第 51 条“强化互联网管理”明确规定：“强化网络舆情管理，对所有从事新闻信息服务、具有媒体属性和舆论动员功能的网络传播平台进行管理。”[①] 这里，对强化舆情管理中必须纳入管理的网络传播平台的区分界定，包含三个要件。这三个要件不是简单的并列关系，而是一种复合关系，三者居其一则可纳入管理，目的是将“所有”与这

① 2016 年 7 月 27 日新华社受权发布时首先指出，“近日，中共中央办公厅、国务院办公厅印发了《国家信息化发展战略纲要》”，并同时公布了全文。中国政府网也进行了全文刊载。http://www.gov.cn/zhengce/2016-07/27/content_5095336.htm，访问日期：2024 年 3 月 25 日。

三个区分要件相关的网络传播平台都纳入管理。其中，“从事新闻信息服务”要件是考量内容相关性，“具有媒体属性”是判断本质特性即属性相关性，具有“舆论动员功能”则是权衡功效相关性。从本质特性上判断，依据属性相关性区分界定，体现了对网络传播平台属性更深刻的认识和更为有效的区分。

（二）《民法典》对网络的媒体属性的法律界定

在《民法典》第一千条、第一千零二十八条中，有两处明确把网络与报刊并列为媒体的组成部分，这是第一次在具有较高法律效力位阶的规范法律文本中明确了网络具有媒体属性。这种把网络与作为传统媒体代表的报刊在法条中并列表述为媒体的一部分的使用方式，对以后其他法律、行政法规、部门规章等的制定，是有较大影响的。

仔细区分《民法典》的这两个法条，其使用“媒体”概念时都基于了报刊、网络等媒体在传播中的媒介地位。如果说传播是信息的传递以及情感愿望等的分享，“是人与人关系赖以成立和发展的机制”，那么，传播媒介就居于传播的中介地位。但这个中介地位是从多个维度看的特殊“中介”地位，并不是如电线传递电流一般的静止被动的物质中介。从信息到人的传播链条中，不管使用的是纸介质还是网络介质，传播媒介都既是收集者，又是传播者，还是传播平台，是一个处于传播媒介位置的能动主体，是一个专业从事信息收集、加工、传播的组织，是一个有形的“体”，是一种物质化存在状态，因而才被概括为“媒体”。《民法典》中的这两个法条，也分别从传播平台和传播能动主体的角度使用了“媒体”概念，明确了网络与报刊都是媒体，即网络具有媒体属性。

《民法典》第一千条规定，“人民法院可以采取在报刊、网络等媒体上发布公告或者公布生效裁判文书等方式执行”，这是把报刊、网络等媒体作为体现、放大生效裁决法律效力的媒介和传播平台，正是因为看到了借助第三方平台的费用和效益，才明确规定“产生的费用由行为人负担”，即由侵权又拒不执行人民法院生效裁决的行为人负担费用，以示一定程度上的惩戒。而体现生效裁决法律效力、放大其影响所形成的法益，则有益于被侵权的当事人和法律本身。

《民法典》第一千零二十八条则是把网络与报刊并列，作为可能涉及名誉权纠纷的民事主体，一旦“民事主体有证据证明报刊、网络等媒体报道的内容失实，侵害其名誉权的，有权请求该媒体及时采取更正或者删除等必要措施”。在人格权的享有和保护产生的民事关系中，报刊、网络等媒体既可能是因报道内容涉及名誉权纠纷的民事主体，也可能是因转载、传播了其他个人或主体作为第三方发布或提供的内容，而与侵权纠纷相关，因此在民事主体有证据证明的情况下，有责任和义务“及时采取更正或者删除等必要措施”，这是对现实问题的呼应，也明确了相关纠纷的处理规则。这个法条的重要贡献是在《民法典》这部体系性法律中不仅从文本形式上而且从实质法意上对网络具有媒体性质进行了法律界定。

值得讨论的是，与行政法规和部门规章的行政确认相比，《民法典》只是采取与报刊并列的方式在规范法律文本中确认了网络的媒体属性，而行政确认则更为清晰、准确地区分了网络具有媒体属性的部分，无论是从行业、内容、身份、功效区分，还是从属性界定，在行政实践中，对行政相对人的区分、确认及管理、规范都更为精准到位。

三、《民法典》中的“网络”及其法律地位

作为科技概念和现实存在，“网络”一词实际上是多义的。汉语中，网络既指网状的东西，也指由若干元器件或设备等连接成的网状系统，而作为一种特指则指计算机网络。《现代汉语词典》（1993 年版）对“网络”一词的释义则指向一种电路：“在电的系统中，由若干元件组成的用来使电信号按一定要求传输的电路或这种电路的部分，叫网络。”这与互联网时代人们生活和工作体验中更多以“网络”指称“互

联网”有明显区别。

实质意义上，“网络”与“互联网”这两个概念的指向既有重叠又有明显区别。在 IT 领域，网络是指信息传输、接收、共享的虚拟平台，它能把各个点、面、体的信息联系到一起。以可发布信息的功能来界定“网络”，则其既可以包括互联网，也可以包括通信网，比如通过手机利用移动通信网点对点发或群发短信、彩信，也可完成发布信息的功能。通信卫星在太空中也构成通信网。而作为导航卫星的北斗三号系统可实现全球短报文服务，也构成实质意义上的通信。网络不等于人们习惯以“互联网”简称的国际互联网（Internet）。在技术意义上，仅仅是两台计算机连接起来，也实现了互联；几台计算机互联起来，就构成小小的局域互联网。而作为当今世界信息发布最大平台的国际互联网，通常指基于一组通用协议串联而成的单一巨大国际网络。互联网始于 1969 年在美国诞生的阿帕网。以“互联网”简称国际互联网，其概念大于因特网，而因特网概念则包含了万维网。在互联网 50 多年的发展历程中，因为基于传输控制协议（TCP）/ 因特网协议（IP）实现了连接而构成因特网；因为在应用层使用的是超文本传送协议（HTTP），就出现了万维网（World Wide Web）。但是，使用 TCP/IP 协议的网络并不一定是因特网，局域网也可以使用 TCP/IP 协议。判断接入的是否为因特网，既要看是否使用了 TCP/IP 协议，也要看是否拥有一个公网地址。而互联网应用层的协议还有文本传送协议（FTP）、简单邮件传送协议（SMTP）等等，这些协议同样支持在线传输、发布信息。在设定电子邮箱地址时，会看到 SMTP；在使用 FTP 直传时，人们会感受到更快的传输速度。因此，以“网络”来指称可以发布信息的虚拟平台，是会引起人们的不同理解的。

“网络”一词是多义的，现实生活中网络的功能、角色与存在关系也是多样的。人们对网络的认识，也同样会反映在如何在法律层面给它定位。一个事物的法律地位一般是由其他社会规范、习俗先行限定，由法律最终确认后生效的。网络在现实法律关系中所处的多种位置，也必然反映到《民法典》中来。《民法典》不同法条中“网络”的不同使用方式，体现了在规范法律文本中网络的法律地位及其权利义务的匹配程度。

（一）网络作为民事主体

《民法典》第一千条、第一千零二十八条把网络与报刊并列为媒体的一部分，是在具有高位阶效力的规范法律文本中界定了媒体的构成包括网络，确认了网络的媒体属性，也等于明确了网络具有与报刊一样的民事主体资格。这应当说是《民法典》时代特色的体现，具有重要价值。

作为民事主体，网络的民事权利能力如何体现？如何认识网络享有权利、承担义务的资格或可能性？在《民法典》适用过程中，相关人是否会因为“网络”一词的多义性而感到困惑？

这个问题的提出，是因为具有媒体属性的网络只有表现为一个实体、一个组织、一个团体、一个单位时，才可能真正作为现实的民事主体，才具有民事权利能力。网络作为一种技术表现或技术存在环境时，并不能表现为一个实体、一个组织、一个团体、一个单位，就不具有民事权利能力，不具有享受法律权利、承担法律义务的资格。因此，能够与报刊并列作为媒体的一部分并作为民事主体的网络，应当是利用网络技术在网络条件下提供某种信息服务的实体、组织、团体、单位。同样，能够作为民事主体的报刊，并不仅仅是作为人们阅读对象的纸质信息载体的那份报纸或杂志，而是制作、出版、发行纸质报纸或杂志的某个实体、组织、团体、单位，即报社、杂志社或者至少是某个单位里称为编辑部的那个部门。这样的单位，可以是一个机关、团体，也可以是政府单位、事业单位，还可以是企业单位，或者是隶属于它们的部门。

因此，《民法典》中具有民事权利能力的媒体，不管是报刊还是网络，都应当定义或确定为提供信息服务的实体、组织、团体、单位。当以纸质报刊提供信息服务时，就是作为媒体的一部分的制作、出版、发行报刊的单位；当基于技术网络条件提供信息服务时，就是一种网络信息服务实体或组织；当这种网络信息服务具有舆论属性或媒体属性，抑或社会动员能力时，这个提供网络信息服务的实体或组织就是《民法典》中确认的与报刊并列的、作为媒体的一部分的“网络”。这种具有民事权利能力的、作为媒体的一部分的“网络”，更可能是一种网站，如提供新闻信息服务的网站；或是一种互联网平台，如搜索平台或社交平台；或是一种移动应用。技术意义上的网络，不管是通信网还是互联网，都是这些新闻网站、互联网平台、移动应用能够提供网络信息服务的技术基础，或网络信息服务的存在环境。这种网络信息服务的提供者是一个实体单位，有确定的责任主体和法定代表人，具有享受法律权利、承担法律义务的法律主体资格，就像报刊广电等媒体单位都有责任主体和法定代表人一样。而作为一种技术基础和存在环境的网络，则不存在特定的责任主体和法定代表人。

（二）网络作为法律关系的存在空间

与传统时代相比，互联网时代发生的最重要的变化之一，是网络成为法律关系的存在条件、存在空间、影响因素，网络已经并还将影响法律制度、催生深刻变化。网络技术的发展与应用，使得人们的网络活动或与网络相关的活动，成为人们现实生活的基本部分。通信技术和互联网等现代科技发明及应用，使网络空间成为人们生产生活的新空间，深刻改变了人们的活动方式、思想意识和权利要求，也深刻改变了相关的法律关系，必然要求成文法能够反映并相应调整确定法律关系的规则，并对可预见的变化具有足够的包容性和调整力。

《民法典》时代特色的重要体现之一，就是在具有高位阶效力的规范成文法中确认网络是法律关系的存在空间或存在环境，这使得《民法典》能够更有效地调整基于网络空间存在的民事法律关系，调整原已存在但因网络应用于政治、经济、社会和人的生活而呈现新特点、新要求的民事法律关系，调整与网络本身相关的民事法律关系。

这方面，《民法典》最重要的进步之一，是在“总则”第一百二十七条明确规定了法律对于数据、网络虚拟财产的保护。网络是虚拟财产的存在条件和存在空间。在网络空间，能够为人所拥有和支配并具有一定价值的网络虚拟物和其他财产性权利类别越来越多，现实生活中也出现越来越多与网络虚拟财产相关的权利要求和纠纷，诸如游戏装备、电子邮箱、网站等已经成为财产纠纷中的重要标的。尽管人们对虚拟财产的认知范围可能还会扩大，但网络虚拟财产无疑是其最重要的部分。

作为法律关系的存在空间，网络对法律关系的设立、变更、终止具有不可忽视的重要作用。《民法典》第三编“合同”第四百九十一条确认了“当事人一方通过互联网等信息网络发布的商品或者服务信息符合要约条件的”在合同成立中的功能。“通过互联网等信息网络发布的商品或者服务信息”可以成为合同成立的事实要件，可以成为民事主体之间设立、变更、终止民事法律关系的中介，这对民事法律关系具有实质性影响。在这个法条中，“互联网等信息网络”的表述方式，对“网络”进行了更具体的限定，即以“信息”一词明确了网络具有传输、发布信息的功能，而不是纯粹技术意义上的网络。同时，该法条对“信息网络”与“互联网”这两个概念的从属关系进行了一定的界定，即信息网络包括互联网。换句话说，可以传输信息而成为民事主体之间设立、变更、终止民事法律关系中介的网络，不仅有互联网，还有其他信息网络。这有助于《民法典》适应多种信息网络的现实存在，适应可传输信息的新网络形态及其未来发展，从而具有更强的适应性与生命力。

（三）网络作为法律信息的公开渠道

从《民法典》对“网络”这一概念的使用方式看，网络的重要功能是作为法律信息的公开渠道，体现并放大生效裁判的效力。这更清晰地体现在《民法典》第一千条第二款：“行为人拒不承担前款规定的民事责任的，人民法院可以采取在报刊、网络等媒体上发布公告或者公布生效裁判文书等方式执行，产生的费用由行为人负担。”[①]虽然客观上真正体现生效裁判法律效力的，是人民法院发布的公告和公布的生效裁判文书，但当《民法典》规定人民法院可以采取在报刊、网络等媒体上发布公告或者公布生效裁判文书等方式执行生效裁决时，报刊、网络等媒体就成为一种法律信息的公开渠道。毕竟在网络上发布公告或者公布生效裁判文书所实现的消除影响、恢复名誉、赔礼道歉的范围和效果，可能远远大于《民法典》第一千条第一款之规定。某种意义上，人民法院的权威性、发布公告与公布生效裁判文书的强制性、网络等媒体传播的广泛性、网络传播后数据保存的长久性、网络搜索功能提供的易得性等，都使得人民法院在网络等媒体公告或公布的选择，带有对侵权行为人强制执行和惩罚性执行的性质，以及对执行效力的客观放大。因而，可以预见，人们关于被遗忘权的诉求也会变得更加强烈。

从《民法典》这个法条上下文的语境分析文义和法意，这里的“网络”是与报刊并列的、具有媒体属性的、具有发布信息功能的部分，其形态应当是网站、网络平台或移动应用等，而不是技术意义上的网络或其他通信网络。正是因为具有舆论功能和社会动员能力，“网络”才能传递并放大生效裁决的法律效力。生效裁判文书没有得到传播，其实际法律效力从某种意义上看，也就限制在了一定范围内。因而，网络作为法律信息公开渠道的功能正是信息传递与影响扩大，这样人民法院才能在当事人没有承担与其侵权行为具体方式和造成的影响范围相当的“消除影响、恢复名誉、赔礼道歉等民事责任”时，以在报刊、网络等媒体公告、公布等方式实施执行，以体现强制性或惩罚性。这个法条没有明确人民法院是否应在指定报刊或网络上发布和公布，也没有明确规定用以公告或公布生效裁判文书的报刊或网络的传播影响范围是否一定要大于此裁判相关侵权行为的影响范围。实际上，影响范围的估量，在互联网时代是比较困难的。在媒体加速深化融合的情况下，报刊等传统媒体

① 《民法典》第一千条第一款：“行为人因侵害人格权承担消除影响、恢复名誉、赔礼道歉等民事责任的，应当与行为的具体方式和造成的影响范围相当。”

刊登的内容，也会被转发或同时发布到互联网上，或是被挖掘出相关内容在互联网上传播、再传播而引起更大范围的关注。而互联网传播的弱地域性，决定了相关内容一旦在互联网或社交平台上发布，都可能引发远超预计范围的传播。而网站、移动应用增长迅速、无以计数的现实，以及网络信息增加量远超人们注意力覆盖可能的实际情况，都导致了在不知名网站或用户量很小的移动应用上公布相关内容，可能并不为较多人所关注，很快就会淹没在信息洪流中，无法形成有效影响。因此，从法律适用的角度来看，作为执行工具，人民法院用以公告或公布生效裁判文书的报刊与网络等媒体，需要有具体的选择标准或影响范围界定。以往的司法实践中，人民法院往往在相关权威媒体或指定的网站上发布公告或公布裁判文书，或要求侵权行为人在指定报刊和网站等刊登道歉内容。

（四）网络作为法律关系的特殊要素

网络作为人类生活的基础性设施，已成为社会生活的重要影响因素，也使网络生活成为人类生活的重要部分。这种影响已经延伸到民事法律关系的构建中。网络对作为民事法律关系三要素的主体、内容和客体都在产生实际影响，使得法律意义上的财产从传统的物，延伸到法律所规定的可以作为财产的权利和存在于网络空间的网络虚拟财产；使得民事行为发生的空间延伸到网络空间，从而产生特殊的行为方式和责任。因此，实际上网络已经成为影响法律关系的特殊要素。

互联网的发展和广泛应用在深刻改变当代世界的同时，也深刻影响着民法的基本范畴、调整对象和制度规则。网络经济、网络政治、网络生活等作为新的存在形态，既深刻影响现存法律规则，又呼唤新规则的加入和完善。网络已经成为事实上的影响民事法律关系的特殊要素，这在《民法典》的相关规定中可以清晰地看出。

依据民法学传统，《民法典》专门定义了自然人、法人、非法人组织并确立了一系列基本规则。从《民法典》关于网络侵权的相关规定可以看到，网络用户是重要的民事主体。而现实中，网络用户既可能是自然人，也可能是法人，或是非法人组织。而且，许多国家机关也开设了具有政务和信息服务功能的网络平台、客户端、公众号等，网络用户具有互联网时代的特殊秉性。民事法律关系的内容，是指民事主体在民事法律关系中享有的经国家法律确认的民事权利和民事义务。《民法典》对“隐私”的定义纳入了“私人生活安宁”，认为“隐私是自然人的私人生活安宁和不愿为他人知晓的私密空间、私密活动、私密信息”，这体现了一种社会进步。《民法典》规定的“除法律另有规定或者权利人明确同意外，任何组织或者个人不得实施”的行为包括，“以电话、短信、即时通迅工具、电子邮件、传单等方式侵扰他人的私人生活安宁”，其所明确列举的行为方式中，基于网络进行的占了多数。在关于网络侵权的法条中，《民法典》的多处规定都强烈体现着互联网运行的特殊要求，特别是关于网络服务提供者法律义务的规定。比如，关于网络服务提供者“知道或应当知道”情形下法律义务的规定，就体现了对互联网时代网络服务提供者具有的巨大技术、平台、数据、管理等优势的认知。而这种优势恰恰是传统时代信息服务提供者难以具有或不具有的。因而，《民法典》才明确规定，网络服务提供者在“知道或者应当知道”又“未采取必要措施”的情况下，当“该网络用户”的侵权行为责任确定后，要承担连带责任。《民法典》关于网络服务提供者“在转送声明到达权利人后的合理期限内，未收到权利人已经投诉或者提起诉讼通知的，应当及时终止所采取的措施”的规定，就体现了对网络服务提供者，特别是网络平台特殊影响能力的认识。

《民法典》在“总则”中明确规定，“法律对数据、网络虚拟财产的保护有规定的，依照其规定”，不仅为专门法和相关具有法律效力规则的出台预留了空间，还明确了对数据和网络虚拟财产应当给予法律保护。网络虚拟财产的定义不同于传统民法对于“物”的理解和认知。法律对数据、网络虚拟财产的保护是互联网时代才可能有的规则。《民法典》在“意思表示”“合同成立”等规则中特别规定了数据电文的意义和生效时间，这也深刻体现了网络时代对民法规则的影响。

第三节　智能认知与智能变革：认知水平孕育变革先机

交互传播是最体现传感科技与传播科技结合、融合、协同优势的传播形态，是最体现数字科技创意和表达能力的传播形态。智能变革既是数字变革的最新进展，又与人们通常认知的数字变革有重大不同，面对智能变革，不仅要运用数字科技，还要体悟数字科技，形成科技感，提升智能认知水平，毕竟，智能认知水平孕育智能变革先机。

一、科技感是决定交互传播成效的关键要素

为何一些媒体融合决策与努力没有得到预期成效、预期反响，甚至将一些媒体拖入困难境地？为什么最早将一些可以从市场上获得的数字科技用于传播的不是传媒人？重要原因之一，是决策者及其团队对相关数字科技本身的认知和体悟不到位，从而未能有效利用数字科技的功能和效果空间，未能“简约而精彩”地运用数字科技优化创意、巧妙表达，从而实现耳目一新的效果，未能运用数字科技有效形成、制作、传播数字内容。看起来，是内容的科技含量对媒体融合成效起了关键作用，实质上，是决策者及其团队的科技感对决策与努力的成效起了关键作用。

从传播形态角度说，科技感是决定交互传播成效的关键要素。

（一）科技含量是数字内容的必要前提

什么是数字内容？在数字科技深刻影响传播的时代，在算法等改变传播格局的智能传播时代，不能说新媒体平台上出现的内容就是数字内容，有一定科技含量的内容才是数字内容。

从数字科技运用视角观察，数字内容应当包括所有基于数字科技工具和载体、以数字形式形成并存在的内容。它至少包括四大类。其　，

包括但不限于文字、图像、影像、声音、图表等传统内容形态经数字化处理后形成的数字内容。这种数字化处理手段最初被人们用于传统内容资料数字化，以便实现更方便、高效的检索。随着数字处理技术的发展，这种数字化处理手段进而进入更广泛的传播领域。进入 21 世纪第二个十年，人们看到更多数字化处理形成的数字内容进入传播领域。如把当年胶片拍摄的视频数字化，甚至用 4K 技术等修复处理。其二，基于数字科技形成的新内容载体、传播载体所制作的数字内容。这类内容包括基于互联网和移动互联网的各种新媒体形态制作的不同规格与表达逻辑的文字、图片、视频、音频等内容，如用于网站、微博、微信公众号的文字内容。这些内容与传统内容的区别不仅在于篇幅长短，也在于具有不同叙述方式、表达逻辑，例如竖屏视频与同样在新媒体平台传播的横屏视频，叙述方式就有很大不同。这类数字内容还包括一些数字媒体才具有的内容形态，比如弹窗等。其三，数字技术运用后发展起来的、以数据为主要体现形式的数字内容。这类以数据为主要体现形式的数字内容，是基于数字科技实现积存、汇聚、处理、制作而形成的数字内容，既包括数据挖掘、数据可视化等主要在价值发现与表现形式方面体现特色的数字内容，也包括各类数据库内容产品、数据流内容产品等传统手段难以储存、处理、传播的数字内容。其四，基于数字科技手段实现的、主要用于交互传播的数字内容。这类主要用于交互传播的数字内容，包括用户界面（User Interface，UI）设计所形成的内容。交互界面并不仅仅是人和计算机进行信息交换的通道，交互界面设计本身就在传递着信息，就在与使用者进行交互传播；并且交互界面设计所承载、形成的内容，也具有实质性意义。UI 设计就包括人机交互、操作逻辑、界面美观的整体设计。

概括而言，数字内容的四大类别也体现了从传统内容走向数字内容所经历的从格式转换到延展创造的过程，从第一类内容只是对传统内容进行数字化处理，实现格式转换，到一步步延展创造出只有借数字科技赋能才能实现的新型数字内容。客观地看，第二类为基于数字科技形成的新内容载体、传播载体所制作的数字内容，还可以视为传统内容在数字平台规则下的延展，主要是内容形态、表达方式、文体形式发生了变化。而第三类以数据为主要体现形式的数字内容，则已经是基于数字科技特性和赋能的内容形态创造，是传统媒体平台所难以承载的。尽管传统内容中有数据挖掘或数据可视化等形成的内容，但其表现形态在一定程度上还是依赖传统表达手段的。而以数据为主要体现形式的数字内容，则已经是数据集、数据流等纯数据形态，已需要通过数据库平台或其他数字科技工具传播，其内容存在机理、传播规律已经有了明显的不同。而第四类主要用于交互传播的数字内容，则更与传统内容相距甚远，甚至人们最初可能都不太视其为内容，更谈不上对交互传播有深入研究。

我曾经对数字内容与传统内容的核心区别进行过界定：数字内容与传统内容的核心区别至少包括两点，一是数字内容不仅提供有意义的信息，还搭载传播者与受众的联系，二是数字内容实质上是内容与传播策略的组合体，即数字内容本身已经蕴含与人的关系。在数字内容分发及其影响形成过程中，人人参与传播，受众地位与功能发生重要变化，由此引发远不同于传统新闻传播的一系列新问题。因此，数字内容与人就成为数字新闻学的基本问题和逻辑起点。在这里没有谈到数字内容的科技含量的原因之一，是该文前面在讨论“数字新闻学的产生基础”时，已经用相当大的篇幅讨论了科技基础、实践基础、理论基础，阐明“数字新闻学的科技基础，决定了数字新闻学知识体系区别于传统新闻学的科技特征和创新属性”“科技属性更强”“从而也使传媒的内容产品、运转方式发生革命性变革”[①]。

数字内容之所以与传统内容相比存在“搭载传播者与受众的联系”和“实质上是内容与传播策略的组合体”这两点核心区别，其前提恰恰是数字内容具有一定的科技属性和科技含量，而不仅仅是将传统内容的

① 陆小华：《数字新闻学的产生基础、逻辑起点与演进路径》，《新闻记者》2021年第10期。

数字化，并不仅仅是传统内容用数字技术表达，当然也不仅仅是内容在数字科技平台上传播。数字内容的科技含量与科技属性是数字内容的必要前提，也是数字新闻实践不同于传统新闻实践，从而需要展开数字新闻学研究的重要原因。

科技含量是数字内容的必要前提，这要求无论是从事互联网、移动社交平台传播的人们，还是正在推进媒体融合的人们，必须跟踪数字科技的演变发展，必须理解、体悟数字科技可以提供的创意、表达、传播手段，从而拓展自己的创意、表达空间。对媒体从业者，特别是领导者而言，不仅要运用数字科技，还要体悟数字科技；不仅要有了解、有知识、有感触、有意愿、有行动，还要有感触、有感觉、有感知、有感悟，甚至有感应，从而达到物我一体、随我所用、随心所欲的境界。这也许就是一种难得的“科技感”，就像谈论运动员时常常会使用“冰感”“水感”来评价他们的天赋或后天形成的特殊能力一样。

科技感如何形成？显然需要不断跟踪学习，如同“一万小时定律”一般投入精力，才能够把握数字科技走向，了解市场上或实验室中什么科技成果可以为我所用；能够基于自己的认知、创意表达的需求选择科技手段、实施团队；更重要的是能够创造性地将自己的创意与科技手段、实施团队的能力结合起来，形成出人意料的效果。

对决策者和团队而言，科技感的形成是一个用心用脑的过程，用心用脑才能将“百炼钢”化成“绕指柔”。

（二）科技感是决定创意表达成效的关键

在《元宇宙是孕育中的体验传播形态》中，我提到，“传感科技将大规模进入传播科技领域，并将与传播科技结合，出现传感、传播科技融合演进的新传播科技”“新产品样态、新传播渠道的产生，可能不再像过去 30 年那样主要依赖 IT、互联网、移动互联网科技”催生，“可能更多是基于传感科技发展带来的感知传播能力发展及其进一步的有效发挥”[1]。当然，这是我在学术意义上的预测，就像我以往多次预测新媒体演变趋势一样。但在 2022 年 2 月 4 日北京冬奥会开幕式上，我看到了传感科技与传播科技巧妙结合、魅力表达的例证。在这之前，北京冬奥会开幕式的创意与实现手段显然是被各种严格的保密协议保护着。

在总导演张艺谋看来，北京冬奥会整个开幕式讲了一句话：全世界不同的雪花汇聚在北京，成为一朵人类共同的雪花。“雪花像一个‘卧底’，要卧得恰到好处，让大家觉得在每一个段落都很好看，又能看懂。从倒计时开始，到孩子们唱出‘万千雪花竞相开放’，雪花一直在。最后，主火炬就是一片雪花。”这是北京冬奥会最大的创新。“百年奥运历史上，第一次有这样的主火炬，全部参赛国家和地区的名字都在上面。它由全世界构成，无论火的大小，它是我们心中的火。”另一个创新，是“冰雪五环”，“一滴墨在冰雪中融化了，落下来，接着就是黄河之水天上来。然后特别干净的一方水缓缓升起，这是装置和科技的结合，非常浪漫。这方水又升级成冰立方，之后由激光雕刻出 24 届冬奥会的历史。最后五环从冰雪中出来，悬到空中，所有的运动员从五环下走出来。”“这是一个伟大的瞬间。”[2]实际上，这个开幕式之所以既简约又精彩，恰恰是因为一些特殊科技手段的运用。比如鸟巢内整体面积达 10 393 平方米、画质达到 16K 的超大地屏，采用多个 8K+ 级分辨率的画面融合技术，超大规模的光学校正算法可对每个显示画面进行像素点级的光学校正，可呈现出 100 000 ∶ 1 超高对比度、3 840 Hz 超高刷新率以及 29 900 × 15 096 超高分辨率的超高清绚丽画面[3]。再比如激光刻刀在近 3 层楼高的冰立方上逐一雕刻出历届冬奥会的标志，显示北京冬奥会的名字后，6 位冰球运动员挥动冰球杆将虚拟冰球击向冰

① 陆小华：《元宇宙是孕育中的体验传播形态》，《青年记者》2022 年第 3 期。

② 《张艺谋谈开幕式：这个脑洞，我开了两年多》，https://mp.weixin.qq.com/s/Zw0UJhyWfSVKG27TLmEdTA，访问日期：2022 年 2 月 15 日。

③ 栗翘楚：《一起向未来 北京冬奥会尽显科技力量》，https://baijiahao.baidu.com/s?id=1723993697720901793&wfr=spider&for=pc，访问日期：2024 年 5 月 20 日。

立方，虚拟冰球来回撞击之后，冰立方开始碎裂，一个晶莹剔透的冰雪五环破冰而出。冰立方 43 秒的破冰过程，是一个虚实结合的展现过程[①]。

北京冬奥会开幕式中更有感染力的场景还包括，所有运动员入场后，引导员手拿雪花引导牌汇聚在一起，近百朵写着各国（地区）名字的虚拟雪花也开始汇聚在一起，橄榄枝将小雪花变化成大雪花，虚拟的大雪花慢慢消失，一个大雪花形态的主火炬台慢慢升起。在《让世界充满爱》的歌声中，几十名来自世界各地的年轻人并肩而行，他们走过之处，一幅影像长河追随着行走进程实时展开。随后，"更快、更高、更强、更团结"这一奥林匹克格言在四组滑雪运动员长长的滑冰轨迹上逐渐呈现。接下来的《雪花》节目中，500 多位小朋友挥舞着和平鸽灯在场地中恣意欢舞时，每位孩子脚下的雪花都如影随形。这是世界上首次对超过 600 人进行集体实时人工智能动作捕捉、渲染。

2022 年北京冬奥会开幕式真的是"简约"而不"简单"。这场开幕式，规模不是最大的，表演也不是最多的，但融合了很多创意。在我看来，这些创意的质量与成效，背后不仅集中表现了人类一起面向未来的勇气、中国人的自信、对世界人民的情感、人类命运共同体的理念，不仅有对美学的追求，更体现了总导演和团队的科技感。能够把规则要求、创意理念、创意想象、科技感有效结合起来，能够把握科技方向并运用科技手段促进创意的实现，能够在坚持美学追求的前提下在创意实现、科技能力、安全要求间找到均衡点[②]，其中，总导演的科技感是决定性因素。

科技感的增强，年龄不是障碍。目前直接从事媒体融合决策和实施的决策者、团队成员，大部分不会比年过七十的张艺谋还年长。这就给

① 敖蓉：《科技冬奥彰显开幕式独特魅力》，https://m.gmw.cn/baijia/2022-02/06/35496847.html，访问日期：2024 年 5 月 20 日。

② 据冰立方科技团队接受采访时透露，总导演最初的创意是冰立方为 14 米高，科技团队考虑安全运行因素，建议做成 10 米高，也就是开幕式上所呈现的高度。

媒体融合的决策者、团队增强科技感，提供了足够的年龄空间。

更为重要的是，北京冬奥会开幕式为交互传播科技的运用提供了一个成功样本；为交互传播形态的拓展，特别是在新闻传播领域的运用，提供了一个可供借鉴的方法；为数字新闻学研究，提供了一个值得重点开拓的领域。

北京冬奥会开幕式所形成的数字内容、所运用的传感科技与传播科技，总体上是在实现更有魅力的交互传播的框架内。其所形成的数字内容，既有超大尺度、超高科技含量的交互界面内容，也有更为实质的交互传播内容。和平鸽灯展示环节每名小朋友奔跑时雪花如影随形，像在打雪仗一样，自由、浪漫、可爱、温暖，共同呈现了一种“大音希声、大象无形”的效果。现场实时捕捉、实时渲染、实时播放、实时整合的效果，把交互界面与实质数字内容结合了起来，把虚拟场景与现实游戏场景结合了起来，体现了交互传播的魅力。

（三）从习惯交互传播的思维方式开始创新

尽管有无数关于创新思维、创新方法、创新规律、创新机制的思考、研究、政策和培训，人们仍然会感觉创新是一个问题、一个课题，甚至是一个难题。

创新从哪里开始？我认为，至少可以从习惯交互传播的思维方式开始。

2021 年 12 月，在首都女新闻工作者协会第四届女记者短视频大赛精品案例分享会上，我曾以“触发体验、触动情感、触及心灵、驱动传播”为题，点评了获奖的十大精品案例，并讨论了智能传播时代的传播策略和增强竞争力、影响力的对策。这些案例，各具特点和优势。有的作品长于大写意，以电影级画面质感、点击式话语表达、仪式感传神细节、大格局形象塑造处理一个重大主题；有的作品以亲历纪实，展现镜头中的边塞现场、群像式现实英雄，画面中坦露感受、故事外情感激荡；有的作品的视频像抒情诗，以诗意视频表达、感人细节把握、快捷节奏支撑、关键造型设计体现创作者的构思与风格；有的作品是标志性人物素描，很好地处理了历史访谈与当前隽语、史实叙述与抒情表达、珍贵照片与视频表达的关系；有的作品是焦点现场特殊采访，以焦点时刻的现场探访、特殊情境下的特殊出镜传递重大国际事件的关键信息，以画面剪辑编辑时的创意表达来体现观点与寓意；有的作品是老题材的新调查，以暗访获取关键信息；有的作品是精彩的创意视频，创意独具特色，内容提炼精当，音效极具水平，表达方式传神，叙述节奏舒适，既有妙思也有多维表达；有的作品让所报道的人物活在街景中，让故事藏在反差中，让观点透在细节中，让共情依存于体验中；有的作品让画面传递视觉魅力，让故事传递多重信息；有的作品以列车采访串起故事，以魅力画面衬托观点，让元素组合体现深度。

这些作品也引出一些值得讨论的问题，诸如如何在国际传播中选择符号人物，让画面叙述故事、让故事成为思想载体；如何在现场找到有说服力的故事，毕竟视频的魅力永远是原生现场；如何通过更精微地实现声画对位来处理好传神影像与表达节点；如何在视频中通过把握流畅中的适当静止、入与出等叙述节奏来大大提升感染力与说服力；如何得当把握画面叙述逻辑；如何把握舆论监督题材，避免非必要放大所形成的另一种不准确传播；如何更得当地处理叙述节奏，更得当地表达妙思而不要太着急地转到下一环节；如何更得当地处理视频中的影像造型，更节制地处理色彩、色调；等等。但这些，更多的还是在创意、表达、传播技巧与方法层面提出的话题和建议。

在深化媒体融合的大形势下，更具方法论意义的建议是增强交互传播意识、增强交互传播能力，从习惯交互传播的思维方式开始创新。毕竟交互传播是数字科技给传播赋能最重要的部分，是新媒体最重要的表达与传播方式，是最体现数字内容既包括与人的联系，又包含传播策略特征的传播形态之一。

因此，就要从增强科技感、从习惯交互传播的思维方式开始创新。

二、以智能变革思维透视并赢得智能变革先机

如何适应正在发生的智能变革，是一个值得正视并不断回答的问题。

在新闻传播领域，算法推荐成为信息分发平台的基本手段和核心机制已近十年，其使得信息分发在影响力生成中所占的比重越来越高，这事实上深刻影响了传播力、影响力、说服力生成的底层逻辑。人工智能技术与工具进入内容生产与表达领域，可能还要更早一些；虚拟主播等较有显示度、标志性的产品进入新闻传播领域已有五年，全球首位 AI 合成主播实际上是“克隆”了真人主播而有播报能力的“分身”。利用深度学习、虚拟现实等技术制作文本、图像、音频、视频、虚拟场景等深度合成，近几年来已经是国内外关注的重要问题，国家网信办等部门继颁布《互联网信息服务算法推荐管理规定》之后，又颁布了《互联网信息服务深度合成管理规定》，后者于 2023 年 1 月 10 日正式实施。2022 年 12 月以来，用户在与 ChatGPT 等智能内容生成产品对话、获得答案的过程中，获得与使用聊天机器人的重大不同特殊体验。ChatGPT 之类的智能内容生成产品，深刻影响传播格局和人们认知的智能传播，但也不过是正在发生的智能变革的组成部分。从更广阔的领域看，无人工厂等智能制造的构想与现实进展，无人飞行器在军事领域的运用改变了战争形态与走向，智能舆论战、认知战成为混合战争的组成部分，如此等等，都是正在剧烈发生的智能变革的具体表现。

智能变革既是数字变革的最新进展，又与人们通常认知的数字变革有重大不同特征。我在 2022 年 11 月下旬撰写的《数字化变革周期与新媒体平台竞争的底层逻辑》中提出“数字化变革新周期”正在到来，并提出一系列问题。当时，我还不知道 ChatGPT 即将出世。ChatGPT 于 2022 年 11 月 30 日上线后，引发巨大反响，人们纷纷试用。这使诸多从事脑力劳动和包括新闻出版业在内的人们纷纷预测智能内容生成的影响甚至威胁。

虽然仍然基于计算机科学、软件工程等数字技术，但人工智能已是研究、开发用于模拟、延伸和扩展人的智能的理论、方法、技术及应用系统的引人瞩目、寄予想象与期望的科学技术。作为智能变革重要驱动力量的人工智能的发展，呈现新水平、赋予新动能、引发新变化、开辟新赛道，正在催生超越想象的深刻变化。在新闻传播领域，运用数字科技的网络与新媒体传播已存在多年，但运用算法推荐等人工智能技术成果的智能传播产生的影响、引发的变化已超过以往。

当人们看到互联网在改变世界，强化互联网思维的共识就越来越强。面对正在催生一系列新体验、新想象、新变化的智能变革，今天，特别需要以智能变革思维观察、分析挑战与机遇，以赢得智能变革先机。

（一）体验差异与 ChatGPT 先发优势

冷静观察人们对 ChatGPT 以及运用智能内容生成技术的新搜索引擎的使用体验，可以发现重要差异。

体验差异体现在如何提问题上。普通公众通常会好奇地提与其生活环境、生活方式密切相关的问题；有需求的人会提知识性问题；有心人会挖空心思、大开脑洞地提问题，或不断否定 ChatGPT 的答案而让 ChatGPT 困惑；与科研相关的人们会提各种专业问题；而一些媒体、专业机构则会提精心编织的问题。

提问题是人类智能的最重要体现。之所以人们相信机器智能不可能替代人类智能，是因为人类提出问题并训练生成式 AI 去回答问题，而不是生成式 AI 向人类提出需解答的问题。沿着问题这条线索观察、分析、思考，有助于我们对“人与人工智能共生”有更深刻的理解。

ChatGPT 的训练方式之一是利用人类所提的问题强化学习，人们不断提问题，就会使它更“聪明”。这样的训练方式也使它比过去的互联网应用更“聪明”。随着 ChatGPT 之类智能内容生成产品所依托的大模型参数量、数据量变得更大，这种基于人类反馈进行强化学习的训练方法也会发展，一定会变得更为优化，或者方法本身更为“智能”。自然语言“处理”一定会走向自然语言“理解”。研究大模型、研究智能内容生成技术与产品的科技工作者，会从研究算法优化、数据集优化、模型训练优化，转向投入更多精力与智慧去研究如何让智能内容生成产品像人类那样提问题，研究如何让智能内容生成产品学会向人学习。

体验差异还成为公众检验跟随者和竞争者的评判标准和使用取舍依据，从而成为测度不同产品市场接受度、竞争力的标准。使用习惯是创新者的朋友，也可能是其敌人。人们先试用了某种产品，形成某种使用习惯和熟悉的体验，就会被用作参照标准。除非后来者更具创造性可以改变这种习惯，否则难以竞争。先发优势在 ChatGPT 与随后上线的类似智能内容生成产品的表现差异上就可以看出来。

ChatGPT 所获得的有重大价值的先发优势，是因为先开始公测，进而可收集大量用户使用数据和提出的问题。从几年前谷歌、OpenAI 发表的有关论文可看出 ChatGPT 所使用的算法的发展轨迹，其超大规模训练所依赖的是算力与数据。先行公测收集到的用户使用数据不断积累，事实上增强了竞争力。

（二）“传播大脑”：创造性运用才有创造性支撑

2023 年 1 月 18 日，我见证了浙江“传播大脑”这个体现奋斗精神、创新意识、平台思维和新竞争逻辑的重大传播平台起步。“传播大脑”是浙江纵贯省地县三级，横跨报纸、广电、出版、文创等整个宣传体系的“核心平台、核心底座”。“传播大脑”的构建与运行将推动构建智能数字媒体、引领新一轮融合变革。就此，在其成立大会上我表达了三个期待。

一是期待“传播大脑”支撑主流媒体在新一轮数字化变革中赢得主动。

新闻传播领域技术建设从来不是单纯技术运用，它既要为内容采集、生产、分发和传播服务，为增强传播力、引领力、影响力服务，又要密切跟踪对内容生产与传播格局可能产生重大影响的新技术、新突破、新集成、新应用。历史地看，传播科技已经多次催生新闻传播领域重大变革，算法等智能传播科技已经改变传播格局，并在日常生活、经济运行、地缘冲突、大国博弈中深刻影响着人们的认知。因此特别需要“传播大脑”这样的重大智能传播平台支撑主流媒体在新一轮数字化变革中赢得主动。

2022 年，智能传播科技领域出现了一系列重大进展。有专家评价，根据用户提问生成各种类型文本内容的 ChatGPT 和依据用户提问文字生成图像的 DALL-E 2 为代表的生成式 AI，在对用户意图的理解和结果的准确性、完成度和易用性上都达到前所未有的高度。2017 年，我曾专门调研智能内容生成技术及其在内容生产中的运用，特别关注 2011 年在以色列创立的一家可依文稿生成交互视频的公司和纽约一家视频加工平台，分析其几轮融资时知名媒体的参与情况和与其合作动向，也曾到国内一些人工智能技术公司调研。这既是作为研究者一直关注新媒体发展的需要，也是作为媒体管理者的岗位职责所在。我希望可以借助智能科技提升新华社视频的生产能力和竞争力。有此经历，我更感觉这几年智能内容生成技术进展可能会对内容生产与传播产生重要影响。

算法进入内容分发领域，不仅深刻改变传播格局，而且改变了影响力生成的底层逻辑，内容分发环节在影响力生成中占有更大比重。智能传播科技的进展和应用，会进一步深刻影响数字媒体发展、媒体深度融合走向，催生传播新变局。因此特别需要做出战略性安排，构建重大智能传播平台，以支撑新闻宣传体系更有效地利用智能科技。谁能更系统、更深刻地体悟智能传播科技成果与走向，并能创造性运用，谁就能在新一轮数字化变革周期中赢得主动，赢得竞争力。这就是新一轮融合变革中最重要的竞争逻辑。这也是各方面高度关注并期待“传播大脑”诞生并有效运行的重要原因。

二是期待“传播大脑”引领业界对智能传播科技的创造性融合应用。

历史地看，新内容产品、新传媒形态、新传播形态的产生，往往由跨界使用、整合运用、融合应用某种科技而引发，基于超越传统思维的认知、创意、探索而萌生；新传播形态等也会牵动传播科技发展。在总体上主流媒体智能传播科技应用水平较低的现实情况下，特别需要“传播大脑”引领业界对智能传播科技的创造性融合应用。

2023 年 1 月 11 日，即“传播大脑”成立大会一周前，阿里巴巴达摩院在杭州发布了 2023 年十大科技趋势，内容涉及多个领域。作为媒体人与智能传播研究者，我认为其中几项与智能内容生成密切相关。第十项“生成式 AI”，更是对智能内容生成技术的应用做出极为乐观的预测，认为“生成式 AI 进入应用爆发期，将极大推动数字化内容生产与创造”。谨慎地看，即使生成式 AI 未进入“应用爆发期”，仅是规模明显扩大，也会“推动数字化内容生产与创造”，深刻影响数字内容生产、传播格局，为数字内容创意实现提供更大的创造空间。

展望未来，在算法分发、个性推送、精准匹配能效不断发展的同时，传感科技将大规模进入传播科技领域，这不仅使交互传播成为更重要的传播手段和基本传播形态，也会使体验传播形态展现更大的魅力，使传播从以阅读观看和以听为主的二维传播，向多维交互传播发展，向更能实时匹配人的个性需求与体验要求的方向发展。这也必将深刻改变表达逻辑。因此，我特别期待“传播大脑”既创造性地运用前沿科技，也创新整合运用相对更成熟的已有传播技术，还探索性甚至脑洞大开地跨界运用其他领域的科技成果。

三是期待“传播大脑”有效提升主流传播体系的竞争力。

历史地看，从互联网应用成长为某个领域的主要平台并保持平台竞争优势的核心因素，至少有便利度、效率、匹配度、依赖度、协同支撑度。随着社会生活互联网化，对经济社会协同运作的支撑能力成为决定互联网平台竞争优势的新核心因素。这是互联网平台竞争底层逻辑出现的新变化，能够有效支撑政治、经济、社会协同运行的互联网平台，就会相应获得竞争资源和竞争优势。互联网平台对经济、社会生活的协同支撑度越高，竞争力就越强。能够便利、高效地提供协同支撑服务就拥有了具有重要战略价值的竞争资源。

2013年，在《浙江日报》报庆论坛上，我曾经以“历史机遇中的枢纽型媒体”为题发言，提出历史机遇给媒体提供的最大机会是成为枢纽型媒体，成为信息服务与社会服务的信息中枢之一，成为社会生产体系的一个中枢环节，而不只是一个分支领域。

今天，年轻的“传播大脑”是浙江新闻宣传体系的智能技术平台和智能传播平台，不仅给浙江新闻传播体系赋能，而且更有条件成为浙江乃至更大区域政治、经济、社会、生活运行的协同平台与枢纽之一，从而进一步有效提升主流传播体系的竞争力和贡献。

（三）平台构建：数字思维还是智能思维

技术平台构建思维，在某种意义上会深刻影响能否实现对前沿技术和现有技术的创造性融合运用。在智能变革进程中，媒体技术平台和相应体系的构建，显然不能靠纯技术思维，而需要结合对现有真实需求和未来需求的分析。即基于什么样的需求设计构建技术平台？就此而言，有几点是应当考虑的。

一是如何定义、判断现实与未来的需求。

十年前媒体构建技术平台，就要考虑融媒体产品制作、分发需求，实现文字、音频、视频等多模态、多格式稿件一体化加工、分发。因而在系统整体描述和各个部分功能设计中，就要考虑相应功能与接口，而不能停留于建设基于文字编辑需求的系统。在智能变革已经开始的今天，要以构建智能平台为基本目标，结合现实与未来需求探索将人工智能运用在新闻采集、生产、分发、接收、反馈中。有效运用人工智能，就是现实与未来需求的重要组成部分。

二是如何创造性地支撑内容生产、分发与传播。

十年前，融媒体所要求的内容生产方式可以概括为三点，即全媒体采集、共平台加工、多终端分发。因而技术平台就要实现对全媒体采集、共平台加工、多终端分发的支撑，实现多地点、多路径、多模态内容的便捷传入，实现对多形态、多需求内容产品共平台生产的支撑和对多种内外终端一键分发的支撑。今天要实现对内容生产、分发、传播的创造性支撑，必须适应智能变革，必须考虑信息推荐算法、智能内容生成等技术和产品在一定规则约束下的运用。

三是如何实时匹配内容生产者、把关者的需求。

过去十年，信息推荐算法已经实现了对用户个性化需求的实时匹配。今天构建智媒体平台，就要考虑运用推荐算法等技术实现对内容生产者、把关者需求的实时匹配。这不仅需要对内容生产者、把关者的需求进行分析，还必须努力实现按一定规则对内容生产行为、把关行为进行智能辅助和约束。对生产者和把关者需求的智能推荐与匹配，可以有效提升运行效率和资源利用效率。根据记者、编辑所承担的任务和所制作的内容，智能平台给他推荐可能用到的材料，帮助实现图文匹配、自动生成，可以大大提升对新闻事件的反应效率和能力。

四是如何有力支撑媒体运作体系再组织化、再专业化、再服务化。

十多年前，我曾经说过数字变革中媒体一定会发生再组织化、再专业化和再服务化。基于这样的理念，我们将需要具有足够宽容度、能够满足弹性需求的技术平台。在媒体融合进程中，不仅会出现与原有科层组织不同的人员组织方式，我称之为“软组织、轻结构”，还会不断出现局部结构调整甚至组织重构。之后，借助已成为生活、工作协同平台的社交平台，为某个工作任务拉起聊天群，使这种“软组织、轻结构”的形成与运作更加便利。这是一种再组织化。而构建枢纽型传媒，让其他服务从媒体传播平台上经过，就是一种再服务化。

今天，适应智能变革进程的再组织化、再专业化、再服务化会更深刻迅猛地进行。实际上，无人工厂、无人商店、邮局卖咖啡同样是再组织化、再专业化、再服务化的体现。今天所构建的智能平台，要考虑智能变革需求，这样才能赢得先机。

五是如何有力支撑数据产品的生产与传播。

十年前，我提出应构建基于在线数据库的编辑、分发平台，不能把编辑系统和数据仓库简单并列或串联，而应把编辑、分发平台架在在线数据库之上，以实时积存素材、内容产品，记录生产者、把关者的各种行为数据。

今天，在智能变革时代，技术平台应当考虑如何支撑数据产品的生产与传播。在内容生产与传播中，人们已经常常把数据以数据新闻、数据表格、信息图、数据视频、数据地图、网络图谱、交互产品、数据应用等形态表现。而在基于数据库、大数据和云技术的专业数据服务中，提供毫秒级刷新的海量、多样、实时、连续的数据流，既可以使用表格、数据图、数据地图和网络图谱等视觉形态，也可以提供角色设定式数据筛选和各种分析工具，影响力和权威性就更为强大。通过对某个领域数据或更大范围数据集的积累、收集、控制、处理、发布、解读、传播等行为，以及通过提供不断延伸的相关数据产品和数据服务，可以获得强大的现实传播优势和深层影响能力，从而赢得数据话语权。

第四节　创新溢价与协同价值：变革路径决定变革成效

人们的知识需求与精神满足是需要重新审视、深刻理解的核心需求。智能传播变革中内容制作思维、媒体运作思维都需要变革。媒体不仅要提供更多知识溢价和服务溢价以增强内容产品的吸引力和竞争力，还要面向社会生产体系制作高价值的数据内容。提供知识溢价、服务溢价，既是在智能变革中通过思维方式、运作模式创新满足核心需求，也在实质上产生了创新溢价和特殊吸引力。人们越来越认同必须通过增强竞争力以顺应智能变革。提供创新溢价，也就体现了新的竞争力。同样，以知识服务提升协同价值，以组织变革匹配战略调整，以关系重构激发内生活力，既是智能变革中媒体的必要选择与实践路径，也在实质上提供了创新溢价，是切实可行的变革目标与实践路径。

一、知识溢价与服务溢价：智能变革中的影响力生成

智能内容生成技术及其应用的迅速演进，正在迅速推进新一轮智能传播变革。AIGC 使用体验与生成内容已经进入传播领域，与人类生产的内容共同产生影响。在人与人工智能共生时代，不仅要科学、深刻地领悟人工智能等新技术革命的发展趋向，深刻思考智能内容生成技术的可能影响与规制方式，还需要深刻思考、研究在人工智能迅速发展的同时，如何增强媒体影响力与竞争力。

（一）知识需求与精神满足：重新审视人的核心需求

客观而言，人所拥有的时间是生命的具体表现方式，是人最宝贵的资源。这也深刻决定了人们会本能地希望更有效地利用自己的时间，本能地希望以更少的时间和精力支出，在各种传播方式、传播渠道中获得更有价值的信息和服务。在信息如潮涌来时，这种本能要求会体现为对媒体选择结果的看重，并一直延续到移动互联网时代对提供新闻信息选择结果的内容产品保持并增强接受习惯和选择偏好。而随着物质生活水平和社会文明水平的提升，这种本能要求在传播中表现为更加看重获取到的内容中是否包括更多可帮助提升知识水平、增强竞争能力、丰富精神世界的“营养”。因而，不仅媒体和自媒体制作的内容中知识性、方法性的内容更受欢迎，而且电商平台等互联网平台也会通过知识性内容来增强吸引力。

人们对知识性内容的需求与追求，已经明显地体现在社交媒体内容近年来的发展演变中。根据 2023 年 5 月 11 日首届上海网络视听内容创作者大会上哔哩哔哩（以下简称“B 站”）CEO 陈睿发言中透露的数据，2022 年，B 站知识类 UP 主（上传者）的数量达到 354 万，同比增长 86%；知识类视频日均投稿量达 26.6 万，同比增长 199%。截至 2023 年 5 月，位于 B 站知识区 UP 主排行榜首位的是“罗翔说刑法”。人们为什么在 B 站上以如此长的时间观看这些知识类视频，其原因恐怕不能

简单地归结为“讲得好”“习惯看 B 站”“习惯看视频或直播”等。人们在社交媒体上对知识性内容等高价值内容的追逐，体现的既是人们对知识性内容等高价值内容的需求，也体现了什么样的内容可以给人们提供更加持久、深层的精神满足感。

面对人们对美好生活的追求和要求，媒体人必须以新的思维框架重新审视、理解、把握人的物质需求与精神需求，领悟人们在不同物质条件、社会条件、群体心理、发展环境中对新闻传播有什么样的个性需求、体验要求，以及这些个性需求与体验要求又可能汇聚成什么样的需求力量、变革取向，这样才能真正适应不断变化的内容需求与人们心底的变革要求。

在这个思维框架下理解新传播、新经济，有两个重要规律可以作为观察视角和分析工具。一是专业性的内容在传播中可以创造超专业影响。这既是基于人们对知识性内容有越来越高的需求度、关注度和接受度，也是基于知识性内容可以给人们带来能力提升和精神满足。二是知识性服务可以构建更强劲的传播链，进而拓展出服务链，从而演化出价值链。新东方推出的“东方甄选”直播，以先教人学英语然后再“带货”的方式转型成功，甚至受到追捧，产生了由英语教师转型而成的直播网红。解析其直播带货能够成功的原因，不仅是主播以产品功能、使用方法等知识性内容提供传播价值，以低价、优惠等提供购买理由，以直播信息流等迅速把人们的关注转化为购买冲动，以便利的付款方式把用户的购买冲动转化为购买行为，从而完成一个销售闭环，更重要的原因是以英语教学等内容提供更大的传播价值和用户聚集能力。电视购物有观众但难以形成更具有韧性的传播关系链，网络直播带货比电视购物更风行、创造出更大市场空间的原因，在于网络直播带货的用户关注、注册等，能够形成传播关系链。而附带英语教学的网络直播带货，形成了更强劲的传播关系链，从而能够转化成更有价值的服务链和价值链。或者说，是以知识链构建服务链，从而演化出价值链。

解析人们为什么更愿意选择知识含量更高的内容和服务，是因为人们希望在接受和参与传播中获得更多知识溢价和服务溢价，即希望包括媒体在内的传播者提供更有价值的内容与服务。这里，更有价值的内容的“价值”不仅体现为有针对性地满足人们的需求，还表现为在人们具体信息需求之上提供更多知识、方法、观点、见识等高价值内容，能够带给人们一定程度上的精神满足；更有价值的服务的“价值”不仅表现为所提供服务的便利性及其与人们需求的匹配度，也表现为对人们生命价值的提升，因而常常表现为知识性服务、满足精神价值的服务。

站在更高层面上看，人们通过各种途径获取知识和相关服务，提升能力、获得精神满足、提升生命价值的要求，正是人们日益增长的美好生活需要的具体体现，甚至是其中增长更为迅速、强烈的部分。实现人民对美好生活的向往是现代化建设的出发点和落脚点，也同样是新闻媒体发展的出发点与落脚点。党的二十大报告有多处新提法，其中一个重大论断是：“物质富足、精神富有是社会主义现代化的根本要求。物质贫困不是社会主义，精神贫乏也不是社会主义。”这一重大论断，是对“什么是社会主义”“怎样建设社会主义”的重大创新和拓展。党的二十大报告强调，“丰富人民精神世界”是中国式现代化本质要求的组成部分。努力满足这样的美好生活需要，促进人的全面发展，既是新闻媒体的政治责任、社会责任，也会进一步增进新闻媒体与人民群众的实质联系；提供知识溢价、服务溢价，还可以在满足人民群众对美好生活的新期待中体现并增强新闻媒体的影响力、引导力和竞争力。

（二）生产要素与传播要素：深刻理解数据特殊地位

数据既是新型生产要素，又是重要传播要素。数据作为新型生产要素，是数字化、网络化、智能化的基础，已快速融入生产、分配、流通、消费和社会服务管理等各环节，深刻改变着生产方式、生活方式和社会治理方式。数据内容、数据产品、数据服务，不仅是数字经济的重要组成部分，也是智能传播时代数字内容产品的重要组成部分，具有多重价值。数据作为重要传播要素，对世界政治、经济、社会运行产生深刻影响。在国际经济领域，一些数据内容和数据服务已延续百年，比如美国农业部定期公布的数据就对大宗期货市场走势和对经济态势的判断持续产生深刻影响。实际上，对数据的收集、控制、发布、解读，是当今世界更加隐蔽，又更加具有战略意义的施加影响的方式，不同数据构成和发布方式潜藏着不同的影响逻辑。数据和数据服务具有专业性、客观性、连续性，更容易让使用者接受和相信，从而产生路径依赖，形成特殊信任。

数据内容与数据服务是数据话语权的有力竞争工具。话语权是一种现实传播优势和深层影响力，其既是影响力和传播能力的竞争结果，也是持续的竞争过程，也会因在特殊时点的特殊表达而迅速获得。话语权的获得或持有，意味着拥有了一种容易让人信服的权威地位，一种容易产生影响的传播优势，一种容易形成信任的说服能力，一种能够影响、干预甚至支配人们意识和行为的特殊权力。数据话语权是话语权的特殊表现形态，是特定主体通过对某个领域数据或更大范围数据集的积累、收集、控制、处理、发布、解读、传播等行为，以及通过提供不断延伸的相关数据产品和数据服务，而获得的现实传播优势和深层影响能力。话语权与数据话语权的争夺和影响力竞争，实际上是具有战略意义的博弈。数据话语权是国际传播的战略博弈工具和战略竞争焦点。对数据话语权的争夺，并不只是在大数据时代才存在的，也并不只是在传播领域才存在的。随着数据挖掘和数据可视化的理论和技术的发展，针对数据积存、收集、清洗、使用有了更加智能化的工具，有了比人工处理更高的效率，数据收集者、控制者、发布者、传播者们被赋予更强的能力，也加剧了与数据相关或并不直接相关的舆论博弈。数据可视化手段的发展，使直观、多样的数据表达方式有了更为强大的冲击力和说服力，以无须思考、毋庸置疑的时间、速度和力量影响着人们的认知，进而影响其行为。这些，都使数据内容和数据服务的强大传播优势和深层影响能力达到了新水平。

随着中国经济的发展，中国应当提供更多数字内容和数字产品，以促进全球文明交流对话，增进认知，这也有利于全球经济的发展。《中共中央 国务院关于构建数据基础制度更好发挥数据要素作用的意见》的发布为发挥数据作为新型生产要素提供了指南。数据是适应智能传播变革、增强智能竞争力的组成部分，因此我们还应当思考并探索如何进一步发挥数据作为传播要素的作用。这就要求媒体人不能停留于做一般的数据性内容，不能停留于把数据挖掘和数据可视化作为一般内容处理手段，而应以新思维框架创意制作数据内容、提供数据服务。

（三）知识溢价与服务溢价：转换思维创造更大价值

处在智能传播变革中，不仅内容制作思维要变革，媒体运作思维也要变革。媒体不仅要提供更多知识溢价和服务溢价以增强内容产品的吸引力和竞争力，还要基于以内容创造更大价值的思维，面向社会生产体系制作高价值数据内容，这就包括面向发展需求制作、提供数据内容及提供数据服务。因而，媒体需要努力进行以下七个方面的拓展和转变。

1. 从面对阅读需求走向面向发展需求

尽管公众对数据分析和可视化数据内容高度关注，但作为影响力竞争策略的组成部分，媒体依然应当把数据分析、数据内容制作和提供的基点，从面对阅读需求转向面向发展需求，即数据分析、数据内容、数据服务不应只面向普通读者，不应只面向读者的一般信息需求、阅读需求，而是更要着眼于服务中小投资者、中小企业、区域经济管理者等读者，更要着眼于服务这些肩负发展责任、发展要求的读者，通过提供更有价值、更有助于他们发展的数据内容、数据服务以满足他们的现实和潜在需求。

面向发展需求，还包括从关注消费状态走向引导消费需求、驱动消费行为。媒体数据内容能给中国经济带来的贡献，不仅限于关注消费状态，还包括通过数据分析与解读帮助人们了解消费可能、刺激消费欲望、驱动消费行为。这当然需要以适当方式利用包括商业平台在内的各方积累、获得的消费数据，通过分析消费热点、消费可能，让人们发现可以开发哪些消费方向，从而刺激消费欲望、驱动消费行为。

面向发展需求，实际上也包括面向媒体自己的发展需求。对于媒体而言，不仅要提供内容，还要提供相关服务。因而，媒体并不应止于制作、发布数据内容，还可以继续拓展，至少可以在线上延伸拓展多媒体数据产品和多形态数据服务，可以尝试基于性价比选择可用的数据、移动互联网和智能技术开展数据流服务，不断推送数据内容，甚至可以联合其他主体构建提供数据流服务的在线数据平台。在线数据库实际是最有影响力的媒体形态。做出这样的战略选择，更有利于传统媒体转型为数字媒体，从而成为构建新型主流媒体的物质基础。

2. 从立足分析思维走向立足发现思维

制作数据内容，运用数据挖掘与数据可视化手段，应当运用多种分析思维，发现、呼应人们心中的潜在需求。其中最值得注意的包括：分析思维比分析工具更重要，价值挖掘比表达形态更重要，发现机会比发现关系更重要。对媒体而言，能够通过报道和分析提供发展机会、投资机会，就是最好的服务，就提供了有足够吸引力和价值的服务溢价。

对媒体而言，制作数据内容、发布数据产品、提供数据服务不应停留于数据分析，不应停留于立足分析思维，而应走向立足发现思维，即结合事实分析研究，发现数据中蕴含的特殊关联、潜藏信息，特别是其中所蕴含的结构性问题，从而根据数据中所蕴含的变化与结构性弱点，感知态势、发现趋势、发现机会、发现价值、发现利益。立足发现思维，对数据内容制作，特别是对提供数据产品和数据服务更为重要。

立足发现思维，在进行数据分析、数据挖掘时，就要从揭示状态向揭示机会拓展。对数据的收集、分析、展示，不仅要揭示数据所体现的事实和关系，更要揭示数据所蕴含的产品机会、投资机会，特别要对更有价值的结构性机会进行提示，从消费结构、产业结构、产品结构、分布结构等方面发现结构性机会，从而给经营者、投资者、管理者、决策者以启发和实际帮助，由此吸引受众、产业界和社会持续关注媒体提供的数据和分析。比如，数据分析发现某个区域缺乏某种消费品或服务，或某个群体的某种消费趋向正在显著增强，这就可能蕴藏着结构性机会，就应当对其进行揭示。比如，有一组数据分析的主题是“水消费呈持续升级态势”，其中特别提到“客制化”带动新增长。“客制化”是否意味着结构性机会？水产品的“客制化”和预制菜实际上都意味着结构性机会，媒体应该将其揭示出来。如果能做到这一点，就能吸引读者持续关注媒体数据版的数据分析。从而改变读者与媒体的关系模式和产生影响的底层逻辑。媒体的数据分析中持续显示机会，就会有读者不仅是来看新闻的，更是来发现社会需求、市场空间的；不仅是来观看数据的，更是来寻找可能的机会和经济收益的。这样，人们的阅读习惯、接受习惯就会被强化，成为更有“黏性”的受众。

3. 从注重分析态势走向注重挖掘机会

媒体已经提供了诸多对消费态势的数据分析，但还需要再往前走一步，即从结构性不足中挖掘潜藏和现实的消费需求。数据分析服务对象不只是关注消费的读者，更要着眼于服务中小投资者、中小企业主、区域经济管理者。他们的投资、管理决策需要从数据中读出什么？一定包括消费需求、市场空间、投资机会。媒体的数据分析要帮助他们发现需求以便选择。从中国数以百万计的中小企业和区域经济管理者的需要出发，挖掘数据中潜藏的消费需求，实际上等于进入了生产性服务领域，对中国经济发展就会起到更大的作用。比如，“消费者眼中的‘C位’新品”的数据分析揭示了人们对于新品的关注需求。但从挖掘需求的角度讲，更有价值的分析是：一个电商平台上过去三个月出现了哪些新品？这些新品头一个月的消费数据如何？还有多大的消费缺口？对生产者、经营者、管理者来说，这些数据的背后隐藏着市场需求。对数据分析而言，挖掘需求比描述态势更重要。

4. 从优化传播思维走向驱动传播思维

传统媒体主要依赖一次传播形成影响力，而新媒体传播的核心机制是依赖多轮、多次、多向、多维、多形态再传播形成影响力。再传播过程的形成依赖于更多传播主体和受众参与转发、评论、议论和再采访、再制作、再分析等，参与者越多，影响力越大。因此，传统媒体的融合转型，绝不仅是制作新媒体内容、运用新媒体渠道、打造新媒体产品、构建新媒体平台，还应包括传播机制和影响力形成机制发生重大变化。

这就需要从优化传播思维走向驱动传播思维，不仅优化传播能力、传播手段、传播策略，更应从多方面努力驱动传播。传统媒体不应止步于制作数据内容并在各种新老媒体渠道一次、再次发布，其策划运作思维还应向驱动再传播方向努力。最好的传播者是善于驱动再传播的人。除了通过内容本身和表达方式驱动人们参与再传播，还可以利用利益机会来驱动。因此，数据内容的策划制作不只是简单寻找共情点，而要特别注重发现价值点，从而在利益和投资机会等方面与受众价值共振。

转向驱动传播思维，还要从类别选题向设置话题转化。媒体不仅要根据消费、地域等类别选择数据、解析数据，而且要提出问题、设置话题，引发关注、议论、讨论。不管面对什么数据都要努力提出问题、设置话题，通过提出怎么看、意味着什么等问题，引发关注议论。比如，上文提到的“水消费呈持续升级态势”，标题可以考虑改成“客制化是否孕育中国消费新机会”。是否孕育机会的问题，意味着带来了新的结构性机会的诘问，会比“客制化带动新增长”这类对事实或过程的描述，更能吸引人们注意、引发人们思考。如果人们对这个问题本身有疑问或不赞成，媒体就可以继续展开报道和分析，引发讨论，关注这个问题的受众就会更多了。

走向驱动传播思维，就不能停留于单纯数据提供、简单数据分析，而是要提炼核心价值、优化话题设置、激发分享动力，让人们愿意分享。提炼核心价值，就是提供知识溢价。这应当成为数据分析编辑加工的基本思维。

5. 从提升传播价值走向提升知识价值

数据既是生产要素，也是传播要素，还是知识要素。数据内容、数据产品的价值并不局限于数据和分析本身，媒体应当在数据分析与展示中，体现思考、发现规律、提供方法、提供启迪；同时，适当介绍分析方法，提供相关知识，通过给读者提供知识溢价提升其阅读需求，建立其阅读习惯；提升其分享动力。因而，媒体的数据内容策划制作，要从提升传播价值走向提升知识价值。比如，如果媒体的数据分析中提到了“客制化”，就可以在版面上、在新媒体产品中同时配发一篇讲解“什么叫客制化？”的文章，或者从文中抽取关键信息加框展现以强化、放大价值。在报纸版面或新媒体产品中，加框的内容好似一个装饰图片，而从传播角度看，是数据分析中最有价值的东西得到了强化传播。因此，要加强要点、金句提炼，让人们可以从中获取知识溢价，从而养成阅读习惯和提升分享动力。

6. 从满足获知需求走向满足认知需求

仅提供数据与一般分析，只是满足了获知需求。在影响力竞争中，媒体应当从满足获知需求走向满足认知需求，力求从数据中有更多发现，提示重大关系、重大价值，从大格局看数据、看趋势，提供新启迪与新见识，以认知启迪创造再传播价值。国家颁布了一系列与数据相关的政策文件，建立数据管理专门机构和基础制度，把数据当作新兴重要生产要素。在这样的背景下，媒体数据内容与分析的使命，应当变为提升全民数据素养，增强认知价值，而不是简单地展现数据。

7. 从关注内容需求走向关注精神需求

满足人们的精神需求是实现人民群众对美好生活新期待的重要途径，是媒体应当提供的最重要知识溢价和服务溢价。从物质短缺到物质相对过剩时代，从传统消费到消费升级时代，人们的消费方式和消费心理发生了什么样的变化？冷静分析就会发现即使是物质消费，也会深刻体现在精神层面。对于饥渴消费，人们会有强烈的获得感；对于性价比相当的质量消费，人们会有直接的满足感；超市等商业业态提供的选择消费，带给人们清晰的自主感；时尚消费，带给人们的是一种对时尚的认同感；通过体验消费，人们获得了多重满意感；而个性消费提供的是共情感，越个性化的消费越容易实现共情。淄博烧烤最初引发关注的小视频，就展现了“淄博公主”吃烧烤时的仪式感。消费并不仅仅停留于物质层面，而一定会延伸到精神层面。因此，即使是对商品、服务等物质消费数据本身的分析，也不应局限于物质层面，而应当关注人们的精神需求是否得到了满足。这也正是媒体引导舆论时应当着力之处。毕竟，物质富足、精神富有是社会主义现代化的根本要求。

二、组织变革与协同价值：智能变革的实践路径

人工智能技术的发展，不仅正在深刻改变机器与人的关系，也将可能深刻改变工业革命以来所形成的生产范式、组织形态、知识体系和人们对某个领域底层规律的认知。随着人工智能技术的迅速演化与应用方式的多样拓展，智能变革正以远不同于数字化变革的特征与影响力到来。在新闻传播领域，数字化变革催生诸多变化，形成新的传播形态、内容形态、传播规律和相关知识，从而催生数字新闻学研究；而推荐算法、深度合成、内容生成等人工智能技术的发展和在新闻传播领域的应用，既给数字新闻学研究提供了新问题、新知识、新规律，也促使数字新闻学研究向更加关注如何适应与人工智能共生的要求的方向拓展。而对新闻媒体从业者而言，人们越来越认同必须通过增强竞争力来顺应智能变革，但更重要的现实问题是，选择什么样的变革目标与实践路径。面对诸多约束条件，以知识服务提升协同价值，以组织变革匹配战略调整，以关系重构激发内生活力，是智能变革中媒体的必要选择与实践路径。

（一）以知识服务提升协同价值

正是因为人所拥有的时间是生命的具体表现方式，所以人们会本能地希望更有效地利用自己的时间，本能地希望以更少的时间和精力，通过各种传播方式、传播渠道获得更有价值的信息和服务，希望在接受和参与传播的过程中获得更多知识溢价和服务溢价，在人们具体信息需求之上提供更多关于知识、方法、观点、见识等的高价值内容，在人们所

希望得到的高便利性、高匹配度服务之中提供更多知识性服务和满足精神价值的服务。

2023 年 6 月 21 日的亚太经合组织数字化协同绿色化协同转型发展研讨会上，我进行了主题为“以知识服务创造协同价值，加速数字化绿色发展”的发言，提出中国数字化、绿色化发展的现实基础，恰恰是中国人对知识性、方法性内容与服务的强劲需求。值得深思的是，这种知识服务在媒体、自媒体的关注视线以外迅速发展。B 站 UP 主，山东财经大学教师宋浩讲授并拍摄的视频“《高等数学》同济版 全程教学视频（宋浩老师）”，至 2023 年 5 月 11 日视频播放量突破 1 亿，弹幕数量为 218 万条。观看他视频的人中，大学生约占 60%，高中生约占 10%，此外还有因考试需要以及对数学感兴趣的人群，甚至还有海外留学生和退休人群。实际上，宋浩 9 年前就开始录制高等数学教学视频，目前大家在看的版本已是第五版，是他 2018 年和 2019 年录制的。他在家里约 5 平方米的工作室里录制讲课视频、在学校讲课时同步录制讲课视频并不断打磨讲课方法，带着自己挑选的抹布去上课以保证手写板书在视频中效果[①]。如此等等，都已经突破了传统的慕课讲课方式、表达模式与录制方式，更清晰强烈地体现知识服务特征。而在一个年轻人聚集的视频弹幕网站上，有如此多的人们持续关注宋浩的账号学习高等数学，这本身就反映了在中国数字化发展具有什么样的社会基础，还将拥有什么质量的人才资源，以及可能有什么样的发展空间。探讨数字化、绿色化转型发展，探讨数字技术、低碳技术可能带来什么是重要的，但更重要的是看数字化、绿色化转型发展是否有足够的共识和社会基础，是否有足够高质量的人力资源。那些在 B 站上学习高等数学的人们就是数字化、绿色化转型发展可以依托的人群之一。

面对如此强劲的知识服务需求和已经相对成熟的知识服务环境，媒体不能置身事外，不能仅仅报道这些知识区的 UP 主们，还要剖析这种

① 陶韬：《非典型数学老师宋浩：三条视频 B 站播放量前十，没空中年危机》，https://tianmunews.com/news.html?id=2491449，访问日期：2023 年 6 月 8 日。

现象背后潜藏的趋势性变化，提供更多的知识性服务以支撑中国的数字化、绿色化转型发展。对于在融合转型中的媒体而言，提供更多更高质量的知识性服务，既是对满足人民群众更美好生活需要的贡献，是使命任务的有机组成部分，又可以创造更大的协同价值，在增强传播力、引导力的同时获得额外的多重回报，同时，也有效增强了媒体在智能变革中的竞争力。

（二）以组织变革匹配战略调整

工业革命后形成的现代新闻业的基本特征是专业化分工、大规模生产、组织化运作。从媒体融合到深度融合的路还在走，智能变革时代已经到来，现有组织架构、组织形态、运作方式是否适应？一些媒体在媒体融合进程和集团化进程中已经在推进组织重构，以创新人员组织形态、优化内容生产机制、激活组织内生力。实际上，最近几十年在数字化转型进程中，这种组织重构一直在进行，大体上呈现四个阶段。

其一，是提升专业化运作水平，将原本分散在不同部门的采访、编辑功能相对集中，分别构建采访中心、编辑中心等。

其二，是提升流程化生产水平，依托编辑系统一步步构建内容生产大流程，改变传统内容生产小单元分散运行的状况。

其三，是提升组织化水平，通过构建新媒体中心等重构组织架构和调整选题会、审稿机制等运行机制，一步步提升内容生产集中指挥的力度。

其四，是提升快速反应能力，以快速应对网络舆情热点为出发点，构建类似“中央厨房”的报道指挥中心，建设舆情数据分析系统、记者联络指挥系统等，并将相关信息展现在硕大的屏幕上。

概括而言，技术系统建设方面呈现出不断增强内容资源集中度、内容生产运行控制力的特征，甚至进而试图实现实时控制、指挥每一位记者；组织形态方面，既建立了多种新媒体产品制作实体，以适应不断增长的多平台新媒体传播和多形态内容产品需求，也建立了多种临时协作小组、协同机制，形成传统科层组织“硬结构”之外的“软组织、轻结构”。

媒体融合进入深水区，智能传播时代到来，将迫使媒体进一步推进组织变革，以匹配战略调整。

组织重构的前提是发现并确定所面对的核心问题。发现问题就是发现契机。是现有组织架构不能有效支撑新生业务，还是现有组织的动员力不足，不足以支撑转型战略实施？是现有组织的协同性没有充分体现出来，还是从内容产品生产效能来看现有组织活力不足？现有组织活力不足的原因是缺少竞争性，不同组织分支之间缺少竞争，还是缺少激励性，上级对下属科层组织激励不足？是总的发展战略、竞争战略不明晰，还是缺少明晰的产品战略？更重要的是，面对正在推进的智能变革，是在已经分阶段实施过的提升专业化运作水平、提升流程化生产水平、提升组织化水平、提升快速反应能力等方面继续推进，还是深刻领悟智能变革提出的新要求，构建更适应与人工智能共同进行内容生产与传播的组织形态与运作机制？

客观地说，从媒体融合推进到集团化运作，这一阶段的组织架构调整已基本完成。新一轮组织架构调整，一定是与某种战略选择相结合并为匹配、支撑这项新战略实施而进行的。一个组织、一个机构，其竞争战略总是要体现在产品战略和组织架构调整之上的，媒体也同样如此。产品战略发生变化，组织架构也需要相应变化。传媒技术基础变化也要求相应的组织重构。或者是缘于技术平台构建来调整组织架构，或者是为适应新一轮技术革命带来的剧烈变化，以组织变革实现战略调整。2022 年 11 月底以来，智能内容生成技术的进展引发一系列变化，多个国家、企业、科研机构的技术路线、投资方向、政策选择、规制规则相继出现重大变化。智能变革引发的深刻变化在于，不仅人工智能介入内容生产，而且人工智能生成的内容进入传播，影响人的知识萃取、认知形成、观点表达。基于大语言模型甚至多模态大模型的智能内容生成应用成为超级传播主体。面对这样的重大变化，主流媒体难以回避的问题是：智能变革时代的战略选择是什么？新的竞争战略是什么？

面对人工智能新技术、新应用进入内容生产和传播领域，应对思维或是运用人工智能技术和工具进行内容生产、分发，或是优化、调整内容生产方式，或是在组织层面等相应推进优化调整。智能内容生成技术大规模进入传播领域引发的核心问题之一是，在新奇感过去后，人们可能变得不敢相信网络传播中的内容，不知道哪些是真的，哪些是符合科学标准的。智能内容生成使内容生产与传播门槛越来越低，人工智能所生成的内容，特别是知识性内容更大规模地进入传播领域，主流媒体更应当从新的层面体现优势，运用更高效的内容生产工具，这样才可能更好地发挥出主流媒体的内容把握能力、专业优势，才能够在竞争中取胜。相比较而言，主流媒体应当大大增加知识性内容的提供。主流媒体不仅要提供信息、新闻、观点和娱乐话题，还要提供更多知识性内容、方法性内容，这是产品战略调整的重要方向。

对主流媒体而言，在深刻思考如何更好地履行使命任务、提升报道质量、增强传播力影响力的同时，还有一些现实问题需要思考。

其一是在智能技术发展浪潮中选择做什么。专业内容生产组织加上能够提升效率的先进技术，能够发挥更大的作用。当前，主流媒体面临两个难题：一是缺少推荐算法可用，缺少智能分发能力支持；二是尚不明确如何应用基于大模型的智能内容生成科技。写稿机器人在新闻传播领域的运用，意味着人工智能已经介入内容生产。在画质提升、传输手段创新两个赛道之外，传媒科技领域出现了智能内容生成这个新赛道。对于广播电视行业而言，竞争重点已经不局限于画质提升和传输手段改变，而是内容生产范式的改变。运用推荐算法的智能分发改变传播格局后，新闻传播领域又出现智能内容生成，媒体如何应用这种新技术？应用的切入点和重点是什么？主流媒体在这个新赛道必须有所作为，至少实现有效运用。与人工智能共生的时代，主流媒体不能缺席，必须参与；即使没有条件原创智能技术，也必须积极运用他人的成果。那么，可以选择的对策，就集中于用在哪里、怎么用、与谁合作三个问题上。

重要的问题是，主流媒体的技术发展规划、技术体系是否考虑与人工智能共生的时代的到来而做了相应的准备和调整。

主流媒体必须拥抱智能内容生成科技，必须积极使用它。是否拥抱人工智能，是一个涉及生存的大问题。面对智能内容生成技术应用在内容生产领域带来的高便利、高效率等的冲击，当外部环境、科技进展使赛道发生改变之后，既有的生产平台、组织架构的构建逻辑、运行逻辑也应该相应调整。严峻的问题难以回避：顺应工业化时代的传媒技术、生产方式所构建的现有媒体组织形态，能否适应与人工智能共生时代的竞争要求，是否出现组织架构、运作效率不适应？面对智能内容生产与智能传播催生的新一轮智能变革，媒体集团的组织架构是否具有足够的活力和竞争力？合适的组织架构是大团队还是小团队？当年海尔集团选择把组织改小，让基层组织成为竞争主体直接面对市场，让每个组织都有活力。现在的媒体组织是否适应人与人工智能共同进行内容生产？这不只是组织活力问题，而是现有组织架构是否与智能传播时代的技术基础相适应，与智媒体的发展取向和竞争战略相匹配的问题。

其二是媒体在经营面临挑战时，准备在提升整体效率方面做什么。目前的经济社会条件下，为了顺应社会状况、受众心理和市场波动取向，媒体经营战略已经在进行一系列调整。在传统媒体纷纷出现收入下降、成本上升、效益变低甚至亏损而难以为继的背景下，一个有进取心的媒体在提升整体运行效率方面准备做什么？

组织变革通常基于两个维度。一是出于成本约束对组织架构进行重大调整。我曾探讨过新媒体时代如何实施“共平台生产”，“共平台生产”是指在一个内容生产平台上生产供多种新媒体终端分发的内容产品，其符合经济学核心概念之一的效率的要求。效率提升了，成本相应降低了，收益率就提升了。二是出于竞争战略对组织架构进行重大调整。这种调整希望获取为竞争战略服务的组织活力。世界知名互联网公司隔几年就会进行一次组织架构调整，以匹配其发展战略的调整。无论是从降本增效还是从提升竞争力角度看，效率问题都是核心问题，都需要重新审视现有生产流程、组织架构、运作方式的效率。观察特斯拉与其他车企的竞争，可以发现两条特色鲜明的特征，即相对较低的营销费用和相对较高的成本控制能力。较低的成本反映出较高的效率。提升整体运行效率或提升投资收益率、资产收益率等指标，都需要进行战略调整、组织变革。

组织架构的调整还基于如何更有效地发展现有能力和提高竞争优势。例如，在电视剧这个大的竞争领域中，怎么判断收视市场趋势与社会心理脉动？可以有什么样的新作为？一个广电集团某个频道播出的电视剧有多部的收视数据在全国名列前茅，说明该频道对电视剧品质和市场效应的判断具有较高水平，体现出对公众心理脉动和收视需求的较好把握。能否把其选剧水平和能力放大，把这种对内容品质与市场效应的判断能力延伸到其他频道，通过组织变革或机制变革放大这种能力？优化、增加这种能力的应用领域，来获得更高的社会效益和经济效益，其本身就是优化竞争战略实施。这种竞争能力放大和应用场景延伸，既是具有战略意义的调整，又是战术意义上的可行动作。电视剧播出效果不好，最简单的原因是剧没选好。把会选剧的能力应用到更多场景，就是通过战术性调整，通过组织架构调整，支撑新竞争战略实施。

（三）以关系重构激发内生活力

顺应智能变革的媒体的自身变革，一定包含着关系重构，关系重构可以激发媒体的内生活力。

首先是技术与媒体本身的关系重构。从总体上依据工业化时代传媒技术形成的内容形态、生产范式、传播形态、组织架构，走向适应数字技术、互联网技术、新媒体传播，即走向媒体融合并进而走向深度融合，就是技术与媒体关系的重构。媒体深度融合总体上是传播理念、内容形态、传播方式、组织架构向新媒体演化，从主要依据传统传播规律，走向适应新媒体传播规律。而从融媒体走向智媒体，必然要在新闻采集、生产、加工、接收、反馈诸环节更多地运用人工智能技术。

其次，这一定包括机器与人的关系重构。从传统媒体和新媒体时代人借助一定的媒介技术进行内容生产与传播，走向与人工智能共同生产内容，要随之调整传播理念、内容形态、传播方式、组织架构，甚至要适应人类生产内容与人工智能生成内容共同影响人的情况，在这个进程中进一步有效凸显人类的主体地位和能力，体现人类掌控着媒体的传播力、引导力。在机器与人的关系重构过程中，最为重要的是既不断运用人工智能新技术、新应用，又能够实现人驾驭机器，“用主流价值导向驾驭‘算法’”。

再次，这也包括传播格局不同主体间的关系重构。基于多模态大模型的智能内容生成应用及其他技术路线的智能内容生成应用，会一步步成为超级传播主体，在传播格局中拥有比今天更大的影响力。公众中的一部分因善于有效运用人工智能工具而成为特殊传播者，可实现远比今天更高效的传播，拥有更大的影响力。主流媒体如何借助人工智能保持并增强影响力、竞争力是不能回避的问题。

最后，这还包括媒体与社会的关系重构。媒体必须在提供更多知识性内容的同时提供更多辨析、质证性内容，确保公众知识的萃取、认知的形成、观点的表达在符合人类价值观和科学知识体系的轨道上，确保维系人类社会健康发展。人工智能发展，更需要媒体在创造更多协同价值的同时成为政治、经济、社会健康运行的引导者、保障者、支撑者。这更凸显主流媒体不可替代的价值。

第三章 塑造能力

面对智能生成科技等的迅速演化，面对智能变革的深刻冲击，最好的适应方式之一，就是以智能变革为认知参照系塑造智能竞争力。智能变革正在深刻改变这个世界。在与人工智能共生的时代，媒体在竞争中要整合、协调的因素、知识、技能与以往迥然不同，竞争力构成要素与生成逻辑就必然不同。因而，应准确把握智能竞争力新的构成要素与生成逻辑，构建更具适应性的智能竞争力框架。

人工智能技术与应用的接续发布，预示着很多变化将超出传统的思维框架与认知。从某种意义上说，塑造、增强智能竞争力，需要从重塑认知框架开始。智能内容生成会与推荐算法一起深刻改变新闻传播手段、内容生产方式与新闻传播格局。对数据的收集、控制、发布、解读，是当今世界更加隐蔽，又更加具有战略意义的施加影响的方式，不同数据构成和发布方式潜藏着不同的影响逻辑。因而，智能竞争力必然包括数据能力与算法运用能力。

第一节 基于智能认知塑造智能竞争力

增强智能变革适应能力、塑造智能竞争力的应有之义，就是把握智能内容生成技术的发展趋向，洞察包括生成式 AI 在内的数字技术、人工智能技术的发展将如何重塑行业和社会，系统调整对新闻传播业发展现状与趋势的已有估量，优化媒体融合的力量布局和已有方案，发现、剖析、解决智能变革中深刻影响新闻传播领域现实和未来发展的重大理论和实践问题，从解决真问题中获得真知，进一步提升中国新闻业的传播力、引导力、影响力、公信力。

面对智能生成科技等的迅速演化，应当审时度势，重塑认知框架，直面问题，探索解决之道。对智能变革的最好适应，是以智能变革为认知参照系塑造智能竞争力。

一、塑造智能竞争力：以智能变革为认知参照系

正在加速推进的人工智能技术进步与应用，正在改变并即将更强烈地改变一系列我们日常而不觉的生活和工作方式，在创造一些新岗位、新赛道、新动力、新效率的同时，也必然会替代一部分岗位和工作，必然会改变内容生产方式与传播方式。客观上，基于大模型的各种智能内容生成应用，正在以不同方式成为更具影响力的传播主体，不仅深刻影响人们的注意力分配，而且会深刻影响人们的认知。已经渐现轮廓的互联网信息推荐算法与智能内容生成的联袂应用，已经发布于众的多个纳入生成式 AI 支持的“全家桶”工具，已经渐露峥嵘的一些基于大模型的行业应用，不仅会重塑生活和工作方式，而且必然再一次重塑互联网传播格局，形成更具算法权力的传播主体与影响力主体，会对人类社会的运行方式产生重大影响。

智能变革正在深刻改变世界。这个事实不断以各种方式提示人们智能变革可能催生的变化。这一代人正在经历已经到来的未来，正在进入与人工智能共生的时代。增强对智能变革的适应能力，更能动、更有尊严地运用并驾驭人工智能，是人类的不二选择。对智能变革的最好适应，是增强智能变革适应能力，是以智能变革为认知参照系塑造智能竞争力。这既要能够把握人工智能科技的发展趋势，从趋势性变化中捕捉

到信号与历史方位；也要能够以智能变革为认知参照系，发现所面临、所要解决的真正问题所在。

（一）审视趋向：重塑认知框架

2023 年 3—4 月，有两个时间段相对集中地发布了多个生成式 AI 技术成果，这些成果竞相进入人们的工作、生活和传播领域，重塑人们的认知框架。一是 3 月 15 日前后 GPT-4、“文心一言”、Midjourney V5 等相继发布，二是 4 月 10 日商汤大模型和 4 月 11 日阿里大模型的接续发布，让人们进一步看到“自然语言的大模型已具备面向通用人工智能的一些特征”，“人工智能研究正在越过某个‘奇点’，进入大规模应用阶段”的同时[①]，也看到中国顶级技术公司已默默研究数年的生成式人工智能成果和已经努力推进的场景化应用。生成式人工智能技术与应用以如此速度和力度接续发布，强烈地预示智能变革可能的速度、力度与强度，预示人与人工智能共生的时代发生的变化具有超出传统思维框架与认知的特征。

更应引起注意也更符合逻辑的特征在于，2023 年 4 月发布的这一系列生成式人工智能成果或者更偏重行业应用，以为行业赋能为竞争切入点；或者本身就是基于行业数据和需求训练的定制化的模型。华为“盘古”大模型包括自然语言处理、机器视觉、科学计算、多模态、语音等多个模型，其中，机器视觉大模型覆盖了工业质检、物流仓库监控、时尚辅助设计等行业，自然语言处理大模型覆盖了智能文档检索、智能企业资源计划（ERP）、小语种大模型等领域，科学计算大模型用于气象预报、海浪预测等方向，并强调更看重 AI 赋能产业，希望为煤矿、水泥、电力、金融、农业等行业创造更多产业价值。在 2023 年 4 月 8 日的人工智能大模型技术高峰论坛上，华为云人工智能领域首席科学家田奇强调：“人工智能发展已从局部探索走向千行百业，AI 走进企

① 陆小华：《AIGC 与智能变革：让认知震荡催生能力生长》，《青年记者》2023 年第 7 期。

业核心生产系统，开始创造更大价值。”[①] 据 2023 年 4 月 11 日 2023 阿里云峰会透露的信息，淘宝、天猫、钉钉、高德地图、饿了么、盒马、优酷、淘票票等产品都将有序接入“通义千问”大模型，阿里云希望可以帮助更多企业用上大模型，使这些企业基于“通义千问”具备赋能自己所涉行业能力的“专属大模型”[②]。商汤科技在 2023 年 4 月 10 日发布“日日新”大模型体系和可实现文本生成、图像生成、多模态内容生成等能力与场景应用的中文语言大模型应用平台“商量”时，也强调主要面向企业端业务，将在医疗、短视频、教育、营销以及开发等产业领域应用落地[③]。2023 年 3 月 30 日彭博公司的一篇论文称其开发的 BloombergGPT 是将金融数据与通用数据集结合起来进行训练的模型，开发团队利用彭博公司由海量英文金融文档组成的档案库，创建了一个包含 3 630 亿词例（token）的金融数据集，与另一个包含 3 450 亿词例的公共数据集叠加，组成包含超 7 000 亿词例的大型训练语料库。这个模型被用以支持金融领域的自然语言处理任务，如帮助改进市场情绪分析、命名实体识别、新闻分类和问题回答等[④]。客观地看，这个智能内容生成系统一旦应用，不仅可能深刻影响金融信息服务行业的运行方式，也可能成为较早实际进入新闻传播领域的智能内容生成系统。

人工智能技术以如此超越想象的速度迭代，以如此状态蜂拥而来，让人们在感到冲击、产生认知震荡的同时，也会不断增强智能变革适应

① 《华为云田奇：大模型开发和训练一次需要 1 200 万美元 市场将向大公司集中》，https://baijiahao.baidu.com/s?id=1762578575343592026&wfr=spider&for=pc，访问日期：2023 年 4 月 8 日。

② 钱玉娟：《阿里通义千问大模型“两条腿走路”：对内改造业务产品 向外做企业专属模型“底座”》，https://baijiahao.baidu.com/s?id=1762857279257172232&wfr=spider&for=pc，访问日期：2023 年 4 月 11 日。

③ 《商汤版 ChatGPT 来袭，中国激战千亿“大模型”》，http://m.jrj.com.cn/madapter/finance/2023/04/11125137466599.shtml，访问日期：2023 年 4 月 11 日。

④ 《彭博针对金融业推出大型语言模型 BloombergGPT》，https://baijiahao.baidu.com/s?id=1761892772179188975&wfr=spider&for=pc，访问日期：2023 年 3 月 31 日。

能力，塑造智能竞争力的紧迫感和主动性。我们既不能因智能内容生成工具目前仍然存在“一本正经地乱说”的情况而忽视其可用性，也不能因各种新奇体验而忽略对其如何规制、驾驭的思考和探索，而应从新的层面、角度认识。如果还局限于原有的认识方式，可能错失的就是一个时代性机遇。

从某种意义上说，塑造、增强智能竞争力，需要从重塑认知框架开始。

（二）直面问题：探索解决之道

在与人工智能共生的时代，能否适应智能变革的关键之一，是能否真正直面问题，是能否发现、剖析、解决智能变革中深刻影响新闻传播领域现实和未来发展的重大理论和实践问题，并从发现、剖析、解决问题中探索解决之道。对这个层面关系重大、时代特征鲜明的问题能否真正感知、发现，决定了能否剖析、解决问题，能否适应正在到来的智能变革。

什么是深刻影响新闻传播领域现实和未来发展的重大理论和实践问题？2023 年 4 月 6 日公布的《国家社会科学基金项目 2023 年度课题指南》（以下简称《指南》）与往年相比，有重要调整，这既透露了强烈的信号，又给出了清晰的选择标准。一是新设综合类选题，以鼓励围绕关系党和国家工作大局的重大理论和实践问题，围绕加快构建中国特色哲学社会科学的重要基础理论问题和前沿学术问题，开展跨学科综合性研究。综合类列出的课题不仅重大、重要，其设问方向、设问重点、关键所指都是极具启迪意义的。即使不申报这些综合类课题，仅仅浏览、琢磨、研究这些综合类选题，也有助于把握什么是关系全局的重大理论和实践问题，有助于把握方向与重点。二是体现鲜明时代特征和强烈现实要求的紧密结合。《指南》所列综合类和学科类约 1 580 个选题中，字面上有与人工智能相关的算法、智能等词汇的选题就占了 50 个，有与数字中国、数字经济、数字技术相关词汇的选题为 124 个，有数据一词的选题约为 45 个。在《指南》中，鲜明时代特征和强烈现实要求的紧密结合，更强烈地体现在一些选题的设问方向上。比如，新闻学与传播学部分的“面向国际组织的新闻传播学人才培养研究”，是相关论坛和期刊上极为少见的选题。这类选题列入国家社科基金指南，发人深省。三是鲜明问题导向和强烈创新要求的紧密结合。包括新闻传播学选题在内的综合类和学科类选题，鲜明体现坚持以重大理论和现实问题为主攻方向，坚持基础研究和应用研究并重的要求。“问题是时代的声音，回答并指导解决问题是理论的根本任务。”因此，“必须坚持问题导向”[①]。

坚持问题导向，同样强烈体现在面对智能变革以解决什么问题为重点，做什么样的选择。推动传统媒体和新兴媒体融合发展已逾十年，取得了重大进展和明显成效。但也有些项目建成后使用率不高、成效不明显，有些局限于可视化大屏加指挥系统、舆情系统的模式窠臼中，存在与自身需求匹配度不够、对竞争力提升度不够等不足。推荐算法进入互联网信息服务已有十年，在经济、社会生活多领域广泛应用的同时，基于累计数据不断迭代，成为影响信息分发、服务提供、机会分配、资源配置的基础性机制和力量。智能内容生成技术的迭代速度与场景化应用速度的表现，至少在开局已经超过推荐算法。面对可能加速推进、影响巨大的智能变革，我们更需要准确把握政策要求、技术趋向与发展中面临的核心问题，聚焦实践遇到的新问题、深刻影响新闻传播领域现实和未来发展的重大理论和实践问题、关系媒体生存与发展的重大现实问题，以创新精神，探索真正解决问题的思路和办法。

（三）“雨中绸缪”：塑造智能竞争力

能适应智能变革的前提，是对正在发生的智能变革及其背后的人工

① 习近平：《高举中国特色社会主义伟大旗帜 为全面建设社会主义现代化国家而团结奋斗——在中国共产党第二十次全国代表大会上的报告》，人民出版社，2022，第 20 页。

智能技术的底层原理、发展趋向、应用方式、可能影响等有更全面、深层、系统的认知。认识的深刻程度，决定了适应的程度。

客观地说，在智能变革中讨论塑造智能竞争力，已经是“雨中绸缪”，而不是未雨绸缪，需要媒体构建更具适应性的媒体竞争力框架，更要深入探讨智能竞争力的生成逻辑，其中涉及认知度与认知更新能力、专业度与创新运用能力、想象力与主动塑造能力等因素。

对新技术的接受、消化、利用和专业运用能力，一直都是变革能力、竞争能力的重要组成部分。能否从内容生产、传播角度利用智能科技，决定了能否实现智能内容生产、智能传播。而人工智能科技的专业度与创新运用能力的高低在很大程度上决定了智能竞争力能否生成，能否形成有力支撑。

智能内容生成最有效的运用方式，一定体现在变革追求和想象力上。在智能竞争力的构成中，对智能科技的想象力，实现内容生产与传播方式再造与能力提升的主动塑造能力，更具有决定性，是更具现实与长远价值的创新。

二、AIGC 与智能变革：让认知震荡催生能力生长

2022 年 11 月以来，智能内容生成技术取得突破性进展，一系列普通人日常工作所用的软件发布了联结智能内容生成模型的新版本，一系列有足够创意或酷似新闻照片的 AI 生成图片广泛传播，不仅内容生产、传播受到明显挑战，更多普通人的信息萃取、认知形成、观点表达，受到比 ChatGPT 刚上线时其所生成内容和相关体验广泛传播更具象、更可感、更深远的影响。与人工智能共生的时代以让许多人猝不及防的方式突然到来。

如何适应与人工智能共生的时代？人们正在经历认知震荡，正在以不同的方式重新认识人工智能，正在思考如何适应人工智能的使用方式、适用规则和运用边界。之所以产生认知震荡，不仅是因为人们从智

能内容生成工具和提问结果感受到新奇体验，还因为ChatGPT试用体验和生成的内容在互联网和社交媒体上广泛传播而吸引更多人试用，形成巨大的卷入效应；不仅是因为ChatGPT的上线测试吸引了一系列研究机构、企业和投资者增加发布产品和投资，还包括在2023年3月中下旬，一系列人们日常使用的办公、搜索、图像处理软件发布了不同程度运用智能内容生成技术的新版本，让人们看到智能内容生成技术的迭代速度、应用速度远远超过区块链等技术的迭代、应用速度。人们原本还在就如何看待、运用智能内容生成技术进行讨论，针对如何优化自己的生存力、竞争力做出抉择，现实的发展给正经历的认知震荡增加了前所未有的紧迫感。更让人们深刻反思的，还包括ChatGPT所使用的预训练大模型和算法并不是2022年才出现的，但却突然出现如此令人始料不及的影响和震荡效应，引发许多管理者、研究者和业界人士反思过去对大模型技术与算法的关注度和认知不足。这给智能内容生成引发的认知震荡增添了不同寻常的深刻性，增添了思维方式和方法论层面的意义。

认知震荡，自然引发更多如何认知、如何运用、如何适应智能变革的问题。换一种眼光看，这一系列问题的提出和讨论，可以视为人们适应并应对正在发生的智能变革的反应与选择。

问题是时代的声音。与人工智能共生的时代，就这样开始了。

（一）智能应用：超越想象涌来并推动智能变革

智能变革正在如何发生？人工智能技术、产品和应用纷纷发布，竞相进入人们的工作、生活和传播领域，技术迭代和产品试用正以超越想象的速度涌来。这也许在提示人们，人工智能研究可能正在越过某个“奇点”，突然大规模进入实用。尽管人们对试用结果并不十分满意，但试用就意味着可能接受，可能进入工作流程与社会生活，就意味着已经与人工智能共生。

2023年3月1日，OpenAI宣布正式推出面向商业用户的ChatGPT

应用程序编程接口（API），允许第三方开发者通过API将ChatGPT集成到其应用软件和服务中，可以用API创建人工智能驱动的对话界面，而且宣布输出100万个单词只需支付2.7美元（约19元人民币），从而将用户使用ChatGPT的成本降低90%。2023年3月23日，OpenAI宣布解除对ChatGPT联网的限制，以第三方插件为中介，可使ChatGPT访问其他网站并获取实时信息，还支持执行搜索实时新闻、检索知识库等操作（此前ChatGPT只能从训练数据中提取信息）[①]。在我看来，这不仅以出乎业界预料的速度将ChatGPT推向商业应用，而且显然可能构建起一个基于ChatGPT的应用生态。

而引起全球广泛关注的是OpenAI在2023年3月15日凌晨1点推出的GPT-4。据官方介绍，GPT-4建立了一个可预测扩展的深度学习栈，使用强化学习人类反馈（RLHF）来微调模型的行为，其自我训练与预测能力进一步提升；支持输入的文字上限升至2.5万字；在所测试的26种语言中，GPT-4有24种优于GPT-3.5和其他大型语言模型的英语表现；GPT-4既可以不直接给出答案，而是通过问题拆分来引导提问者独立思考，也可以扮演AI助手给出答案；引人注目的是GPT-4的自我监控机制更完善，对设定规则所禁止内容的提问，GPT-4的响应倾向比原先降低82%；对医疗建议、自我伤害等敏感提问的回答，GPT-4符合规范的概率提高了29%；GPT-4在模拟律师考试中排名前10%（GPT-3.5排名倒数10%），在美国高考SAT阅读写作中拿下710分高分，数学得到700分（满分800）。虽然OpenAI没有公布GPT-4的参数规模，但有报道称GPT-4有1万亿个参数，是GPT-3.5（1 750亿个参数）的6倍左右。关于如何理解GPT的参数规模，有网友用大脑神经元进行了类比：GPT-3.5的规模与刺猬大脑类似；GPT-4接近松鼠大脑规

① 《王炸功能上新！ChatGPT接入第三方插件，联网难题破解，功能覆盖衣食住行》，https://mp.weixin.qq.com/s/mrtwYuu4z7aSYzDk3OZPCg，访问日期：2023年3月24日。

模；而人类大脑的规模大约是170万亿个参数[①]。

更备受关注的信息，来自GPT-4发布后微软研究院发表的154页论文《点燃通用人工智能的火花：GPT-4早期试验》（*Sparks of Artificial General Intelligence*：*Early Experiments with GPT-4*）。该论文分为总论、多模态和跨学科组的组合（主要和视觉生成内容相关）、代码能力（根据指令生成代码，理解现有代码）、数学能力、与世界的交互、与人类的交互、鉴别能力、GPT-4强调的自回归架构的局限性、社会影响、方向及结论10章，论文作者包括微软雷蒙德研究院机器学习理论组负责人塞巴斯蒂安·布贝克、2023年新视野数学奖得主罗恩·埃尔丹、2023年斯隆研究奖得主李远志等。该论文开篇部分称，他们对早期版本的GPT-4进行了评测，认为"它们比之前的AI模型表现出更多的通用智能"。"我们证明，除了对语言的掌握，GPT-4可以解决跨越数学、编码、视觉、医学、法律、心理学等新颖和困难的任务，而不需要任何特别的提示。此外，在所有这些任务中，GPT-4的表现惊人地接近人类的表现，而且大大超过之前的模型，如ChatGPT……"该论文还提出："鉴于GPT-4能力的广度和深度，我们相信它可以被合理地视为人工通用智能（AGI）系统的早期版本（但仍不完整）……"值得注意的是，该论文在开篇部分特别提到："在我们对GPT-4的探索中，我们特别强调发现其局限性，并讨论了向更深入、更全面的AGI版本推进所面临的挑战，包括可能需要追求超越下一个单词预测的新范式……"[②]在此之前，科技部高新技术司有关领导在2023年2月24日国务院新闻办举行的新闻发布会上，就对ChatGPT做出了"已具备面向通用人工智能的一些特征"的评价："ChatGPT形成了一种现象级的应用，表现出很高的人机理解交互水平，也表现出自然语言的大模型已具备面向通用人工

① 《震惊科学界！微软154页研究刷屏：GPT-4能力接近人类，"天网"初现？》，https://mp.weixin.qq.com/s/XaWPP0GRsCCvkVUCQAZulg，访问日期：2023年3月26日。

② 《点燃通用人工智能的火花：GPT-4早期试验》，https://ask.qcloudimg.com/draft/8642415/TjbeOupcgg.pdf，访问日期：2023年3月27日。

智能的一些特征，在众多行业领域有着广泛的应用潜力。”[①]

值得深思的信息还包括，微软研究院这篇 154 页论文发布之后不久，一位网友在推特上爆出从相关 LaTex 源代码中发现的隐藏信息。在未删减版的论文中，GPT-4 实际上是该论文的隐藏第三作者，内部名称为 DV-3，后被删除[②]。隐藏的第三作者但又被删除，这既让人们看到 GPT-4 在专业内容生成方面的能力，也让人们看到智能内容生成技术进入实用领域的影响和可能的争议。

GPT-4 发布的前一天，两所著名大学发布了低成本、低门槛的模型：斯坦福大学发布的模型 Alpaca，训练成本远低于 GPT-3.5，但功能近似；由清华大学技术成果转化而来的中英双语对话模型 ChatGLM-6B 支持在单张消费级显卡上部署使用。GPT-4 发布当天，谷歌投资的人工智能公司 Anthropic 的聊天机器人 Claude 开放公测，具备类似 ChatGPT 的对话推理能力。谷歌开放了其大语言模型 PaLM 的 API 和工具，可供第三方开发人员使用。还有研发团队发布了开源的 Python 机器学习库 PyTorch 2.0 正式版。

GPT-4 发布 30 多小时后，百度发布了基于万亿级网页数据、数十亿搜索数据和图片数据、百亿级语音日均调用数据以及 5 500 亿事实知识图谱的“文心一言”。“文心一言”发布会上展示了其在文学创作、商业文案创作、数理逻辑推算、中文理解和多模态生成五个方面的测试结果。在李彦宏看来，“文心一言”植根于中国，不仅“一定要体现我们对于中文、对中国文化更好的理解”，还“希望产品发出去之后，能让大家玩起来”，因此，要“能支持用各种各样的方言说出来”，“给大家多带来一些欢乐”，并且“当用户的问题本身存在事实性错误时，我们能够辨别”，让用户觉得“很聪明”。在李彦宏看来，在文生图能

① 吴科任：《关于 ChatGPT，科技部发声！》，http://mp.weixin.qq.com/s/-o3Gf2b8FSSh8ovet5Efpw，访问日期：2023 年 2 月 24 日。

② 《震惊科学界！微软 154 页研究刷屏：GPT-4 能力接近人类，“天网”初现？》，https://mp.weixin.qq.com/s/XaWPP0GRsCCvkVUCQAZulg，访问日期：2023 年 3 月 26 日。

力方面，“文心一言”打磨得比较久，而“GPT-4本身没有文生图能力”。百度自己会是“文心一言”的第一批用户。“文心一言”是可通用的，几乎百度“每个产品拿出来”，“都能自然地想到和它怎么结合，让产品变得用户体验更好，更加powerful”①。

另一方面，加剧人们对智能内容生成工具关注和担忧的是用户利用后续发布的智能图像生成工具生成的酷似“新闻图片”的影像广泛传播，足以混淆人们的认知。

技术迭代，不仅使智能应用超越想象地涌来，而且提出了一系列必须回答的问题。智能变革也许就会从这些问题开始。关键是我们能否敏感地捕捉、深刻地理解这些问题，并通过系统思考、积极探索、理性规制来回答这些问题。

（二）认知震荡：价值在于催生智能变革能力生长

客观而言，智能内容生成技术与工具在如此短的时间里集中出现，进入测试或与人们常用的软件结合进入应用，不仅带来了新工具、新现象、新体验，还带来了信息冲击、体验碰撞与认知震荡。观察正在发生的变化，就会发现潜藏在诸多变化、问题、讨论背后的，是思维方式和认知差异。从某种意义上说，有多大的认知差异，就可能发生多强烈的认知震荡。甚至影响研究方向选择、资源投入、进展评价、成果应用的，也是思维方式和认知差异。百度之所以在互联网大企业中较早做出生成式AI产品，按照李彦宏在接受采访时的解答，恰恰是因为看好生成式AI。如果按语言模型来对人工智能分类，包括典型应用是搜索的辨别式AI和根据提示词生成内容的生成式AI。生成式AI“这个方向早期并不被大厂看好”，“过去一年半时间，我们一直很看好生成式AI，有不错的投入。所以当发现这有大机会的时候，我们迅速增加资源，把它

① 《对话李彦宏：不要重复造轮子，AI的十倍机会在别处》，https://mp.weixin.qq.com/s/YsUjNBXJpLGNmUWRm69vPA，访问日期：2023年3月23日。

做出来”。“百度是大厂当中第一个做出来的”[①]。

认知差异的存在是客观的。在ChatGPT上线测试引发广泛关注后，有人从算法独创性等角度评价是否重大进展，有人从体验效应、传播效应分析人们为何关注，有人从职业替代、可能风险方面分析其对人类的负面影响。因此一些看起来很熟悉的东西更值得我们加深认识、换个角度认知。早在2019年1月25日，在中共中央政治局就全媒体时代和媒体融合发展举行第十二次集体学习时，习近平总书记就指出：“从全球范围看，媒体智能化进入快速发展阶段。我们要增强紧迫感和使命感，推动关键核心技术自主创新不断实现突破，探索将人工智能运用在新闻采集、生产、分发、接收、反馈中，用主流价值导向驾驭‘算法’，全面提高舆论引导能力。”[②] 今天，看到智能内容生成技术发展给新闻舆论带来的强烈影响，人们也许会反思，是否真正深刻理解了“从全球范围看，媒体智能化进入快速发展阶段”，是否真正增强了“紧迫感和使命感”，是否真正在关注并支持包括智能内容生成技术等影响新闻传播格局的“关键核心技术自主创新不断实现突破”。

面对智能变革，面对与人工智能共生的时代猝不及防地到来，不同领域、专业、岗位的人们客观上存在信息差、知识差、认知差，所需要的不仅是知识更新、信息获取以解决知识差、信息差，不仅是如何认识正在发生的变化，评估迭代技术的可能影响与如何更积极能动地适应，更应包括如何正确认识在智能内容生成技术发展方向、应用前景、可能的影响等方面的认知差异。

客观存在的认知震荡的最大价值，恰恰在于催生智能变革能力生长，在于由此努力提升智能传播能力、驾驭算法能力、与人工智能共生的能力。

---

① 《对话李彦宏：不要重复造轮子，AI的十倍机会在别处》，https://mp.weixin.qq.com/s/YsUjNBXJpLGNmUWRm69vPA，访问日期：2023年3月23日。

② 习近平：《加快推动媒体融合发展 构建全媒体传播格局》，《求是》2019年第6期。

（三）战略方向：AIGC 与推荐算法衔接与协同运用

在移动互联网、大数据、超级计算、传感网、脑科学等新理论、新技术驱动下，“人工智能呈现深度学习、跨界融合、人机协同、群智开放、自主操控等新特征，正在对经济发展、社会进步、全球治理等方面产生重大而深远的影响”[①]。面对从 2022 年 11 月底 ChatGPT 发布到 2023 年 3 月下旬智能内容生成技术迭代迅速、应用涌现、能效惊人的状况，人们显然不能停留于认知震荡，而要起而行之。只有有效探索“将人工智能运用在新闻采集、生产、分发、接收、反馈中”，实现“用主流价值导向驾驭‘算法’”，才能真正“全面提高舆论引导能力”。

智能内容生成技术的迅速迭代和与多种人们常用软件的结合，比人们的预料更快地体现出了实用性。推荐算法运用在信息分发领域已有十年，对影响力生成逻辑、新闻舆论格局产生了强烈影响。关于智能内容生成技术将会如何与推荐算法衔接、协同运用，虽然目前沿未看到有关研究进展、协同尝试的报道，但我预测，智能内容生成技术与推荐算法衔接、协同运用会形成更为强大的传播力和影响力，会对新闻舆论格局、意识形态格局产生更为强烈而深远的影响。可以说，谁能掌握智能内容生成技术与推荐算法衔接、协同运用，谁就具有强大的国际影响力和舆论博弈能力。因此，我们必须以系统思维、战略思维、创新思维、跨界思维研究尝试智能内容生成技术与推荐算法衔接、协同运用，以有效增强中国国际传播能力和应对智能舆论战的能力。这在百年未有之大变局加速演进的形势下，显得格外紧迫、十分重要。

第二节　智能竞争力十大构成要素与生成逻辑

客观而言，当前媒体面临的难题不仅在于新媒体收入难以抵偿传统收入流失份额，新媒体科技迭代迅速而需不断投入，还在于深度融合进

① 《习近平致信祝贺第三届世界智能大会开幕强调 推动新一代人工智能健康发展 更好造福世界各国人民》，《人民日报》2019 年 5 月 17 日，第 1 版。

程中媒体竞争力的构成要素与生成逻辑都在变化，一些新因素在媒体竞争力构成中所占的份额越来越大，从而成为媒体综合竞争力生成、维持、强化的主要制约要素，在今后相当长时间内也相应成为媒体综合竞争力的重要目录。

竞争力是一种随着竞争不断变化并在竞争中有所体现的综合能力。竞争，本是一个全体系的战略问题，而其比较直观地体现在了产品层面上。媒体内容产品是否受欢迎的决定因素，并不仅是创意、制作水平等内容生产本身。数字化变革催生的一系列变化，改变了传播形态、传播格局，改变了传媒与受众的关系，也相应改变了媒体竞争本身。即便一个媒体或媒体集团的核心能力，即所拥有的能够协调多种生产技能和整合不同技术的知识和技能仍然保持，随着数字科技的深度运用，受众需求与习惯等发生重要演变，媒体在竞争中所要整合、协调的因素、知识、技能也与以往迥然不同。相应地，媒体竞争力的构成要素与生成逻辑就必然不同。因而，在智能传播时代，深刻认识并准确把握媒体竞争力新的制约要素和生成逻辑，构建更具适应性的媒体竞争力框架，就变得非常重要。

今天，智能内容生成技术发展风速，成果迭出。因而，我们需要在深刻认识、体悟智能变革的基础上，探讨与人工智能共生的时代的媒体竞争力框架，探讨智能竞争力的生成逻辑。

一、适应度与变革推动能力

科技进步对经济、社会和人本身的改变，集中体现在变化速度上。一切都在迅速变化、变频、变轨、变形；一切都在升级、迭代、更新、变革。对快速变化的适应度，是媒体竞争力的关键制约要素，而基于较高适应度的变革推动能力，成为智能传播时代媒体竞争力的重要构成。

媒体深化融合进程实际上与传播智能化进程交织，基于数据的推荐服务算法在内容分发、服务提供领域的运用程度越来越深，变化越来越快。客观地看，变革速度、迭代速度决定着媒体生存质量。在数字科技等因素推动下，影响媒体竞争力生成与体现的内外在因素都在迅速变化，这要求媒体必须具有更快的变革速度和更强的变革推动能力，这样才不仅能跟上变化速度、弥补速度差，还能实施深度融合转型。在智能传播时代，变革速度只有足够快才能适应竞争。一个媒体的变革速度、迭代速度决定了其竞争力。

媒体深度融合变革的推进，首先基于对变化速度的深刻感知。人们已经感受到新媒体与传统媒体的传播速度之差。随着媒体融合的推进，传统媒体运用新媒体传播手段已可实现与新媒体平台相近的传播速度，虽然决定传播速度的还包括内容生产组织、内容生产全流程、各环节的运作，但从实现深度融合目标的标准评判，智能传播时代需要媒体更快变革。考察主流媒体的新媒体变革成效如何，可以采用简单的观察方法，比如看其客户端的迭代周期，是半年、一年升级一次，还是每周有改进？版本号大略可以体现迭代更新数量，还需要与时间线复合以对迭代速度进行更准确的判断。快速迭代更新本身就是一种竞争策略。一些移动应用的新版本并无太大变化，但也会以各种方式促使用户更新版本， 这既是对日活用户的巩固，也是对沉睡用户的唤醒，更可能是对流失用户的召回。一些媒体客户端用户日活量占下载量比例过低的原因是多方面的，包括缺少对沉睡用户的唤醒措施。而商业平台，即使是刚性服务需求强烈的“12306”，依然使用多种方式唤醒用户，强化与用户的联系。其次是基于对变化的感知，这是人与人、人与物、物与物实现连接的基础。从竞争力塑造的角度看变化，不能停留于感觉、感触、感受，而应当以“一叶落而知天下秋”的能力与境界全面把握、系统分析、深刻感知，从感性上升到理性，依靠深刻感知而异质互鉴、共生发展。

对快速变化、变革的适应度体现在多方面，不仅需要在多方面不断迭代、更新、变革，而且需要以很强的变革适应能力体现变革推动能力。元宇宙构想的提出吸引了许多行业、企业、研究机构关注数字孪生、虚拟空间。因而，我们更要适应外界的重大变化和变革，适应来自外部的颠覆性变革。动摇一个竞争主体生存基础的颠覆性变化和科技革命等催生的颠覆性变革往往发生于行业、领域外部，却深刻影响于内部和深层。对一个竞争主体而言，变革适应能力与变革推动能力紧密相关，包括对政策环境、社会环境等变革的适应，也包括主动适应变革、推动变革，以优于竞争对手的适应度赢得竞争。

二、效率差与效率提升能力

效率差是智能传播时代媒体竞争力最重要的制约要素之一。客观分析，传统媒体与新媒体相比最大的差异之一就是效率差，包括传播效率、内容处理效率、反馈效率，也包括运行效率、资源利用效率等。效率之竞争决定传媒的生存与发展。网络平台的效率之争甚至表现为存亡之争。一个媒体的总体运行效率有多高，提升效率的能力有多强，就决定了其竞争力有多强。相应地，媒体通过理念变革、科技赋能、组织变革、流程再造提升总体运行效率的能力，就决定其竞争力。

智能传播科技大大提升了内容生产效率、分发效率和反馈调整效率，从而提升了匹配度和精准度。我们进入了与人工智能并存、并生、并作的时代。一切可以程序化、数据化、结构化或可以度量、可以计算的工作，都可能一步步被人工智能所取代。人工智能运用于内容采集、传输、加工、分发、反馈诸环节的最重要的内在动因就是其能提升效率。运用推荐算法的分发平台可以在几年时间里拥有6亿日活用户，可见其获取用户的能力与效率。在内容生产与传播领域运用人工智能，是为提升表现力，而更现实的目标就是提升媒体的传播效率、资源利用效率、反馈效率等。AI主播、媒体大脑的价值实质是提升效率。AI主播可以24小时不间歇地连续轮值，因而其在媒体深度融合中的价值不仅在于引人注目、提供话题，更在于大大提升内容生产效率。因而，增强媒体竞争力的关键之一，就是利用包括人工智能在内的技术手段、组织形式、运作方式、生产流程提升内容生产效率、传播效率、运作效率。

从竞争角度看，效率与效能是有重要不同的。关注效率差，更多是从战略层面比较，而对效能的关注，则更多是从战术层面考虑。彼得·德鲁克在《有效的管理者》一书中简明扼要地指出，效率是“以正确的方式做事”，而效能则是“做正确的事”。有些事从短期看效能较高，从长期看未必具有很高的效率价值。从管理角度看，传统媒体因运行效率较低而承受重压。以发行为例，1988 年地市报开始探索自办发行，算下来自办发行相比邮政投递的发行费率要便宜，更能满足自己的需求。但也有研究者当年就认为，长远看会有养不起这支投递队伍的时候，因为只投递一张报纸，运行效率是不高的。

2022 年 5 月 31 日，人力资源社会保障部等四部门发布《关于扩大阶段性缓缴社会保险费政策实施范围等问题的通知》，在 17 个纳入阶段性缓缴养老、失业、工伤保险费政策实施范围的困难行业中，广播、电视、电影和录音制作业赫然在列。这 17 个行业中，与新闻传播领域业务链、供应链关系紧密的，还包括造纸和纸制品业、印刷和记录媒介复制业、文化艺术业等[①]。对于因新冠肺炎疫情影响经济活动而收入锐减的行业给予阶段性政策支持，客观上也引发人们对这些行业经营状况的关注。解析传统媒体面临困境背后重要的底层因素，是传统媒体与新媒体相比存在双重效率差，影响了报纸、广播电视等媒体在广告市场的份额和竞争力。所谓双重效率差，即出现经营困难的媒体，既可能与同类媒体之间在内容资源、传播资源、经营资源、人力资源、组织资源等方面存在运营效率差，也与新媒体，特别是运用信息算法的网络平台间存在明显甚至巨大的效率差。这就需要在多个层面推动变革，“以提升

① 2022 年 5 月 31 日，人力资源社会保障部网站公布由人力资源社会保障部、国家发展改革委、财政部、税务总局发布的《关于扩大阶段性缓缴社会保险费政策实施范围等问题的通知》。其中规定，列入扩大实施缓缴政策的困难行业名单的 17 个行业养老保险费缓缴实施期限到 2022 年底，工伤、失业保险费缓缴期限不超过 1 年。缓缴期间免收滞纳金。

效率为变革主线：增强生存力、竞争力、发展力、持续力”[①]。

三、再传播与驱动传播能力

与传统媒体的传播机制不同，新媒体的传播机制和巨大影响力基于多次、多向、多维、多轮再传播。再传播成为智能传播时代媒体竞争力的新制约要素。驱动再传播能力成为媒体传播力、竞争力的核心。深度融合转型中主流媒体最需增强的能力是驱动再传播能力，而不只是直接传播能力。

互联网发展的指向之一是社交性增强，具有社交功能的互联网应用不仅促使社交传播形态成为主流，而且点赞、转发、评论等形成的再传播、多次传播在信息传播中所占的份额越来越大。社交传播使建立、增强与人群和个体的联系成为有效精准传播的前提和结果，也使基于社交关系的分享和各种再传播成为信息传播的主要形式和力量，甚至形成“移动获知、主屏观看、社交认同、共情驱动”的传播模式。传统新闻学在信息分发、单向传播、一次传播方面已形成知识体系，而数字新闻学不仅要阐释信息推送、互动传播、多次传播规律和方法，还必须研究在有组织、专业化、大规模的新闻活动中如何更有力地驱动再传播、多次传播从而形成更有效的协同传播，从中发现规律、提炼方法、深化理性认识，形成数字新闻学更具时代感、更贴近现实需要的知识体系。

四、数据水平与数据化能力

数据水平是智能传播时代媒体竞争力的新制约要素，而数据化能力成为媒体竞争力的构成要素之一。在人工智能与人共生、共同工作的时代，数据化的速度超过预测和想象。在数字科技的推动下，似乎一切都

① 陆小华：《基于提升效率与匹配度推进数字化融合变革》，《青年记者》2022 年第 13 期。

正在转换为数据。即使看似不是数据的东西，也可以处理为半结构化数据。换一种思维，互联网就是一个庞大无比的数据库。在媒体运行与竞争中，内容数据、行为数据、需求数据、效果数据等的地位越来越重要，影响越来越大。新闻传播重视受众研究，受众研究不能停留在对传播效果的抽象分析和概略认知，要解析人们行为背后的东西，理解人们在什么情况下容易被感知，这就要收集、分析相关行为数据。对于人们所使用的各种应用，同一选项图标放在不同位置，不仅用户体验不同，点击量也差异很大，甚至影响人们对这个应用的选择与使用。

从竞争力塑造角度讨论的数据化能力至少包括以下几个方面。一是数据内容制作能力。能够通过数据挖掘、数据可视化做有特色、高质素的内容产品。二是数据整合能力。媒体应当以成为数据挖掘中心为战略目标，充分运用政府、行业、企业、社会的多种数据源开发内容产品。三是数据资源运用能力。传统媒体的资源利用效率远远比不上新媒体，不仅是大数据量的利用“颗粒度”比较粗，利用深度也有明显差异。四是数据运行能力。通过平台再造、流程重构实现采集、制作生产、编审、多元发布、反馈的全链条、全流程生产环节数据化运行，内容数据、生产数据、行为数据、传播数据、反馈数据能够自动积存、自动汇聚、多要素分析，按一定方式呈现，按一定权限调取，促进内容高效生产与精准传播，提升传播力和体系竞争力。

内容生产者的行为也非常值得研究，一些研究对提示内容生产、竞争力生成是很有价值的，但缺少研究。比如，一条新闻视频素材可以变成几条稿件，就与生产者的思维与行为密切相关。传统思维是把一条视频素材编成一条视频稿件，换一种思维，则至少可能再产出一条音频稿件。如果内容生产者善于变换编辑思路、善于组合，还可能产生其他稿件或将该素材可作为其他稿件的一部分。在工作实践中，有的人习惯顺着素材编辑，这样稿件可能时效更快；有的人习惯调取其他资料补充，这样稿件内容可能更丰富。分析生产者的行为数据就会对其编辑习惯有更精准的了解，从而内容生产效率就会更高，内容生产能力和竞争力就会更强。

五、连接度与多元融合能力

连接度是生存质量的体现，也是生存发展的关键之一。互联网、数字媒体的发展使连接度成为媒体竞争力新的制约要素。在人工智能与人共同工作的时代，连接比拥有更重要。一个媒体与受众的连接度、与资源的连接度等，决定了其资源运用能力和生存力。连接可以实现对相关资源不求所有但求所用。因而，多元融合能力就成为媒体竞争力的构成要素。

连接度的表现是多方面的。

一是受众连接度。用户数量越多，与用户的连接程度越高，连接者的价值越高，对用户影响就越大。乔治・吉尔德 1993 年提出“梅特卡夫定律”：一个网络的价值等于该网络内节点数的平方，而且该网络的价值与联网用户数的平方存在正比关系。即网络用户以算术级数增长，但网络价值可能以几何级数增长。传统媒体与新媒体相比在受众连接度上不仅存在技术差异，也存在观念差异与运作模式差异。媒体深度融合的题中必有之义是增强与受众的连接度。

二是资源连接度。资源不仅指传统意义上的内容资源，还指包括数据资源在内的多种资源。约翰斯・霍普金斯大学的全球新冠肺炎疫情实时数据产品“疫情地图”，在疫情防控期间已经被全球多个国家的媒体、机构广泛引用，可以说这个机构在全球新冠肺炎疫情领域乃至更多方面获得了数据话语权。这个产品所使用的新冠肺炎疫情数据并非其原创，但其以“疫情地图”数据产品创造了与全世界诸多公共卫生机构、媒体等的连接度，通过汇集数据、位置关联、可视化表现、连续发布、不断校正而赢得数据源地位。

三是技术连接度。这不仅指要有效利用成熟技术和新兴技术，也包括要把握科技发展的脉动和方向。媒体领导者都应该更熟悉数字科技特别是智媒体技术的发展趋向和技术路线，熟悉技术装备的运用。更重要的是有技术思维，能和技术人员对话，能让技术人员听懂你的需求，熟悉技术人员的思维，能够回应技术人员的问题，这样才能够实现科技赋能。在智能传播时代，技术连接度在一定程度上决定了媒体的发展空间。媒体所提出的对复合型人才的需求，实质上也会增强技术连接度。

四是空间连接度。智能传播正在从主要通过眼睛、耳朵获取信息的二维传播，走向多维交互传播；正在从实时匹配人的个性信息需求的智能传播，走向既实时匹配人的个性信息需求也实时匹配人的个性体验要求的体验传播。因此，我们正在面临如何实现并增强物理空间与虚拟空间的连接，以及如何实现客厅、教室这样的固定空间与随人活动而变化的移动空间的连接等问题。随着智能感知与智能传播技术的发展，这种空间连接度的作用在智能传播演变中会更为关键。这也给媒体深度融合提出了新课题。

连接并不是目的的全部，更重要的是通过连接整合资源、推进融合、形成生态。整合是竞争努力的体现，也是创新实现的基础。创新可以从微创新开始，许多微创新或重大创新是在整合进程中萌芽的，或借助重组现有组织内部的资源、职能、要素实现创新，或通过整合外部资源、要素提升竞争力，推动新的创新实现。约翰斯·霍普金斯大学“疫情地图”数据产品，就是通过整合全世界公共卫生机构发布的新冠肺炎疫情数据而成为全球新冠肺炎疫情的实时数据源。整合会产生创新成果。媒体深度融合的题中应有之义是通过整合实现深度融合，而不是停留在表层组合。整合目标的实现，需要媒体有较强的多元融合能力，使所整合的资源、要素融合如一，成为有机组成部分，而不是难以消化部分的简单组合。这种多元融合能力实质上是一种异质整合能力，即可以把原有传媒行业框架之外的资源、要素整合起来，实现融合。

六、协同度与体系竞争能力

协同度是生存能力的体现，是媒体竞争力的新制约要素，也是媒体发展空间的体现。协同就意味着做强。协同比做大更重要。新冠肺炎疫情最深远的影响之一，是在网络、通信、智能等技术的支撑下，加速、加深了人们工作、生活的在线化，加速、加深了政府运转、经济运行的在线化。人们因此习惯在线协同工作、在线协调生活，从而进入了协同竞争时代。

在线化加深必然改变生存逻辑与竞争焦点。对网络平台而言，生存逻辑因而发生转换。一是看其能否成为人们物质生活、精神生活的枢纽。人们对这个枢纽的依赖程度决定了其存在价值、竞争能力与发展空间。二是看能否有效支撑经济、社会协同运行。对协同运行的支撑能力对其存在价值、竞争能力与发展空间同样具有决定性作用。协同竞争不仅带来挑战，同样带来机会。主流媒体网络平台可以选择把多个数据源通过某种协同机制连接起来而加以互惠利用，成为新竞争资源。比如与已经建设的 3 000 多个县级融媒体中心建立合作、协同运作、分享内容，就会成为主流媒体网络的有力支撑。类似数据源、内容资源间缺少协同的现象在多个领域存在。解决数据资源部门化、地方化的路径，不仅是要在政策上建立数据资源协同规则和体制，还要构建或支持发展有协同能力的平台。谁能够有这样的协同能力，可实现更高的协同度，谁就具有更强的竞争能力。

在协同竞争时代，多个单项竞争优势如何组合、协同运用是需要重点解决的问题，因而应当构建体系竞争力。体系竞争力是一种基于技术系统与制度安排、媒介资源和生产要素聚集并形成运作体系而体现出的综合竞争力，是一种基于体系运作效率的多要素、多向度协同运作，是一种可持续的综合竞争优势[①]。与传统竞争力相比，有效整合、构建体系，形成体系聚合，能够更有效率地集聚媒介资源和生产要素，更有效地激发这个体系的潜力和活力，形成更综合、更强大的体系竞争力。因而，形成体系竞争力的前提，是构建体系，不仅要在一定物理空间里整合各方面的资源和力量，借助技术力量还要在同一时空或异步时空里有

① 陆小华：《增强体系竞争力：媒体融合平台构建的核心目标——新华社全球视频智媒体平台的探索与思考》，《新闻记者》2019 年第 3 期。

效率地集聚媒介资源和生产要素，形成体系聚合，打造体系竞争基础；更有效地激发这个体系的潜力和活力，生成并体现体系竞争力。

七、承载度与服务提供能力

媒体对包括信息服务在内的社会服务的承载程度，是智能传播时代媒体竞争力的新制约要素。不仅提供内容，还提供受众需要的与信息分发相关的服务，这应当成为主流媒体在深度融合后完成模式转换所应体现出的功能；在深度融合中媒体更应努力提升服务提供能力，通过提供高频次服务提升主流媒体新媒体端的受众访问量和用户黏性，相应提升内容到达率和再传播率。

“内容 + 服务”是推进媒体深度融合的明确政策要求，也是媒体竞争的基本模式，实际上就是新媒体平台和新媒体应用赖以获取巨大用户量、保持庞大日活量的重要动因。在智能传播时代，服务是最好的传播方式之一，提供服务则是最有力的竞争方式之一。提供与内容相关的服务可以塑造传媒新价值。一个城市可能只有一个广场，但是有很多个十字路口，一家媒体只要成为承载社会生活服务的“十字路口”，就具有足够的生存空间。因而，媒体应当成为信息和相关社会服务的枢纽，成为枢纽型媒体①。有能力提供适当的社会服务，媒体的竞争力就会不断增长。

客观地说，相当多媒体没有把社会服务承载度作为深度融合变革中的追求和绩效指标。媒体的习惯思维是在推出的新媒体应用或平台上提供内容，却很少思考如何提供服务。而这些新媒体应用或平台点击量低的重要原因，可能是内容产品不够有吸引力，也可能是缺少用户所需要的高频次服务。而可以用于教育少年儿童的知识性内容，可以用于提升成年人素质能力的方法性内容，都是媒体可以提供的高频次服务。一些主流媒体

① 陆小华：《历史机遇中的枢纽型媒体》，《新闻实践》2013 年第 6 期。

的新媒体端恰恰是因提供知识性、方法性内容等服务，而有效提升了使用率、点击量。提供服务也就拥有了更强影响力，而且可以把与用户的连接性变成服务能力，把服务价值塑造为传播价值和支撑竞争的基础。

八、认知度与认知更新能力

适应智能变革的前提，是对正在发生的智能变革及其背后的人工智能技术的底层原理、发展趋向、应用方式、可能影响等有更全面、深层、系统的认识。认识的深刻程度，就决定了适应程度。2017 年前我曾跟踪的文本生成交互视频技术和今天震撼世界的大语言模型相比，基于大语言模型的智能内容生成技术显然成为主要技术方向，已经衍生出一系列成果，诸多互联网技术公司相关产品的发布就在不断进行证明。但依然可以就此提出一系列问题：智能内容生成领域是否存在其他未公开研究的技术路线？基于大语言模型的智能内容生成技术可能构建出什么样的生态？在新闻传播领域能形成什么样的行业应用？在推荐算法与智能内容生成联合运用方面可以有什么样的想象空间？

面对正在迅速演化的智能内容生成技术和应用方式，需要不断更新认知，这当然需要“科技感”和对人工智能科技本身的准确认知，同时也需要以新的思维、从新的层面认知。从研究的角度说，复盘、分析 ChatGPT 上线后 150 多天不同领域的人们在不同阶段的感慨、体验、评论、认识具有重要意义，至少可以启发人们思考。为什么同为从事自然语言处理等人工智能研究的工作者，对基于大语言模型的 ChatGPT 上线测试及其引发的影响的评价如此不同？为什么有些头部互联网技术公司曾经对大语言模型的技术路线不看好，而有些则从几年前开始重金投入研究？为什么投资界、新闻界、智库等领域的人士更看重 ChatGPT 等智能内容生成技术发展的价值、影响和可能的负面效应？这之间的差异，最核心的就是认知差异。王选先生 2000 年 4 月 21 日在《计算机世界》发表了一篇题为《最怕的是落后一个时代》的文章，分析诸多事例，产生落后的重要原因就是认知。

认知不仅是人们加工信息、获得知识、应用知识的过程，更是感知外部环境、认识客观事物、发现规律方法、做出基本选择的过程。认知本身是外在条件与内在思考不断变化、不断推进的结果。能够根据外部条件与事件变化不断更新、优化认知，体现的就是认知更新能力。正是因为智能内容生成技术发展迅速、震荡强烈，对人工智能的认知度成为制约传媒智能竞争力发展的新因素，认知更新能力从基础上决定了智能竞争力的生成与强化。

九、专业度与创新运用能力

实现数字赋能的关键在于专业化运用。这不仅指在专业场景中应用包括智能内容生成工具在内的数字技术，也包括运用方式、运用目标体现足够的专业水准和专业追求。ChatGPT、“文心一言”、Midjourney V5 等智能内容生成工具上线测试后，社交媒体上出现许多试用结果和体验的分享。系统分析各种分享就可以明辨其分野：既有很多试用结果和体验分享体现了浓厚的好奇心、娱乐性，也有很多试用结果和体验描述体现了强大的问题设置能力与非同一般的想象力。值得注意的是，一些专业机构、专业人士，精心编织问题串，从多种角度试用以测试应用生成内容的可靠度、可用性，以自己的方式测试智能内容生成工具的特点与技术水平；一些机构和个人已经从精心选择的行业场景、专业需求出发，以与行业场景、专业需求紧密结合的问题和使用方式探寻如何借助智能内容生成工具赋能行业，甚至已经开始在此基础上研究如何开发行业应用。客观地说，这种专业化试用方式，更可能给试用者带来支撑力和空间。

专业化试用或者兴趣式试用，不仅是专业人士与一般公众的分野，更是能否借助新兴科技实现新发展的分野。对新技术的接受、消化、利用和专业运用能力，本来就是变革能力、竞争能力的重要组成部分。能否从内容生产与传播角度设计、完善利用智能科技的模式、方法和路径，就决定了能否实现智能内容生产、智能传播，这既需要足够的专业度，也需要创新运用。运用人工智能科技的专业度与创新运用能力在很大程度上决定了智能竞争力能否生成，能否形成有力支撑。

十、想象力与主动塑造能力

人工智能技术的发展，智能变革的到来，使对智能科技的接受、消化、利用和专业运用能力成为智能竞争力构成中具有决定性的部分。但更具有决定性的，是运用数字科技实现内容生产和传播方式再造与能力提升的主动塑造能力。这是更具现实与长远价值的创新所必然要求的。客观地看，局限于对数字技术较低的认知与变革欲望，一些媒体、机构只是复制式、附加式地运用数字科技，一旦落地反而是数字科技固化了原有生产方式与工作方式，尽管实现了数字化办公与编辑，但数字赋能效果并不明显，也没有实现生产流程再造与工作效率大幅提升。

推荐算法成为信息分发的重要机制，使不生产内容仅分发内容的互联网平台拥有巨大影响力，就已经证明在数字科技运用方式中想象力、创新力的重要性。智能内容生成的最有效运用方式，一定不是简单减轻某些事务性环节工作强度的替代式应用，一定不是复制原有工作方式的复制式应用，一定不是内容生产流程某些部分的附加式应用。最具有支撑力的运用方式，一定是体现变革追求和想象力，在相关规则约束下的创造性应用，是借助包括推荐算法、智能内容生成技术在内的手段，主动重塑现有生产与传播方式，从而有力提高传播力、引导力、影响力、公信力。

第三节　数据能力：数据话语权是战略性竞争焦点

对于当今世界正在发生的重要事件、正在演进的变化、可能产生的效应，不同主体在国际传播中可以通过概况介绍、细节描述、定性判断、数据发布、数据解读等方式，传播自己所掌握的事实、所定义的事件或变化的性质，通过对其可能产生的效应进行预测和渲染，来影响甚至干预国际社会的相关认知和反应。这种影响的施加，传统上往往是通过资讯传播，让人们依赖资讯的指引去认知，使资讯中隐含着的观点悄悄地发生作用；或者直接以解读、分析、判断、预见以及隐喻等方式表达观点，直接施加影响；而通过官方发布、官员表态、官方文书等方式提供的事实、表达的观点，则影响更为直接、强烈。但在当今世界，还存在着更为隐蔽、更具有战略意义的施加影响方式，即通过对数据的收集、控制、发布、解读等，对国际政治、经济、社会的运行产生实质性影响。收集、控制、发布、解读数据等行为之所以能够产生“权力般”的影响，与传播紧密相关。进而使得重要数据的收集、控制、发布、传播成为国际传播中具有战略意义的竞争要素和竞争领域。

随着全球各国相继以不同方式应对新型冠状病毒（COVID-19）疫情，疫情究竟如何发展成为国际社会关注的焦点。连续发布的疫情数据，既成为人们跟踪全球疫情的直接资讯来源，也成为国际社会判断各国应对情况、可能发生的变化及其对地缘政治、各国经济、社会运行影响的重要依据，甚至是人们进而从深层次上判断各国政府公共治理能力、经济承受能力、社会运行状况及其制度竞争力的重要依据。可以说，有关新冠肺炎疫情的事实、数据和解读，在发生现实影响的同时，也正在深刻而微妙地产生更深层面的影响。

什么样的疫情数据发布方式对人们的认知和行为有更深刻的影响？人们通常在关注、使用谁以什么方式发布的新冠肺炎全球疫情数据？谁握有事实上的全球疫情数据话语权？寻找这类问题的答案并非难事。但这一系列问题促使各国政府、智库和公众认识到数据发布所隐含的数据话语权。而在国际传播领域，甚至在国际经济、地缘政治领域中，数据话语权都已经成为一种战略性竞争焦点。谁握有某个领域、方面的数据话语权，谁就相应握有了这个领域和相关更多领域的竞争优势、影响力和干预能力。

一、数据与数据发布：深层影响逻辑与竞争力来源

数据收集、控制和发布，是各国政府和国际组织政务活动的一部分。在国际传播活动中，使用各国政府和国际组织发布的数据是常规选项。尽管新闻作品、研究报告、政府相关文件常常使用数据作为对事实本身的描述，或作为对所要发布事实和观点的支撑，但数据构成本身、表达方式和发布方式等，对人们接受、采信这些数据是有很大影响的。换言之，不同的数据构成和发布方式，潜藏着不同的影响逻辑，也具有迥然不同的影响力。

在这次全球新冠肺炎疫情中，有多个主体对与全球疫情有关的数据进行了发布。除各国政府、国际组织外，一些知名高校或研究机构使用自己研究的数学模型和收集方式，也发布了相关数据并对数据进行解读和预测。目前，媒体所引用的全球疫情数据，主要来源于世界卫生组织（World Health Organization，WHO）和美国约翰斯·霍普金斯大学。

世界卫生组织是联合国下属的一个专门机构，总部设在瑞士日内瓦，只有主权国家才能加入，是国际上最大的政府间卫生组织。世界卫生组织发布的全球新冠肺炎疫情数据，是各国政府卫生管理机构报告数据的汇总，通常在当地时间下午 5 点左右以网络直播媒体通报会的形式发布疫情情况及世界卫生组织的提示，并在其官网上以英文发布“每日疫情报告”。至 2020 年 6 月 23 日，新冠肺炎疫情每日疫情报告（英文名称为 Coronavirus Disease （COVID-19） Situation Report）已发布 155 期。这个每日疫情报告所发布的数据是世界卫生组织明确标明为世界卫生组织成员范围（Situation in numbers （by WHO Region））的数据，这些数据是过去 24 小时全球新增确诊和死亡数据及各大洲分别新增确诊和死亡数据。每日疫情报告聚焦不同主题，对疫情进行分析、指引和提示。第 155 期聚焦的主题是“体育与新冠肺炎疫情：暂停与重启”。从

传播的角度观察世界卫生组织网站，其传播重心是世界卫生组织的运行和观点。在新冠肺炎疫情期间，世界卫生组织网站首页将新冠肺炎的相关内容放在主要位置，提供了关于 COVID-19 常见问答、公众如何保护自己、临床试验、技术指南、居家期间如何保护健康等关注度高的内容，还设置了针对性、目的性更强的《传言和事实》栏目，但相关数据需进入《COVID-19 更多信息》栏目才能看到，而且其被放在右侧《捐款》《常见问题与回答》等栏目之下[①]。由此来看，世界卫生组织就新冠肺炎疫情数据的发布，虽然有线上新闻发布会等形式，但数据收集、数据处理、数据发布等，还是更倾向传统思维和传统方式，没有更有力地显示出主导疫情数据发布领域的潜力。尽管在世界卫生组织官网新冠肺炎疫情标签选项下，也有更直观的全球和各洲确诊、死亡数据图，可以随鼠标位置变化显示每日情况。

美国约翰斯·霍普金斯大学的新冠肺炎疫情地图（COVID-19 Map by JHU），每 15 分钟更新一次。据报道，该项目平均每日全球点击量高达 10 亿次，最高日点击量达到 45 亿次，是各国政府、研究人员和主流媒体引用最多的疫情数据来源，还带动了美国各州、世界多国政府或民间机构制作类似的疫情图和提高数据精确度[②]。约翰斯·霍普金斯大学的新冠肺炎疫情地图和数据的连续发布，为这所世界排名靠前的大学带来了新影响力，以及实际上的全球疫情实时数据话语权。

解析霍普金斯大学制作疫情地图、连续发布疫情数据的过程，有几个关键点值得探究，这些关键点可以帮助人们认识不同数据发布、传播方式的深层影响逻辑和竞争力来源。

（1）创意和制作由没有传统包袱的新人团队完成，可以更低的沟通成本启动项目，保证了创新的可能。这个疫情世界地图的核心团队成

① 《2019 冠状病毒病（COVID-19）疫情》，https://www.who.int/zh/emergencies/diseases/novel-coronavirus-2019，访问日期：2020 年 6 月 30 日。

② 徐剑梅：《绘制全球疫情实时地图的中国留学生》，《新华每日电讯》2020 年 5 月 8 日，第 13 版。

员中，一位是来自澳大利亚、到约翰斯·霍普金斯大学任教不久的学建筑出身的年轻女副教授劳伦·加德纳，另两位是来自中国的一年级博士生董恩盛、杜鸿儒。制作疫情地图的创意源于2020年1月21日上午董恩盛和导师在图书馆的例行见面，“导师建议制作个数据面板来统计和追踪疫情发展状况”[①]。当晚，董恩盛花了七八个小时输入数据，制作追踪图，让数据呈现在世界地图上。经过审核、修改等程序，劳伦·加德纳于美国东部时间22日首次在推特上发布了第一版世界疫情地图，这也正好是北京时间1月23日武汉宣布保卫战打响。2020年1月22日至31日，地图数据收集完全靠手动进行，每日早晚分别公布一次。2020年2月1日加入了半自动化的数据流。

（2）以位置思维、地图呈现抓住了病毒传播轨迹的重要特征与人们所关注的核心问题。这是该最初为学术研究项目的作品具有巨大传播性和影响力的重要基础。病毒传播与位置具有强相关性，沿最初疫情发现点或爆发点观察，往往半径越短，确诊病例越多。同样，人们本能地会关注各个地点的病例有多少，自己所在的地点或所关心的地点的病例有多少。

（3）以系统工程思维实现疫情数据实时更新、连续呈现，为这个数据产品提供了核心竞争力。这个团队属于系统科学与工程中心。25岁的博士生杜鸿儒2月1日加入团队，编写了数据自动更新程序。他提出：“不妨把病毒传播设想成一种网络，州县都是网络节点，每个节点之间的人口流动构成连线。不管通过数学建模预测疫情趋势，还是进行

① 有人在知乎上发布了关于“霍普金斯大学疫情地图怎么做出来的？”的问题，金斯顿（Kingston）的回答为：“起初，JHU的来自中国的博士生董恩盛（Ensheng Dong）在与其导师劳伦·加德纳（Lauren Gardner）讨论新的项目，国内的疫情发展给了他们想法，导师建议制作个数据面板来统计和追踪疫情发展状况。下面是来自JHU官网的介绍：‘Professor Lauren Gardner，a civil and systems engineering professor at Johns Hopkins University，built the dashboard with her graduate student，Ensheng Dong.’”https://www.zhihu.com/question/385220510，访问日期：2024年3月27日。

人口社会学分析，系统科学角度都很重要。”[①] 实际上，这个数据产品的最初数据是董恩盛在制作产品前就开始搜集的。数据不是这个团队的原创，以疫情地图方式呈现、实时更新全球疫情数据才是他们的原创[②]。“现在，它由 W 院（工院）的系统科学与工程中心维护，并且得到了 ESRI[③] 和大学应用物理实验室的技术支持。”[④]

（4）核心团队的学术专长和努力保证了这个数据产品的专业质量。董恩盛本科毕业于西南大学地理系，在美国获得硕士学位后，先后在美国地方政府的 IT 及卫生部门、软件公司、电力公司、电信公司等实习和工作。他接受过地理和统计方面的学术训练，曾参与预测美国和太平洋岛屿国家和地区的麻疹风险及斯里兰卡的登革热疫情。杜鸿儒本科毕业于天津大学化工学院，曾就读于英国爱丁堡大学化工材料科学专业和美国威斯康星大学麦迪逊分校工业工程及运筹学专业。他擅长数学模型和路径优化，主要研究方向包括流行病大数据处理、通过网络优化和数学建模来研究和预测全球流行病的发展。

疫情数据产品的生命力来源于数据的准确。这个数据产品的专业性也体现在核查数据以确保准确。因为美国疾控中心数据滞后，在依靠抓

① 徐剑梅：《绘制全球疫情实时地图的中国留学生》，《新华每日电讯》2020 年 5 月 8 日，第 13 版。

② 网友独孤风在《全球疫情实时监控——约翰斯・霍普金斯大学数据大屏实现方案》中说：“而这些数据来源于包括对于在线新闻服务发布的消息的实时监控，也有仪表盘的直接通信，根据疫情地图首页介绍，数据主要来自世界卫生组织、美国疾控中心、欧洲疾控中心、Worldometers.info 网站、BNO 通讯社、美国各州各地区卫生部门以及中国国家卫生健康委、‘丁香园’网站等等。”独孤风：《全球疫情实时监控——约翰斯・霍普金斯大学数据大屏实现方案》，https://www.cnblogs.com/tree1123/p/12651399.html，访问日期：2024 年 3 月 27 日。

③ 美国环境系统研究所公司（Environmental Systems Research Institute, Inc. 简称“ESRI 公司”）成立于 1969 年，总部设在美国加利福尼亚州雷德兰兹市，是世界最大的地理信息系统技术提供商。

④ 知乎关于“霍普金斯大学疫情地图怎么做出来的？”提问项下，Kingston 的回答，https://www.zhihu.com/question/385220510.20200410，访问日期：2024 年 3 月 27 日。约翰斯・霍普金斯大学新冠资源中心在官网宣布 2023 年 3 月 10 日起停止搜索和报告新冠肺炎疫情数据。

取美国地方媒体和各州卫生官员推特报告等的数据更新后，这个数据产品次日会根据美国及美国各州疫控中心的数据核查，同时根据世界卫生组织数据核查其他国家和地区数据。为保证数据准确，团队采取的四个措施是可借鉴的：一是保留数据原始记录，每次更新都有回溯记录可查；二是总结时间序列表格；三是列出所有修正记录；四是组织人工核查。

（5）在与其他疫情数据来源的竞争中坚持特色，不断优化，体现比较优势，从而提升竞争门槛。约翰斯·霍普金斯大学的这个疫情地图本身已更新多个版本，数据分类更加丰富，还提供了一定的分析性数据。这所大学不是唯一发布新冠肺炎疫情全球数据的研究机构。有的研究机构既发布数据，也根据自己的模型发布预测。与这些研究机构和世界卫生组织相比，约翰斯·霍普金斯大学的全球疫情数据地图体现出的疫情地图、实时更新、数据详细（美国具体到县）、连续发布、多重传播等比较优势是其他竞争者不同程度缺少的，也来后来者难以弥补的。

（6）不仅以技术手段获取数据，还以社交媒体时代的用户原创内容（UGC）方式让用户提供数据，以保证数据更新的及时性和完整性。这个数据产品的德、法、意等非英语国家的用户会主动提供当地媒体报道的最新疫情情况，远比等待官方渠道审核确诊数字快得多。

（7）更注重这个疫情数据产品的专业传播和大众传播，从而赢得更强的专业依赖性、更强的专业影响力和更高的大众知名度。这个数据产品不仅在流行病学和地图绘制方面表现出专业性，还具有公开透明的特点，所有数据被上传至 GitHub，供全球决策者和研究者使用。这个疫情地图使用具有强烈对比性的黑色与红色，构成视觉上的强烈冲击。其首发方式是通过推特发布，之后的连续发布引发了各国媒体的报道。社交媒体的发布、引用、议论和媒体报道，引发更多人去浏览、引用和议论，形成驱动传播的“滚雪球”效应。

（8）以学术研究的初衷获得了实际上的数据话语权。约翰斯·霍普金斯大学团队做这个数据产品的初衷，是学术研究。但在新冠肺炎疫情全球蔓延、确诊已接近 2 500 万例[①]的过程中，这个数据产品已经成为人们描述、认知、判断全球疫情的主要数据来源之一，从而拥有了全球影响力和实际上的数据话语权。其背后应当有约翰斯·霍普金斯大学在全球医学和公共卫生领域的较高声誉作为支撑，这使疫情地图从发布之初就具有一定的权威性。但最终，应当说是靠产品本身的竞争力赢得了实际的影响力。毕竟，数据产品本身的价值和对比优势是竞争力的基本影响因素。

值得注意的是，约翰斯·霍普金斯大学对自己在新冠肺炎疫情数据发布方面的话语权、特殊地位同样表现出足够的重视，并采取了各种维护措施。其中包括对自我的重新定位以及对自我能力和愿景的介绍。2020 年下半年，再打开约翰斯·霍普金斯大学疫情地图页面，具体权属者已经清楚地标明是约翰斯·霍普金斯大学冠状病毒资源中心（Johns Hopkins Coronavirus Resource Center）。其官方介绍已经更新为："约翰斯·霍普金斯大学冠状病毒资源中心（CRC）是一个不断更新 COVID-19 数据和专家指导的数据源。我们从可获得的资源中收集和分析有关 COVID-19 病例、测试、接触者追踪和疫苗接种工作的最佳数据，以帮助全世界公众、决策者和医疗保健专业人员应对这场大流行。"[②]也可以说，这种对

---

① 美国约翰斯·霍普金斯大学发布的疫情数据显示，截至北京时间 2020 年 6 月 25 日 8 时，全球累计新冠肺炎确诊病例 9 394 558 例，累计死亡病例 481 078 例。美国是全球疫情最严重的国家，累计确诊病例 2 378 648 例，累计死亡病例 120 384 例。巴西确诊病例 1 188 631 例。截至北京时间 2020 年 8 月 29 日 21 时 20 分，全球累计新冠肺炎确诊病例 24 775 245 例，累计死亡病例 837 908 例。其中，美国累计确诊病例 5 918 649 例，累计死亡病例 181 779 例。巴西确诊病例 3 804 803 例，累计死亡病例 119 504 例。https://coronavirus.jhu.edu/map.html，访问日期：2024 年 3 月 27 日。

② 约翰斯·霍普金斯大学冠状病毒资源中心在"About Us"中的自我介绍："The Johns Hopkins Coronavirus Resource Center（CRC） is a continuously updated source of COVID-19 data and expert guidance. We aggregate and analyze the best data available on COVID-19—including cases， as well as testing， contact tracing and vaccine efforts—to help the public， policymakers and healthcare professionals worldwide respond to the pandemic." https://coronavirus.jhu.edu/about，访问日期：2024 年 3 月 27 日。

自我的重新定位，其意义已经超越科学研究本身。

二、话语权与数据话语权：影响力竞争与战略性博弈

话语权是一种现实传播优势和深层影响力。“学者们对权力的定义和理解也不尽相同，重点强调控制和影响他人、支配他人意志和行动的能力。”“具备了话语权就具备了定义社会事实和社会意义的权力，即话语权决定了定义权、解释权和说明权。”① 话语权被视为一种特殊权力，但这种权力不是通过法定或继承就一定天然足量获得的，不是拥有某种地位就一定具有的。话语权，实质上是在传播竞争中产生，在影响力竞争中形成。话语权的产生依靠特定传播主体长期传播某些或所有内容所产生的影响并且不断积累；依靠其具有对某个足够重要、足够受关注问题的独特诠释、独特观点并且这种诠释、观点能被人们所接受；依靠其具有足够说服力、感染力的独特表达方式；依靠其传播的内容和方式被人们认为难以替代，而具有特殊的传播地位；依靠其所做的解释和预见在现实发展中不断得到有力验证，而在人们意识深处具有特殊影响力。话语权的获得或持有，意味着拥有了一种容易让人信服的权威地位，一种容易产生影响的传播优势，一种容易形成信任的说服能力，一种能够影响、干预甚至支配人们意识和行为的特殊权力。能够充当信息来源和观点提供者，能够左右一部分人的思想倾向、行动取向，往往被人视为人际传播或大众传播、社交传播中的意见领袖。从行为效果角度观察，意见领袖就是握有了一定话语权的人或组织。或者说，意见领袖常常是话语权的人格化体现，话语权是意见领袖的权威地位表达。

话语权的存在与表现，有以下几个鲜明的特征。

其一，话语权既是影响力和传播能力竞争的结果，也是一个持续竞

① 孙吉胜：《中国国际话语权的塑造与提升路径——以党的十八大以来的中国外交实践为例》，《世界经济与政治》2019 年第 3 期。

争过程。诸如媒体或研究机构的话语权拥有者，也需要在持续研究成果呈现、内容生产和传播中维护权威传播地位和话语权，需要不断开辟新的影响能力，回答新的问题来增强影响力。

其二，话语权既可以在影响力、传播能力长期竞争中产生，也可能因特定主体在特殊时点的一种特殊表达而迅速获得。这种特定主体可能是媒体、研究机构、政治家、学者等主体；这种特殊表达，则可以是面对一个事件、一种现象、一个历史转折时期所做出的方向指引、趋势预测、问题解答。比如，著名的乔治·凯南的长电报以及这封电报产生的持续影响赋予了作者权威的地位①。

其三，话语权既可能因为长期的传播优势而形成，也可能因为某个特殊的表达方式被人们所接受而突然形成。这种特殊的表达方式可以是术语、绰号、名称、描述，可以是深谋远虑的策划结果，也可以是灵机一动的偶然所得。诸如地缘政治中的“铁幕”、芯片发展中的“摩尔定律”、政治学中的“软实力”等，它们既体现了长期思考，也体现了一时巧思。这类特殊表达，在国际传播中常常成为吸引甚至牵引人们注意力的关键，比如当年西方媒体报道中持续出现的“贫铀弹”。这类特殊表达一旦被专业人士和大众所接受，就成为难以回避的常规表达，这种表达方式的特殊内涵及其发明者的特殊用意，就会被以更大的力度传播、放大，从而产生更深层的影响。虽然，使用这种特殊表达的传媒和公众所想表达的含义，可能与发明者或最先使用者的意思相去甚远，但也在不同程度上为发明者、最先使用者扩大了影响，而他们对此并不自知。

① 乔治·凯南，美国著名外交家、苏联问题专家、外交政策评论家和历史学家。“凯南被国际关系史和外交史学界称为‘遏制之父’，他的一生与美国外交政策的设计、执行、批评和研究一直紧密地联系在一起，他对战后美国的外交政策有着极大的影响。他因为发出了著名的长电报而跻身于美国外交的决策核心，因为设计了遏制政策而成为美国外交政策史上最有影响的人物之一，因为大胆批评和系统研究了美国对外政策而在学术界占据着重要的地位。”周桂银：《乔治·凯南的外交思想》，《美国研究》1993年第2期。

其四，话语权所形成的传播优势、影响地位，需要相对较长的时间才能促使其变化，但也可能因为某种充满智慧的研究结果、解读方式而突然被破解。这种破解就好像武林高手使用了某种奇谋妙招而使形势突变、峰回路转。比如，人权一度是西方世界攻击中国的武器、中国传播的雷区。当中国重新解读了人权，或者说更强调了关于人权的中国表达后，形势就大为改变。中国认为，人权首先是生存权和发展权。这样的中国观点、中国表述，得到了广大发展中国家的认同。中国也开始发布个别国家的人权状况报告。在人权问题上，中国由此具有了一定传播力和影响力，或者说拥有了比以往更强的话语权[①]。

数据话语权是特定主体通过对某个领域数据或更大范围数据集的积累、收集、控制、处理、发布、解读、传播等行为，以及通过提供不断延伸的相关数据产品和数据服务，而获得的现实传播优势和深层影响能力。它是话语权的一种特殊存在方式。其特殊表现在于，数据和数据服务的专业性、客观性、连续性使数据和数据服务更容易让使用者相信和接受，更容易让使用者对数据源产生路径依赖，形成特殊信任。相比一般由传播优势、表达方式形成的话语权，数据话语权的说服力、影响力和建立威信的能力更强，对国际政治、经济运行和人们的意识形态能够产生更微妙而深层的影响。人们在获知、接受、使用、传播相关数据的过程中，为说明其权威性和客观性，往往都会强调自己的数据来源，这无疑又不断强化着数据收集者、控制者、发布者、传播者的权威地位。约翰斯·霍普金斯大学冠状病毒资源中心及其疫情地图数据产品的权威地位，就是这样在疫情全球蔓延的过程中不断增强的。

---

① 《中华人民共和国宪法》第三十三条规定："国家尊重和保障人权。" https://www.gov.cn/guoqing/2018-03/22/content_5276318.htm。国务院新闻办公室 2018 年 3 月 24 日发表的《中国共产党尊重和保障人权的伟大实践》白皮书强调："中国共产党坚持把保障人民生存权、发展权作为首要的基本人权，坚持在发展中保障和改善民生，以发展促人权，努力推动人权事业全面发展，促进人的全面发展。" https://www.gov.cn/zhengce/2021-06/24/content_5620505.htm，访问日期：2024 年 3 月 27 日。

对数据话语权的争夺，并不只是在大数据时代才存在的，也并不只是在传播领域才存在的。在国际经济领域，数据话语权往往影响着定价权，影响着大宗商品期货等的走势，影响着经济走势和利益。比如，2009 年年中，美国农业部首席经济学家乔·格劳伯在年度农业前景论坛上表示，美国 2009 年大豆播种面积预计将达到 7 700 万英亩（约 3.12×10^5 平方千米）的创纪录水平。市场开始产生悲观情绪。一个月后，美国农业部报告显示大豆种植面积仅小幅上升到 7 600 万英亩（约 3.08×10^5 平方千米）。在美国库存报告配合下，市场预期再次改变，芝加哥期货交易所（CBOT）大豆期货暴涨，并迅速波及包括中国市场在内的全球市场。“美国农业部数据系统免费向世界公布，无论背后目的与原因如何，客观上已主导了世界农产品价格预期。”① 正因为关键数据和数据的发布牵涉的利益重大，在公开报道中过于精准的预测往往会引起对相关数据泄密的怀疑，也有些官员因数据泄密而被判刑②。

随着数据挖掘和数据可视化的理论和技术的发展，数据积存、收集、清洗、使用有了更为智能化的工具，有了比人工处理更高的效率，又赋予了数据收集者、控制者、发布者、传播者们更强的能力，也加剧了舆论博弈。数据可视化手段的发展，使直观、多样的数据表达方式有了更为强大的冲击力和说服力，以不需思考、毋庸置疑的时间、速度和力量影响着人们的认知，进而影响其行为和决策。这些都使数据话语权

① 侯峻：《数据话语权》，《农产品市场周刊》2009 年第 14 期。

② 根据北京市第二中级人民法院（2015）二中刑减字第 695 号《伍超明故意泄露国家秘密罪减刑刑事裁定书》，“北京市西城区人民法院于 2011 年 9 月 8 日作出（2011）西刑初字第 458 号刑事判决，以被告人伍超明犯故意泄露国家秘密罪，判处有期徒刑六年。判决发生法律效力后交付执行。本院于 2013 年 12 月 20 日作出（2013）二中刑减字第 2128 号刑事裁定，对其减去有期徒刑十个月。”此刑事裁定书裁定如下：“对罪犯伍超明减去有期徒刑一年（减刑后应执行的刑期自 2011 年 3 月 21 日起至 2015 年 5 月 20 日止）。”《经济参考报》2011 年 10 月 28 日曾有记者吴黎华、刘振冬发表报道《最高检通报经济数据泄密案：两名官员已被判刑》。北京市第二中级人民法院：《伍超明故意泄露国家秘密罪减刑刑事裁定书》，https://wenshu.court.gov.cn/website/wenshu/181107ANFZ0BXSK4/index.html?docId=b5a12b55585a41adbda278cdc5725bbe，访问日期：2023 年 10 月 30 日。

有了新水平上的强大传播优势和深层影响能力。在大众传播中，人们常常把数据以数据新闻、数据表格、信息图、数据视频、数据地图、网络图谱、交互产品、数据应用等形态表现。而在基于数据库、大数据、云计算和人工智能等技术提供的专业数据服务中，提供毫秒级刷取的海量、多样、实时、连续的数据流，既可以使用表格、数据图、数据地图和网络图谱等视觉形态，也可以提供角色设定式数据筛选工具、各种分析工具和风险控制工具，其影响力和权威性就更为强大，使用者对其依赖性就会更强，从而对其既有被动形成也有主动积累的强烈信赖感。而数据库本身就是最有影响力的传媒形态之一[①]。这更使舆论博弈与影响力竞争进入新的层面，需要以更多资源、更大力度来支持。当然，这种层面的数据话语权竞争，也带来更大的成果和收益，设立了更难以跨越的门槛和护城河。

话语权与数据话语权的争夺和影响力竞争，实际上是具有战略意义的博弈。数据话语权是国际传播的战略性竞争焦点。在我看来，在国际传播领域，最有影响力的传播媒介是基于在线数据库等技术的专业数据流服务。而在线数据库，却往往在一般公众和传播研究者所关注的范围之外。汤姆森路透集团、彭博集团的金融信息服务，虽然面向的是金融信息服务需求者，但实际上，世界上相当多金融市场参与者、政府管理者、研究机构等都主要使用这两家的在线数据库服务获取市场资讯，使用其分析工具，从而对各国宏观经济政策和市场参与者的决策产生不容

① 我多年前就提出数据库是最有影响力的传媒形态之一。在《数字媒体观与传媒运行模式变革》中，我把数据库作为与广播、电视、互联网、短信、报纸、刊物并列的媒体形态和数字媒体的核心部分，提出："基于数字技术的现代传媒业迫切要求产业发展模式由分立式向统筹式转变。人们首先会要求广播、电视、互联网、数据库、短信建立统一而又适应不同传播形式需要的分类标准，使得采集、处理的内容得到更深程度的共享与互用，从而得到更快发展"，"这不仅仅是为了形成数据库"，更是把数据库本身视为"一种重要的、影响深远的运作、传播手段"，并"可以做到按照受众需求、在受众方便的时候提供电子信息，在更为方便的时候，提供互联网和数据库产品"。陆小华：《数字媒体观与传媒运行模式变革》，《新闻记者》2004 年第 1 期。

忽视的现实和深远影响。

三、数据话语权的认知与竞争：理论建构与力量强化

话语权包括数据话语权的竞争，具有越来越重要的战略意义。而随着数据量的直线上升，随着数据流服务对政治、经济、社会生活和人们思想意识、政治倾向、行为方式与决策选择的影响日益强烈，随着大数据技术的掌握者和数据控制者在数据话语权上的优势地位越来越容易固化，数据话语权的影响力日趋增强，其战略地位更加凸显。在国际传播中，数据话语权已成为一种战略博弈工具和战略竞争焦点。因而，在探讨国际传播战略和实施策略时，必须把数据话语权置于应有的战略地位。

相对于国际传播的传统领域，中国在数据话语权领域的博弈态势有所不同，对某些方面的竞争优势明显。这是因为中国已经成为各国必须在战略上重视的国家，无论是合作还是博弈，都必须关注中国动向、中国声音。一方面，中国经济体量已经位居世界第二，无论是经济运行，还是消费趋向，中国相关经济数据的发布及其解读都是世界极为关注的。这方面的数据发布权和解释权在中国手里。我们在这方面的优势比起国际传播的传统领域可能还要多一些。另一方面，某些方面的竞争劣势也是明显的。数据发布者的优势地位来源之一是发布数据的连续性，拥有的相关历史数据的时间跨度越长，越有利于判断趋势，价值也越高。美国农业部数据系统中的数据甚至可以追溯到19世纪。中国的相关数据比较分散，也缺少权威的数据服务平台。

从战略谋划与对策设计的层面看，数据话语权的竞争与博弈，至少有两个方面急需加强。

一是理论建构。尽管我们在数据收集、数据处理、数据发布、数据解读、数据传播领域有长期的实践和许多成功的案例，但在数据话语权的理论研究、规律探索、方法总结方面还比较薄弱，缺少系统性的理论

研究成果作为更强有力的支撑。这个领域不仅需要对西方数据话语权领域的理论与案例进行再认识，也需要对中国经验、中国案例进行再总结。如何使用数据更有力地说服人、建立信任，如何适应新受众的新需求、新行为方式等，都需要研究和探讨。

二是力量强化。除了在科研、技术、人才等方面大力增强之外，还至少包括以下五个方面的力量投入。

其一，认知投入。只有认知到位，才可能行动到位。能否把数据话语权的竞争放到战略层面来认识，放到足以影响未来中国发展的地位来认识，决定了在数据话语权领域的战略性竞争能否获得相对有利的地位，取得足够成效。

其二，制度投入。对数据收集、数据处理、数据发布、数据传播等优化制度安排，既包括便利数据汇集、使用的制度安排，也包括有利于数据话语权竞争、防范风险的制度安排，包括法律、法规和行政规章等。

其三，资源投入。这主要是数据资源的投入。数据的汇集和公开，是数据话语权竞争的基础。提供数据等公共资源，既是一个服务性政府的服务内容，也是掌控数据话语权的行动。

其四，传播投入。对内传播和国际传播都要更有意识地在数据发布、数据传播、数据解读等方面投入力量、优化能力、提升效果。要以更具影响力的方式处理、发布数据，适应现实需要，这有利于形成长期影响。

其五，机制投入。建立、优化有利于数据话语权竞争的机制，激励、规制多种力量投入竞争，是一项急迫而长期的任务，需要以新的思维来设计和实施。

第四节　当务之急：增强智能传播素养和运用能力

进入人工智能深刻影响政治、经济、社会和人本身的时代，我们应如何看待、使用、评判、发展人工智能技术、应用？如何运用推荐算法、深度合成技术、智能内容生成技术及其生成、推荐的内容？如何实现人工智能的安全发展？答案是不仅需要发展相应制度、伦理、规则、法律对人工智能加以规制，还需要增强相应素养和能力。特别是在对人类社会影响巨大的传播领域，更需要相应增强包括智能内容生成素养在内的智能传播素养和算法运用能力。这是当务之急。

一、把握算法运用与智能传播相关权利要求

数字科技的发明与应用，不仅催生了新媒体工具、新传播形态、新媒体产品，而且催生了人们深度依赖数字科技与新媒体工具的生活方式，更重要的是深刻改变了经济、社会与人本身，同样，也导致传播现象、传播手段、传播格局、传播策略等发生重要变化。

在传播领域，21 世纪第二个十年的重要而隐秘的变化，就是推荐算法介入移动传播。这也使传播进入智能传播时代。包括推荐算法在内的人工智能技术与方法应用于移动互联网场景下的信息分发，大大提升了匹配效率，也形成了新的传播机制，显然也使智能传播时代呈现与工业传播、电子传播、网络传播、社交传播、移动传播等时期迥然不同的特征与问题。智能传播的高效、精准、个性化等，已经得到证明；同样，算法推荐对个人信息相关权利的影响也引人关注。

什么是算法？算法（algorithm）是以一系列可解决问题的清晰指令和程序来表达的解决方案，能够针对规范的一定输入，在有限时间内获得所设定的输出。更准确地说，算法是基于数据用系统方法描述、解决问题的策略机制。不同的算法可能用不同的时间、空间或效率来完成同样的任务。因此，一个算法的优劣可以用空间复杂度与时间复杂度等指标来衡量。算法在经济、社会生活多领域广泛应用的同时，基于累积的数据不断迭代，成为影响信息分发、服务提供、机会分配、资源配置的基础性机制和力量。这种自动化决策在经济生活、社会生活中日益获得

更大的影响力和主导权。

1994年，美国明尼苏达大学推出基于协同过滤技术的自动化推荐系统GroupLens。此后，推荐系统被用于推荐音乐、电影、书籍等和电商领域。2009年12月，谷歌上线用户个性化定制搜索结果。之后，脸书、推特等社交平台开始运用算法推荐进行新闻推送。成立于2012年3月的字节跳动公司最初希望能“把社交网络里好的内容筛出来”，但其最为人关注的是将基于数据的算法推荐用于信息分发，使“今日头条”“抖音”等分发平台迅速聚集起数亿级用户①。推荐算法的运用和迭代发展，在提升信息服务与用户需求匹配度、增强分发能力等方面起到了有益作用。中国规模庞大的用户群体与推荐算法在多方面的深度应用，为中国在基于数据分析的个性化推荐技术领域取得一定领先优势提供了重要基础。

推荐算法的运用提升了传播效率。互联网平台通过运用推荐算法提升信息分发与用户需求匹配度，改善用户体验，在新闻分发、信息服务领域获得越来越多的用户，形成越来越大的影响，也获得越来越大的竞争优势。但算法应用也引起争议和担忧。2020年9月，一篇《外卖骑手，困在系统里》②的文章引起广泛的社会关注，由此提出的尖锐问题“算法面前，人变成了工具？”引发强烈讨论。推荐算法不断推送某类信息已令用户心生厌倦，学界不断呼吁对算法推荐服务催生的各种“信息茧房”、伦理问题应提高警惕。

推荐算法使用者未必拥有信息过滤资质却实质上握有信息过滤权。过度使用算法有可能引发信息生态失衡。推荐算法基于不断累积的庞大用户数据而不断迭代优化，使用推荐算法的互联网平台在传播

① 2021年1月5日，抖音发布《2020抖音数据报告》，报告显示，截至2020年8月，抖音日活跃用户突破6亿。截至2020年12月，抖音日均视频搜索次数突破4亿。根据中国互联网络信息中心公布的第47次《中国互联网络发展状况统计报告》，截至2020年12月，中国网民总数仅为9.89亿。

② 2020年9月，《人物》杂志百家号发布的一篇深度报道《外卖骑手，困在系统里？》引起舆论关注。https://baijiahao.baidu.com/s?id=1677231323622016633&wfr=spider&for=pc，访问日期：2024年3月27日。

格局中越来越强势，传播力、影响力越来越强，以其算法推荐形成了对舆论的“引导”，而没有使用推荐算法的主流媒体则影响力相应变弱，可能产生传播格局的结构性失衡。推荐算法在一些互联网平台是默认普遍使用的，并不明示或并不提供用户取消算法推荐服务的选项，从而使用户无法拒绝，只能被迫接受算法推荐内容，某种程度上呈现为受众选择权的丧失。推荐算法的使用和强化，客观上使原本由“把关人”掌握的信息选择权越来越多地转移到推荐算法手中。算法推荐所依据的数据、推荐逻辑和不同因素所占权重，客观上在深刻影响新闻和其他内容的传播，对意识形态安全产生深刻影响。从公众利益和国家安全层面看，必须对推荐算法实施综合治理，算法综合治理的法规、规则也正在逐渐出台。

在不同的语境下，算法有多种表达方式。在我国法律中，“自动化决策”即指算法运用。2021 年 11 月 1 日起正式施行的《中华人民共和国个人信息保护法》（以下简称《个人信息保护法》）第一次在法律文本中定义了“自动化决策”一词的含义，即“通过计算机程序自动分析、评估个人的行为习惯、兴趣爱好或者经济、健康、信用状况等，并进行决策的活动”①，并明确规定“个人信息处理者利用个人信息进行自动化决策，应当保证决策的透明度和结果公平、公正，不得对个人在交易价格等交易条件上实行不合理的差别待遇”②。这部法律第一次在规范法律文本中赋予个人面对算法推荐服务享有的三个重要权力：一是个人对算法推荐的选择权，即算法推荐服务提供者应当“同时提供不针对其个人特征的选项”；二是个人对算法推荐服务的拒绝权，即算法推荐服务提供者应当“向个人提供便捷的拒绝方式”；三是对个人权益是否有重大影响的说明要求权，即算法推荐服务提供者“通过自动化决策方式作出对个人权益有重大影响的决定，个人有权要求个人信息处理者

① 见《中华人民共和国个人信息保护法》第七十三条“本法下列用语的含义”第二款。

② 见《中华人民共和国个人信息保护法》第二十四条。

予以说明”，并明确规定个人“有权拒绝个人信息处理者仅通过自动化决策的方式作出决定”[①]。这三个权利都是非常重要的法律意义上的权利确认，是在算法推荐面前对个人权利和尊严的法律保护，对已深度使用算法推荐进行信息分发和传播的互联网平台，是清晰而明确的法律规制要求。可以想象，人们会看到越来越多的个人依据这部法律赋予的权利维护自己的尊严和权益。

也有一些具有法律效力的规章文本中，用更体现科技准确性的方式界定算法。2020 年 8 月 28 日商务部、科技部发布的《中国禁止出口限制出口技术目录》，在限制出口部分的“计算机服务业”类“信息处理技术”项下，列入了“基于数据分析的个性化信息推送服务技术”。这显然是因为中国规模庞大的用户群体为算法发展提供了坚实基础，在海量增长的用户数据的支撑下，算法不断迭代，智能水平也在不断提升，从而使中国在推荐算法研发应用方面具有一定优势，已经达到需要限制出口的水平。国家网信办等部门出台的部门规章和规范性文件中，将算法更明确地称为“互联网信息服务算法”，国家网信办《互联网信息服务算法推荐管理规定》界定了“生成合成类、个性化推送类、排序精选类、检索过滤类、调度决策类”五类算法。该规定更为详细地规定了使用算法推荐技术的互联网平台的备案、公示、告知等义务，以保护个人信息等权益和国家安全。

二、增强智能传播素养和算法规制运用能力

（一）智能内容生成素养的四个方面

如何得当看待、认知智能内容生成技术、应用、成果及影响？

从认知角度看，ChatGPT 既不同于以往的聊天机器人，也不是简单的搜索引擎。因而，更应该用“智能内容生成”来定义它，因为它不是

① 见《中华人民共和国个人信息保护法》第二十四条。

运用数字技术简单地进行内容生产，而是以智能方式实现内容直接生成。可以说，人工智能发展新周期正在到来，智能传播新阶段正在到来。这个新周期、新阶段会使新闻传播领域的人们早已习惯的内容生产方式和传播方式都发生巨大变化。因此，如果习惯性称它为聊天机器人会把它看小了。基于大模型的智能内容生成技术催生了新的应用，引发了人们对 ChatGPT 等智能生成技术、工具、应用、产品的强烈关注。我们应把它看作一种具有很大潜力、变革力、推动力的智能内容生成产品、智能内容生成技术群。

从趋势与格局角度观察，智能内容生成技术一旦更广泛应用，ChatGPT 类智能内容生成产品更多样化地出现，一定会深刻影响人们的知识获取、认知形成，会在一定程度上替代人们原有的信息源，会影响人们对所看到内容真实性、准确性、权威性的辨别标准、判断方式和接受结果。从具体工作层面看，ChatGPT 之类的智能内容生成产品和纳入了智能内容生成技术的搜索引擎，可能会一步步取代那些程序性、重复性、资料性、搜寻性、简单归纳性工作。前瞻地看，运用智能内容生成技术、工具回答提出的问题，可以帮助拓展思维空间。如果以创造性思维形成一些问题，向智能内容生成应用提问，并不断变换提问角度、重点，智能内容生成应用会生成不同内容，给出不同答案，可能帮助人们产生更新颖的创意，从多个角度看待问题，拓展创意、策划、形成内容产品的空间。从积极方面来看，智能内容生成应用对人们的工作、生活一定会有很大帮助。

但客观地说，它也需要人们，特别是从事新闻传播、新闻出版工作者，具有更强的智能内容生成素养。智能内容生成素养类似于人们常说的网络素养，但又有很大的不同。正因为智能内容生成技术的重大发展使智能传播进入新阶段，故智能内容生成素养应当作为智能传播素养的重要组成部分。

所谓智能内容生成素养，至少包括以下四个方面。

其一，当把智能内容生成工具作为提升效率、提升生产力的工具时，能够得当地使用它，得当地辨别智能内容生成工具生成的内容哪些可信、哪些可取、哪些可用及得当地使用这些内容。

其二，非常重要的是，一定要能预见并采取有力的手段去规制智能内容生成可能带来的负面影响。从现状来看，已无法做到“未雨绸缪”，但至少要做到“小雨绸缪”，抓紧评估智能内容生成技术广泛应用带来的影响，抓紧评估关键领域、关键时刻、关键人群使用智能内容生成技术可能产生的影响，提高利用智能内容生成技术、应用、产品、内容的能力。

其三，能够评估智能内容生成技术发展和使用的可能风险和危害，抓紧研究规制方法、监管制度，规范发展取向和使用行为，减轻其可能带来的危害，从而更有效地利用这个工具，适应“人与人工智能共生”。

其四，善于提出既体现使用意图又能激发智能内容生成工具生成能力的问题，善于通过专业、巧妙地进行提问，让智能内容生成工具对人们的工作、生活、能力提升、思维拓展、认知深化提供更多帮助。提出问题是人类智能的最重要体现。人们相信，之所以机器智能无法替代人的智能，是因为人类具有同理心，有情感和情感感知表达能力。更重要的是，人类有理性，可以或深思熟虑，或灵机一动，或脑洞大开地提问题。也许，衡量人工智能技术的发展水平，可以看它能否得当地提出有价值的问题。就像我们衡量一名记者好不好，主要看他是否善于提出有价值的问题。

沿着这条线索观察、分析、思考，有助于我们对面临的“如何与人工智能共生”这一问题有更深刻的理解。ChatGPT 的训练方式之一是利用人类所提的问题强化学习，人们不断提出各种或专业、或刁钻、或智慧的问题，就会使大模型和智能内容生成应用更“聪明”。随着智能内容生成工具依托的预训练大模型参数量、数据量变得更巨大，这种基于人类反馈进行强化学习的训练方法也一定会发展得更为优化，或者方法本身更为“智能”。自然语言“处理”会更“聪明”地走向自然语言

“理解”。研究大模型、研究智能内容生成产品的科技工作者，会从研究算法优化、数据集优化、模型训练优化，转向投入更多精力与智慧去研究如何使智能内容生成应用像人类那样提问题，如何更好地向人类学习。

（二）重要的是体现新认知新思维的利用方式

人们相当关心新闻传播、新闻出版领域的什么工作和什么岗位容易被人工智能替代。或许更应该讨论的是，什么工作内容是智能内容生成技术和产品永远不能代替的。新闻工作者除拥有使命感、价值观、情感和同理心外，很重要的是，他们还拥有对未来的想象能力，对真相的探寻能力。从实质来看，智能内容生成是一种对人类已有知识、发现、认知等的“再现”，是在依据算法、依据大模型训练进行信息提取基础上的“再现”，当然，“再现”水平还不够高，显然不具有“专才”水平。更重要的差异是，机器还不能想象未来、预测未来。想象未来是人的主体意识的重要组成部分。出现 ChatGPT 这样的智能内容生成工具、效率工具，实际上是提示新闻传播、新闻出版领域的人们，智能变革新阶段已经到来，人类的想象力、创造力，人类对于未知、真知、真相的探索，是十分重要的。

进入与人工智能共生的时代，人们怎么会不愿意把一些可替代事项交给可提升生产力和工作效率的工具呢？新闻出版工作者作为专业人士拥有专业辨识能力，不仅不应惧怕 ChatGPT 等智能内容生成技术和工具，而且还应该充分利用这样的技术和工具节省时间和精力，把更多时间和精力用于辨识、想象和创造性工作。

因此，智能内容生成技术与应用给新闻传播、新闻出版领域带来的最大挑战，一定是内容生产方式出现革命性变化，媒体机构的组织架构、发展战略、竞争策略等都会相应发生变化。但是，它会给我们带来许多帮助，人工智能等现代科技成果一定会以更高效率、更大便利性在多个领域发挥作用，帮助我们更有效率地工作与生活。因此，应该以新的眼光、新的认知审视智能生成科技、产品和相关现象，以新的思维框架、新的利用方式看待已经在用的科技产品和还在实验室的科技成果。以更科学的眼光看待新科技产品和现象，可以帮助我们将新科技、新工具、新应用产生的效益最大程度地服务于人类，使可能的危害被最有效地抑制。以这种思维方式看问题，探讨 ChatGPT 对新闻出版业的影响，一定不能只看到挑战，更要看到它所能带来的诸多益处。

（三）预见并解决智能内容生成技术发展与应用引发的新问题

智能内容生成技术的发展及越来越广泛的应用，会引发一系列新问题、新课题。智能内容生成素养应当包括有效预见并解决智能内容生成技术发展与应用引发的新问题。

新闻出版领域已经面临的问题包括，写稿机器人制作的稿件发表、传播后如果出现了问题，谁来负责？写稿机器人是一种可以抓取规范发布的数据、按一定模板和要求制作稿件的程序。目前，写稿机器人制作的稿件进入传播前的最后环节是有人工审核的，审核者应当担负相应责任。写稿机器人制作的稿件经人工审核后播出或出版，那么这篇稿件的版权是审核者的还是写稿机器人的？针对此类问题，目前人们还在探讨中。随着智能内容生成技术不断发展和广泛使用，人们一定会深刻认识、确定相应规则，这也是人类必须面对的一个课题。

智能内容生成应用生成的内容已经进入传播，针对其中所涉及的伦理问题，急需制定相应规则。使用智能内容生成工具生产出来的内容能否直接用于新闻出版？能否见诸报端？如果用于新闻出版是否必须制定包括见报、出版之前必须有人审核、有人负责等的规则、流程和监管规则体系？一系列问题都值得关注和探讨。尤其新闻传播、新闻出版能够深刻影响社会，智能内容生成工具生成内容的使用伦理和规则问题非常重要，更需要有效预见并解决。

（四）更重要的能力在于既有效规制又得当运用

人工智能带来的影响是复杂的，人们对可能带来的风险有警惕、有担忧是自然而然的。智能内容生成工具生成的内容对公众的信息获取、认知形成、观点表达会有深刻影响，这种影响甚至目前还难以准确估量。主要原因之一是，ChatGPT 之类的智能内容生成工具针对用户所提问题生成内容，且可以根据对话上下文智能生成新内容，其与用户当时的需求的匹配度很高，甚至可能比现在互联网平台使用算法推送的内容更精准贴近人们的实时信息需求，与用户需求的实时匹配度可能更高，从而影响更为深刻。主要原因之二是，智能内容生成工具针对用户问题，根据人类已有知识和互联网上的信息、数据生成内容，类似于将互联网上所能抓取的现有知识和信息进行选取、提炼后生成内容，知识性特征更明显，从而更具说服力。

从科学与真实等维度看，当前和今后一段时间内，ChatGPT 之类的智能内容生成工具所生成的内容可能鱼龙混杂，可能帮助也可能干扰公众的信息获取、认知形成和观点表达；从政治高度看，也可能带来意识形态安全风险。因此，重要的不仅是优化算法、推进人工智能向可信方向发展，更应未雨绸缪、小雨绸缪，现在就系统、全面、有针对性地研究、制定相应的规则体系，以有效防范、减少智能内容科技应用可能带来的负面影响。

更强大的智能传播素养、更重要的智能变革适应能力，不仅在于有效规制，也体现在得当利用、运用。一是新闻传播、新闻出版从业者要以更具科技感的认识方式看待智能内容生成科技的发展。ChatGPT 引发多个互联网平台研发行业应用，或把 ChatGPT 与搜索引擎相结合，或是加快智能内容生成技术与行业需求对接。人们普遍预测，智能内容生成技术会得到更大范围的应用。更具科技感的认知方式会帮助新闻传播、新闻出版领域从业者找到更切合行业实际的智能内容科技运用方式。二是新闻传播、新闻出版行业从业者要坚持新闻出版规则，跟踪研究智能内容生成技术、应用本身的发展，谨慎分析、思考是否可能以及如何在一定规则、条件约束下有限运用智能内容生成技术和应用。既积极研究又依规谨慎行事，才可能实现“利用好”人工智能。

三、加快解决主流传播主体缺乏智能技术支撑等问题

包括主流媒体在内的主流传播主体，虽然在运用、发展人工智能技术方面有长足进展，但面对迅速发展的技术和应用，相对而言还缺少包括智能内容生成技术在内的人工智能的支撑，甚至有些还处在推荐算法空白或人工智能技术空白状态。这是必须高度重视的重大问题。

推荐算法广泛应用的同时不断迭代，已经成为影响信息分发、服务提供、机会分配、资源配置的基础性机制和力量。当前算法运用领域最突出的重大问题之一是，党领导下的主流媒体、中央和国家机关等主流传播主体尚未使用推荐算法，或推荐算法的支撑远远不足，因而传播力、精准传播效果以及客户端的日活用户数难以与使用了推荐算法的商业互联网平台抗衡，这导致信息生态、政治认同、传播格局、社会心理、使用与监管等方面明显失衡。算法综合治理应当把加快填补主流媒体算法运用不足、支撑主流媒体引导能力作为突破重点之一，必须通过制定顶层设计，实施专项部署，组织专项开发，推进专项安排，在短期内使包括主流媒体、党政机关在内的主流传播主体用上与使命、职能、任务相匹配的推荐算法和智能内容生成技术，以“用得上”“用得好”支撑“管得住”，切实落实习近平总书记“用主流价值导向驾驭‘算法’”的要求。

（一）让主流传播主体获得智能技术强劲支撑

“用主流价值导向驾驭‘算法’”，是习近平总书记明确提出的要求。算法是基于数据用系统方法描述、解决问题的策略机制。互联网平台通过使用算法提升了信息服务与用户需求匹配度而获得竞争优势，单一平台甚至拥有数亿日活用户。但目前，主流媒体、中央和国家机关

在使用推荐算法进行精准传播方面还明显不足。中央宣传部新闻局、传媒监管局组织进行的 2021 年中国报业深度融合发展创新案例评审中，进入复评的 145 个案例中没有推荐算法运用案例。这在一定程度上反映出主流媒体缺乏舆论引导能力，也在一定程度上影响了对外讲好中国故事、传播中国声音的能力和效果。

要进一步增强党政机关、主流媒体等的传播力、影响力、引导力，让主流传播主体获得推荐算法等人工智能技术的强劲支撑，一是要推进专项安排，促进专项开发与运用；二是明确要求互联网平台优化算法推荐逻辑和对新闻宣传、网络主管部门指导要求的响应机制，明确要求其推送内容应包含更多党政机关、主流媒体的内容，落实习近平总书记提出的“在信息生产领域，也要进行供给侧结构性改革，通过理念、内容、形式、方法、手段等创新，使正面宣传质量和水平有一个明显提高”[①]的要求；三要是优化协同机制，使主流传播主体获得更多数据、算法、算力支持，有效增强主流舆论影响力。

（二）综合治理应解决五个可能失衡

当前推荐算法运用与治理面临的重要课题是解决五个失衡。这五个可能失衡包括以下内容。

1. 只注重满足受众偏好，不注重推荐用户应知内容，导致信息生态失衡

推荐算法是信息过滤技术的延续与发展，个性化推荐、精准传播实质上起到了信息选择、过滤效果。算法的运行逻辑是提供用户“偏好关注”的内容，而不是按照价值观和编辑方针推荐“应当关注”的内容。这种运行逻辑在商业领域可以提升销售额和顾客满意度。但“内容用户”不等同于“内容顾客”。算法不断推荐用户“偏好关注”的内容，形成“信息茧房”效应，致使自制力不强的网民，如青少年、老年等群

① 习近平：《加快推动媒体融合发展 构建全媒体传播格局》，《求是》2019 年第 6 期。

体，可能形成强烈的“偏好依赖”“偏好强化”，甚至产生偏激情绪和心理，可能影响对社会和政治的认知与认同。

2. 算法推荐既能满足娱乐偏好，也能影响政治认知，导致政治认同失衡

从国内外情况来看，算法推荐服务对社会生活、公众认知和意识形态具有越来越大的支配作用。国外的一个典型案例是，美国联邦贸易委员会（FTC）2020 年对脸书罚款 50 亿美元，因为有 8 700 万脸书用户数据被不当泄露给政治咨询公司剑桥分析。剑桥分析公司对这些数据进行分析并用于精准推送，在 2016 年总统选举时影响选民的投票意愿。剑桥分析公司后来曾为支持英国“脱欧”的团体提供服务，诱导民众。从国内情况看，也存在一些不准确、有历史虚无主义等偏激倾向的内容被算法反复推荐。推荐算法所依据的不同因素权重和推荐逻辑，客观上影响新闻和其他内容传播，对意识形态产生深刻影响。互联网平台通过使用推荐算法在新闻分发、信息服务领域拥有了超强影响力，对意识形态安全有现实和长期的潜在影响。

3. 权威主体缺乏推荐算法，运用算法的平台影响巨大，导致传播格局失衡

党政机关、主流媒体是最重要的权威信息源，通过自己的客户端或新媒体账号进行信息发布、政策解读等的主流声音基本只是自然传播，缺乏可用的推荐算法支持，影响力相应变弱。而借助不断迭代的算法的互联网平台在传播格局中越来越强势，以其个性化推荐形成了对内容与舆论的引导，导致传播格局的结构性失衡。这更凸显“用主流价值导向驾驭‘算法’”的重要性和急迫性。

4. 算法高强度使用，“算法面前，人变成了工具”，导致社会心理失衡

推荐算法的高强度使用客观上使信息和决策选择权越来越多地转移到机器和算法手中。“算法面前，人变成了工具？”等尖锐问题引发人们的强烈共鸣。推荐算法总是推送同类信息令用户心生厌倦，人

们越来越关注算法推荐服务催生的各种“信息茧房”、伦理问题，对算法运用产生的负面影响的担忧越来越强烈。学者和媒体不断呼吁加强数据和算法监管。

5. 人工智能技术发展迅速，制度建设与技术监管能力与之不匹配，导致监管失衡

互联网平台对自身算法的负有不可推卸的责任，但其内部并没有建立与其算法运用相匹配的伦理、效果、安全评估等管理机制。算法设计者、使用者并不能清楚解释算法的推荐逻辑、推荐效果，社会和政府部门也难以掌握互联网平台的算法使用情况和底层信息。互联网监管应当进一步强化互联网平台的责任。监管部门应强化技术监管能力，因为如果监管部门不掌握算法的推荐逻辑、推荐效果的影响因素等，就不能进行有效监管，不仅平时只能被动处理算法推荐传播引发的舆情事件和社会事件，而且特殊时期可能难以预估算法推荐对特殊事件的影响。

加快推进算法综合治理是落实习近平总书记“用主流价值导向驾驭‘算法’”要求的基础。填补主流媒体算法空白是综合治理的重要组成部分，当前算法综合治理必须以加快填补主流媒体算法空白、支撑主流媒体引导能力作为突破重点，迅速解决信息生态、政治认同、传播格局、社会心理、使用与监管失衡五个方面的问题。

第四章　优化战略

面对迅速发展的人工智能技术和影响深远的智能变革，不仅要把握趋势、刷新认知、塑造能力，还需要将其放在应对百年未有之大变局等更大的格局中进行思考，相应优化战略。这既需要以战略思维谋划网络内容建设，适应智能传播演变规律，有效匹配人民群众对优质内容和个性化推送服务的需求；也需要基于战略价值认识社会生产体系中的媒体功能和作用，在感知风险、协同治理方面担当起应有的角色，发挥更强有力的作用。媒体既需要拓展传播思维和关注视野，基于战略考量激发学术传播影响力，使之更有效地产生国际传播、战略传播所期望产生的深层影响；还需要从战略高度认识算法治理领域正在演化的规则博弈，统筹发展和安全，有效参与、影响人工智能国际治理。

第一节　内容战略：以战略思维谋划网络内容建设

推荐算法等人工智能科技与手段应用于内容生产与传播，催生了智能传播形态，从而使人类进入了智能传播时代。推荐算法的运用和迭代发展，在提升信息服务与用户需求匹配度、增强分发能力等方面起到了有益作用。推荐算法等人工智能科技与手段的应用，既进一步放大、强化了网络内容与传播的影响力，又深刻改变了内容生产与传播的外部环境与运作机理，深刻影响传播格局。

在智能传播时代，如何进一步加强网络内容建设，如何有效匹配人民群众对优质内容和个性化推送服务的需求，如何牢牢掌控舆论引导的主导地位，如何在国内外复杂多样的舆论博弈中有效应对、赢得主动，是不可回避的重大课题，需要从政治高度、战略层面认识并积极作为。这就要求我们从战略层面认真研究智能传播带来的变化和深远影响，更有效地把智能传播的特殊优势和规律应用于内容建设与网络传播，以增强舆论引导能力；也要求我们以战略思维谋划智能传播时代的网络内容建设，把人工智能变为强化网络内容建设的有力工具，从而落实好“使互联网这个最大变量变成事业发展的最大增量”的要求，不断推进网络强国建设。

一、智能传播演化特征与内容建设六点启示

算法等人工智能应用于内容生产与网络传播，是 21 世纪新闻传播领域发生的最为重要而隐秘的变化之一。所谓隐秘，是指用户往往对所接受的是算法推荐的信息并不清楚，甚至无感，对运用了推荐算法的网络平台如何给用户画像、抓取了自己什么信息也并不清楚。算法在内容生产与传播的后台运行，人们感受到从网络获取内容的便利、高效率与高匹配度，未必会注意到算法在内容生成与传播中所发挥的关键作用，更不一定注意到算法在信息分发、内容传播中甚至可能起着决定性作用。推荐算法的运用提升了传播效率。互联网平台通过运用推荐算法提升信息分发与用户需求匹配度，改善用户体验，在新闻分发、信息服务领域获得越来越多的用户，形成越来越大的影响，也获得越来越大的竞争优势。但算法应用也引起争议和担忧。

随着算法等人工智能技术的演化，自动化决策在经济生活、社会生活中日益展现更大影响力和主导权。纵观推荐算法应用于内容生产与传播的演化过程，可以发现几个鲜明特点，给强化网络内容建设以有益

启示。

其一，算法应用放大了影响力生成中分发所占的权重。网络内容建设要高度重视应用算法精准推送正面内容。

智能传播的高效、精准、个性化等特点形成很强的感染力甚至是某种控制力，极大提高了用户黏性。推荐算法机制机理等对内容分发、传播具有支配性地位。包括推荐算法在内的人工智能技术与方法的应用，深刻改变了传播格局，形成了新的传播机制，使智能传播呈现与印刷时代的工业化传播方式、广播电视所依赖的电子传播以及网络传播、社交传播、移动传播等迥然不同的特征与规律。因而，在智能传播时代强化网络内容建设，不仅要研究、实践如何适应智能传播，还必须研究、实践如何使主流媒体等重要内容生产者能够应用推荐算法高效分发、精准推送所制作的正面内容，形成更强的影响力，实现更好的舆论引导成效。

其二，问题发现与提炼是算法应用的先导。网络内容建设需要内容生产者、主流传播平台与有算法研发能力的团队共同发现、提炼问题。

算法是通过逻辑结构解决问题的一个流程。中文“算法”一词出自成书不晚于公元前 1 世纪的中国最古老的天文学和数学著作、算经十书之一、唐初被规定为国子监明算科教材之一的《周髀算经》。英文算法“algorithm”一词来自 9 世纪提出数学运算法则概念的数学家阿尔·花剌子米。著有《论数字计算在决断难题中的应用》《电脑能思考吗？》的英国数学家图灵的成果对算法的发展起到了重要作用。从技术上看，能够解决问题的算法须符合有穷性、确定性、可行性、有输入、有输出等基本要求，评价算法通常会注重正确性、易读性、可维护性、鲁棒性、高效性等指标。而从实际应用层面看，梳理算法应用的诸多案例，切中要害的问题，指向清晰的目标，对算法研发、应用与发展至关重要。当前，从谋划网络内容建设的角度看，特别需要内容生产者、主流传播平台与有算法研发能力的团队共同发现、提炼问题。这就需要各方都能用对方听得懂的表述方式，讲清楚面临的问题和可用的资源，努力理解、把握对方以内容思维或技术思维关切的问题与解决方法，这样才能真正发现并提炼问题，确定可以实现的清晰目标。

其三，算法等人工智能既用于传播也用于内容生产。网络内容建设应全面谋划人工智能在内容生产与传播全流程、各环节的应用。

之所以说进入了智能传播时代，是因为算法等人工智能不仅应用于传播、推送、分发环节，通过获取个体与群体的实时需求感知、受众偏好匹配、场景匹配与自动处理、传播效果与态势感知等实现个性化精准推送，还广泛应用于内容采集、处理、加工、挖掘、传输等内容生产环节。因而，智能传播实际上包含人工智能运用在内容采集、生产、分发、接收、反馈诸环节、全流程。智能传播一词仅是一种简洁的代称。人工智能等数字科技的介入，使内容生产由单纯人力所为或人使用机器进行，变为利用算法等人工智能技术辅助生产内容，进而出现利用以深度学习、虚拟现实为代表的生成合成类算法制作文本、图像、音频、视频、虚拟场景以及数据类内容，内容生产从而深受算法机制机理、模型、数据和应用等的影响。在内容分发、传播领域，基于数据的个性化推荐技术不仅大大提升了内容分发效率，更大大提升了内容与需求偏好间的匹配效率，从而深刻地改变传播格局和传播规律。因而，落实“用主流价值导向驾驭‘算法’，全面提高舆论引导能力”的需求，必须体现在内容生产与传播全流程、各环节，必须体现在网络内容建设的整体谋划、全面推进上。

其四，多种场景化算法应用影响人们获取信息的方式。网络内容建设可加速利用各种场景化算法应用成果。

推荐算法演化与场景化应用紧密相连。实际上，远在推荐算法应用于网络平台引起广泛关注之前，算法就已经应用于搜索引擎，深深影响人们如何获取信息、获取什么信息。2009 年 12 月，谷歌上线用户个性化定制搜索结果。之后多个人们习惯使用的搜索引擎应用了自动补足算法，从而能够在用户输入搜索关键词后，自动联想，提供搜索建议。此项设计的初衷是减少输入，提高搜索效率，而自动补足算法生成的信息本身对搜索取向产生了引导。自动补足算法生成的信息也可能产生某种暗示或关联某种信息。正因如此，自动补足算法所生成的信息可能对第三方产生损害，已出现多起相关的案例。即使是电商平台，也不能单纯认为其只是基于物品进行算法推荐。从某种意义上说，电商平台也是信息汇聚、分发的平台，也会对人们的行为取向、价值取向产生影响。从推进网络内容建设角度说，探寻可运用的算法技术，不能仅限于熟悉的内容传播领域。适应于智能传播时代的网络内容建设，有多种科技成果和技术可以应用。

其五，算法推荐效率的提升往往基于多学科协同研究。网络内容建设也要注重运用多学科的分析框架与成果。

推荐算法基于计算机和软件科学发展，但算法推荐效率提升很早就表现出学科交叉优势。2006 年 10 月，从出租录像带、光盘转为提供流媒体服务的奈飞公司发起了推荐算法竞赛，该竞赛以奈飞公司使用中的推荐系统 Cinematch 为参照对象，规定所设计的算法比现有 Cinematch 系统的推荐绩效提高 10% 的团队，将有资格获一百万美元奖励，并公开其推荐算法。为此，奈飞公司公开了仅包含影片名称、匿名评价星级和评级日期的 1 亿条数据。比赛由公开测试和内部测试构成，2009 年 9 月，在来自 186 个国家的 4 万多个团队经过近三年的较量，由奈飞专家和大学教授组成的评委会用了几周时间才评出结果，一个七人团队 BPC（BellKor's Pragmatic Chaos）获胜。该团队由原为竞争对手的三个团队重组而成，团队成员有不同的专长，包括电脑、统计学、人工智能等。领奖时，团队的七名成员才第一次碰面。另一个推荐效果接近的团队 the Ensemble 也是由几个前参赛团队重组而成的，曾在公开测试中名列第一，团队中的一名成员是中国科学院自动化研究所的在读博士生。之后，奈飞公司又发起第二个百万大奖，不再以评级数据而依据用户位置数据、观看数据、行为数据等进行预测以实现针对性推荐，这就可以为不参与影片评级的用户推荐电影、电视剧。因为算法推荐效率的提升往往基于多学科的协同研究，所以智能传播时代的网络内容建设也要注重运用统计学、心理学、政治学、社会学等学科的分析框架与成果。

其六，数据累积不断强化算法应用优势和优化算法本身。网络内容建设应进一步强化数据思维。

中国规模庞大的用户群体与推荐算法在多方面的深度应用，为算法发展提供了坚实基础；在海量增长的用户数据的支撑下，算法不断迭代，智能水平也在逐渐提升。这些重要基础使中国在基于数据分析的个性化推荐技术领域有一定的领先优势。这同样也给网络内容建设提出了新的要求，即不仅要有创意思维、内容思维、网络传播思维，还必须有数据思维。我们要以数据思维看待内容，在建设融媒体中心、推进网络内容建设时，不仅要注重舆情感知、记者调度、成果展示等技术利用，更要注重内容数据的积存、挖掘、利用，以大流程、大平台思维，构建基于数据库的内容生产流程，实现内容数据和相关行为数据等的自动积存、自动汇聚、按权限调用、多维度挖掘利用，从而进一步提升网络内容建设水平。

二、智能传播时代网络内容建设需把握三个关系

智能传播是已经到来的未来。在信息过剩、“信息找人”的时代，运用了基于数据分析的个性化信息推送服务技术的网络平台，拥有可以匹配用户个性需求与即时需求的推送能力，从而可以不断地卷入新用户。人工智能已应用于内容生产与传播，为了适应这一现状，网络内容建设应抓住三个关系，寻求突破。

（一）既注重内容提质增效，又注重新形态数字内容建设

数字科技的运用实现了内容载体的数字化，更重要的是产生了基于数字科技的新内容形态，即数字内容，它是构成智能内容生产与传播的基础。数字内容至少包括四大类。一是传统载体上的文字、图

像、影像、声音、图表等内容经数字化处理后形成的数字内容，如把胶片视频转成数字视频，甚至用 4K 技术等修复处理。二是为互联网、移动互联网等基于数字科技的新媒体制作的内容。这类内容主要是为各种新媒体制作的不同规格与表达逻辑的文字、图片、视频、音频等内容，如用于网站、微博、微信公众号的文字内容和竖屏视频与同样在新媒体平台传播的横屏视频，叙述方式、表达逻辑就有很大不同。这类数字内容还包括一些数字媒体才具有的内容形态，比如弹窗内容、H5 内容。三是以数据为主要表现形态的内容。这类内容既包括数据挖掘、数据可视化等形成的内容，也包括各类数据库内容产品、数据流内容产品。四是主要用于交互传播的内容。此类内容包括 UI 设计所形成的内容和为 VR 等交互传播制作的内容。概括而言，四类数字内容的发展体现了从传统内容走向数字内容所经历的从格式转换到延展创新的过程。第一类数字内容只是以格式转换对传统内容进行数字化处理。第二类为互联网等新内容载体、传播载体所制作的数字内容，可以看作传统内容在数字平台上的延展，主要是内容形态、表达方式、文体形式发生了变化。第三类以数据为主要表现形态的数字内容，则已经是基于数字科技赋能的内容形态创造。第四类主要用于交互传播的数字内容更与传统内容相距甚远。

而从现有网络内容构成看，恰恰需要在第一类、第二类内容继续提质增效的基础上，加强第三类、第四类数字内容建设。随着数字科技进一步发展，数据的产生速度、类型会更加超出今天的想象，还会出现更多数据获取工具，以及在更多领域出现新形态数据。利用各种传感系统和其他数据收集处理系统，人类可以以超出感觉器官的敏锐度、速度、效率、数据量感知外部世界和人本身的变化。这类数据值得努力挖掘，以切实加强网络内容建设。何况在国际传播领域，甚至在国际经济、地缘政治领域，数据话语权已经成为一种战略性竞争焦点。谁握有某个领域、方面的数据话语权，就相应具有了这个领域和相关更多领域的竞争优势、影响力和干预能力。

（二）既顺应现有内容生产与传播规律，又努力适应智能传播条件与规律

包括推荐算法在内的人工智能技术与方法应用于内容生产与分发，大大提升了匹配效率，也形成了新的传播机制。智能传播时代呈现出与工业传播、电子传播、网络传播、社交传播、移动传播等时期迥然不同的特征，但工业化传播方式等内容生产与传播的规律依然起着重要作用。

人际传播是自然条件下的传播形态，雕版印刷术发明后出现了在一定范围内传播的书籍，传播效率大为提升。工业革命后，现代印刷科技催生了以专业组织、专业分工为基础的报纸、杂志等媒体形态，产生了大规模搜集、处理、加工信息的内容生产方式和定时、定向、定量传播经过选择、分类的信息和内容的工业化传播方式。定时、定向、定量、选择、分类这五个关键词或五要素所构成的工业化传播方式至今仍在发挥基础性作用。对于之后的传播形态，这五个关键词仍然是体现传播规律的关键。例如定时传播在移动传播中依然具有很强的穿透力。无线电广播技术的发明和在声音传送方面的应用，催生了广播电台的出现，更使人类信息传播的介质，由岩壁、竹简、纸张等有形物质变为无形的网络，之后出现的所有传播形态都以网络为基本介质。摄影术与电视的出现，让人类看到静止影像与活动影像在传播中的特殊传播力、感染力。互联网的出现，催生了之后几乎所有的新媒体。新信息传播和沟通工具的出现，在提供便利和提高效率的同时，迅速而强烈地改变着人际交往方式和社会结构，改变着产业结构与科技、经济的发展逻辑，改变着人们的时空观与价值观。而从短信开始的移动传播，匹配移动需求成为基本规则，移动优先不仅是传播策略，更是无可回避的战略抉择；移动传播形态从另一维度定义和概括了之后的传播。具有社交功能的互联网应用在一步步促使社交传播形态成为主流，基于社交关系的分享和在社交平台上的各种再传播，成为信息传播的主要形式，甚至形成"移动获知、主屏观看、社交认同、共情驱动"的传播模式。智能传播条件下，

网络内容建设依然应当顺应以往这些传播形态所体现的规律和方法，同时，又要研究智能内容生产带来的新空间、新手段及算法推荐所呈现的新机制、新规律，并努力适应智能传播时代。

（三）既注重内容创意表达创新，又注重强化受众联系和传播策略设计

智能传播时代的网络内容建设需要特别把握好数字内容与传统内容的核心区别。数字内容与传统内容的区别至少包括两点。首先，数字内容不仅提供有意义的信息，还搭载传播者与受众的联系。数字内容本身已经蕴含与人的关系。这就意味着数字内容的创意、表达等都必须既要考虑如何影响人，又要考虑如何让受众参与内容传播；网络内容建设既要考虑正能量内容建设，又要考虑如何让人人参与传播，放大正能量。新媒体的最大秘诀是多次传播。而网络内容建设的重要部分是驱动正能量内容的多次再传播。这既要通过现有机制与手段，通过在内容创意、表达中提炼好、设计好价值点、切入点、共鸣点、共振点，从而有效感染人，让人们产生共鸣而参与再传播，在价值观层面产生共振而体现说服力。其次，数字内容实质上是内容与传播策略的组合体。这就意味着网络内容创意、表达设计必须注意传播策略设计，即针对什么问题、什么时机、如何进行这个内容的传播，其与别的内容与传播行动准备产生什么样的协同效应，等等。在智能传播条件下，传播策略的设计还应包括如何有效利用算法机制机理更高效率、更精准地传播。

第二节　协同战略：在社会治理体系中重塑媒体角色

社会现代化的进程，带给人们更多的财富、便利、满足感，也同时让人们产生更为强烈的对于稳定感、安全感和秩序性的要求。现代社会不仅仍然面临洪水、干旱等自然风险，也面临因人的活动、决策所带来的损害和损失等的不确定性、不安全性增加，人类社会面临的风险中，

人为的不确定性和新型风险占比提升，因而，现代社会常被学者称为风险社会。实际上，风险并不只是保险精算所关注的那些传统损失的概率。在现代社会，对风险的认知和感知，不能局限在传统范围内。从更大范围看，风险不仅包括人身安全、财产权益等可能发生的现实损失，国家安全、经济运行、社会安定可能受到的冲击和损失，还包括因秩序混乱、经济社会活动停滞而带来的预期收益损失，这些预期收益在正常年景、正常情况下是可以如期转化为现实收益或现实福利的，甚至还应包括人们的安全感受到冲击而产生的损失。现代社会的风险已经从传统安全和现实财富延伸到更广阔的层面，因而人们对风险的感知也必须提升到新的水平。

研究风险社会的学者分别从不同角度论述了风险社会的形成。在他们看来，风险社会的出现，或是因为恐怖主义、生物安全等新风险的出现；或是因为风险文化不断被强化，从而使人们对风险更敏感、更重视，风险损失带来的痛苦也更强烈；或是从发展阶段上观察，工业化和技术应用带来利益与发展的同时，随之而来的风险也加大，解决问题的方法可能伴随着新的问题。

正因为人类社会正在进入更为复杂多样的新风险社会，风险越多样、越复杂，人们就更期待传媒在感知风险、协同治理方面担当起应有的角色，发挥更强有力的作用。风险社会中媒体的角色，以及从现实需要与理想追求层面看如何优化，应成为一个重要课题。因此，从风险感知与协同治理视角出发，探讨媒体的角色与优化，从理论层面和现实需要而言，都是重要和急迫的。

一、风险感知：舆情监测与媒体的竞争逻辑

当今世界，媒体与具有媒体功能的信息平台不知凡几。梳理新冠肺炎疫情蔓延与应对时间线，中国媒体在应对疫情的过程中做出了巨大贡献，许多新闻记者和医护人员一起逆向而行，担负使命；在应对全球疫

情相关的舆论斗争中，中国媒体发挥了而且仍然在发挥非常重要的作用。但回顾以往，梳理分析，从更理想化的层面观察，各种舆情监测系统并没有在感知风险、提醒预警方面展现关键性作用，媒体在最初阶段以正常程序发布了有关疫病预防控制的信息，而没有充分展现出梳理信息、提出问题、发现风险的能力和引起警觉的“瞭望哨”功能，或者说，其所展现的作用与人们的期望间还有明显差距。

这引发了人们对一系列问题的思考。

（一）媒体舆情监测系统的定位应当是什么？

在爬虫技术、文本语义理解、跨平台信息传播追踪等技术近乎普及使用的今天，许多地方、机构、媒体宣称自己拥有舆情监测系统或舆情监测服务的合作方，从而能基于大数据和自然语言处理进行舆情热点抓取和相关分析。客观地看，不同主体使用舆情监测的目的有所不同。一些地方、机构、企业等主体在引入舆情监测诸技术手段或舆情监测服务时，主要是为了应对负面舆情，关注重点主要在于负面舆情的抓取，这决定了其所要求的舆情监测服务的定位。媒体的舆情监测系统的定位更多在于发现舆情热点，从而使自己的报道与社会的关注热点有所呼应。这种主要发现负面舆情、发现舆情热点的需求思维，决定了这些舆情监测系统的功能定位及其信息抓取和分析逻辑水平。而相应的信息抓取和分析逻辑，又会强化使用者对发现负面舆情、发现舆情热点的需求，从而形成了一种螺旋循环。这种螺旋循环会影响其信息获取、基本判断和决策思维，使得舆情分析者和分析结果使用者都可能处于某种“信息茧房”中。

媒体舆情监测系统的定位应当是什么？回答这个问题的前提，是媒体舆情监测系统的使用者应当对自己的核心需求进行更深层的思考和认识，对其背后的竞争逻辑有更深刻的认识。

要真正有效认知面临的情况和舆论环境，舆论服务使用者的核心需求应是及时全面掌握舆情，包括正面、中性、负面舆情。实际上，舆情的划分远比正面、中性、负面的简单区分复杂得多，具有更多的维度和指向。全面掌握，才能准确认知，要做到既不因正面评价而自得，也不因负面舆情而惊慌，可以从舆情反映中汲取更多信息、线索和建议，从而避免只关注负面舆情可能引发的决策偏差。

而对于媒体而言，对舆情监测系统的核心需求，不仅是帮助发现舆情热点，更应当是帮助媒体感知社会、经济等各领域的不易为人察觉的动向，帮助媒体先于社会各个方面发现值得注意的动向、问题和风险。如果媒体关注的只是舆情热点、社会热点，其基本逻辑就是已经成为社会热点才可能被媒体作为选题，那就把自己定位于舆情热点的追踪者，这显然与期望其成为社会“瞭望哨”的大众期待相去甚远。

（二）媒体的竞争逻辑应当是什么？

社交平台的兴起和多种基于社交的新媒体形态、新传播形态的兴起，赋予公众和多种社会主体远比 Web1.0 时代更为强大的参与传播甚至影响传播态势的能力和条件。客观上，进入信息超级过剩、社会动向感知难度更大的时期，媒体维持、强化自己的传播力、引导力、影响力、公信力的任务更为艰巨和迫切。

在这样的传播环境下，依然值得关注的问题之一是，媒体的竞争逻辑是什么？在我看来，媒体的竞争逻辑是应当先于其他信息源与分析者发现社会、经济等领域的重要动向，从青蘋之末的细微动向，能够见微知著，或未雨绸缪，或先人一步发出提示，或高瞻远瞩有所指引。仅仅是紧跟社会热点显然是不够的，显然是不可能建构强大传播力、引导力、影响力、公信力的。媒体即使能够跟上社会热点，若想要拥有竞争力也只能信息更多、分析更透、表达更好。但这种情况下，话语权已很难说在其手中，对公众、社会和决策层注意力分配的影响也所剩无几。在今天，媒体和其他信息发布者虽然很难决定公众怎么想，但能够深刻影响人们想什么。当人们的注意力被某个热点吸引，就说明这个热点已经对公众想什么产生了实际影响。媒体能够从青蘋之末感知风的变化，从细微处发现重大动向，就有了原创发现，并为原创内容的产生打下了基础。即使是相关信息不够充分，分析尚待深化，原创性发现依然是竞争力的基础。因此，传媒的竞争逻辑，绝不仅仅在于更早掌握舆论热点，而是更早发现重要动向、重要变化、重要事件，也包括对风险的感知。

媒体要在风险成为社会热点之前，借助专业力量和自身的调查、分析、洞察，感知风险，预做准备，并以适当方式发出警示、有所提示，提醒社会各界予以关注，有所应对。拥有能够先人一步感知、发现、提示的能力，若为事件发展所印证，就是这个媒体发现力、竞争力和综合实力的最有力证明，就是其掌握话语权、注意力分配及其影响力的最好证明，也大大有助于这个媒体增强传播力、引导力、影响力、公信力。

二、协同治理：治理体系现代化中的媒体角色

在社会治理中，媒体的角色是什么？在国家治理体系与治理能力现代化进程中，媒体应当并能够发挥什么样的作用？社会治理是多种社会主体通过合作、对话、协商、沟通等方式共同处理社会事务的过程，通过这个过程，在实现公共利益最大化的目标下，应尽可能实现不同利益诉求的协调。实际上，社会治理就是由政府作为社会管理者主导，促使多主体通过合作、对话、协商、沟通实现协同治理。协同治理既是一种社会治理工具，也是一种社会治理形态。

（一）社会治理中媒体的角色担当

以协同治理的眼光看，感知风险、推动应对、参与治理，就是社会治理中媒体应有的角色担当。

正是因为当前社会经济结构、利益格局发生了深刻变化，利益主体多元，利益诉求多样，利益主体间的矛盾凸显，所以更需要社会主体以其社会角色借助协商治理等形式参与社会治理。媒体的社会角色之一就

是担当发现者、感知者、瞭望哨，以其发现提醒人们，以其报道和观点引导人们理性活动、理性决策，以其报道和活动促使人们产生情感认同、价值认同。客观上，媒体在社会运行中，既是舆论引导者，也是社会治理参与者。基于社会主义协商民主的协商治理作为一种治理实践，既是一种治理形式，也是一种决策方式。媒体的活动和发现，媒体的报道和观点，既引导利益相关的社会主体和个人以民主公开、审慎理性的方式形成认知共识和行动协同，也通过报道这种认知共识和行动协同推动、强化协商治理的进行。这种效果的基础之一，就是媒体特别是主流媒体能够有效提供有助于人们民主公开、理性审慎认知、行动和决策的信息，而不是被带有情绪化、非理性因素的舆论热点所裹挟。

国家治理体系和治理能力现代化，既是制度安排的全面提升和完善，也是能力建设的持续进程和成果。在这个进程中，党领导下的主流媒体既具有越来越重要的地位，也具有越来越强大的影响力。这也是制度优势的有机组成部分。把这种制度优势转化为治理效能，是治理体系和治理能力现代化进程中的重要任务，也是媒体，特别是主流媒体应当有的追求。而在社会治理进程中，媒体更好地担当起积极参与者和治理效能贡献者的角色，既有助于国家治理体系和治理能力现代化，也有助于媒体地位和影响力的提升。而要担当起这样的角色，就要在感知重要动向、当好发现者上孜孜以求，在感知风险、化解危险、治理危机上发挥举足轻重的作用，而绝不能只充当舆情热点的跟踪者。

（二）应急传播：社会治理中媒体的能力体现

更进一步看，现代在社会治理中，媒体并不仅仅发挥感知风险、推动应对、参与治理的功能，实际上既是协同治理的连接器，也是治理功效的放大器，是社会治理的有力工具。

人们对媒体作用的感受和依赖，在应对突发事件等危机时远远比在日常生活中更加深刻和强烈。一旦发生可能造成严重社会危害，需要采取应急处置措施予以应对的自然灾害、事故灾难、公共卫生事件和社会安全事件等突发情况，媒体的信息中心与心理稳定器、信心放大器的作用就更强烈地彰显出来。在突发事件发生初期，会出现事件相关信息不清晰的信息空窗期，信息碎片与流言往往会左右人们的情绪，需要媒体充分发挥真相发现者、信息传递者的功能，稳定人们的情绪和行为。政府在危机应对时所发布的情况信息与措施信息，也需要媒体广泛传播，发挥放大器的作用。此时，危机传播就是危机应对、应急处置的重要组成部分，而不是应急处置之外的部分。受灾人群的自救、互救和救援组织的行动，群体行为的控制，社会秩序的稳定和重建，主要靠应急传播来组织。党和政府的声音、措施，全社会对灾区的关注、关爱和支援，也主要通过媒体来传递和促成。比如在汶川地震时，为灾区群众和救援人员普遍发放了收音机。中央人民广播电台同时承担国家应急广播功能，就充分体现了在应急处置中媒体所发挥的作用和特殊功能。

危机事件的应急处置是社会治理的特殊状态。这种应急处置阶段是协同治理发挥功效的重要关口，当然也是媒体必须体现出在社会治理、应急处置中作用的关键时机。所谓应急处置的核心是有急即应，可采取一切必要而可行的手段。在新媒体条件下，包括移动传播在内的更多新传播手段、新传播形态，被主流媒体应用于应急传播中，在应急处置和社会治理中发挥着更强大的作用。

在应急处置中，媒体的特殊功能在于，不仅要发挥传播功能，将政府发布和所采集的信息进行多轮有效传播；还要更强有力地发挥政治功能，将应急传播的核心使命定位于维持进而增进认同，特别是政治认同。各种突发事件发生时，往往伴随着一定的争议。对危机处置措施的不同看法、不同诉求及其影响，有时甚至超过突发事件本身。因此，媒体不仅要通过有效传播推进以人为本、积极救援、有效处置，还要明确应急传播的目标之一是稳定社会秩序、增进政治认同，是推进协同处置、有利社会治理。仅仅基于自身的传播需要，注重流量与影响，而有碍共识与协同的推进，都是有违媒体的角色定位与使命担当的。

三、角色担当：大格局中的重新定位与优化路径

从更高层面看，媒体在社会治理中的角色定位与担当，必须放在更大的格局进行思考。这至少包括两点。一是以新的角度思考百年未有之大变局中媒体应当担负的角色和发挥的功能作用。如此剧烈的变化，既会以多种方式影响国内政治、经济、社会的运行以及人们的认知和观点，又需要媒体从新的层面去应对。因此，百年未有之大变局，不仅仅是媒体报道国际事务的观察分析视角，也是重新思考在社会治理中媒体角色定位与担当的坐标和卡尺。媒体并不仅仅是报道者，还是协同治理中的积极参与者。在构建人类命运共同体的愿景下和进程中，协同治理也是各国处理国际事务的应有模式。一个国家的国际传播能力，就是协同治理能力和国际影响力、动员力的核心组成部分。因此，媒体必然也必须发挥更多功能、更大作用。二是在推进国家治理体系和治理能力现代化进程中，人们必然越来越体会到媒体的基础作用和特殊地位，也必然把媒体视为国家治理体系的组成部分，把媒体的传播力、引导力、影响力、公信力视为国家治理能力的一部分。

在这样的大格局下重新思考，人们就会对媒体在社会治理中的角色定位和责任担当有新的认识。当人们把媒体素养、传播能力视为一个人和一个组织的基本能力之时，人们必然对媒体有更高要求。这也必然是媒体在融合发展中的关注重点和追求目标。离这样的目标越近，媒体的竞争力就会越强。

（一）体系中的有机体：在大格局中重新自我定位与功能定位

当媒体在大格局中进行自我定位或推动各方面对媒体进行功能定位时，应当把媒体定位于国家治理体系和治理能力的有机体，应当能动地发挥作用，而不只是简单地担任报道者。

在大格局中思考媒体的角色应当认真重温《中共中央关于坚持和完善中国特色社会主义制度 推进国家治理体系和治理能力现代化若干重大

问题的决定》（以下简称《决定》）。媒体已进行过许多相关报道，但有一点人们还必须更为深刻地认识和体悟。

《决定》一共十五个部分。第一部分是“坚持和完善中国特色社会主义制度、推进国家治理体系和治理能力现代化的重大意义和总体要求”。第二至第十四部分，分别论述了必须坚持和完善的制度和制度体系，包括坚持和完善党的领导制度体系、人民当家作主制度体系、中国特色社会主义法治体系、中国特色社会主义行政体制、社会主义基本经济制度、繁荣发展社会主义先进文化的制度、统筹城乡的民生保障制度、共建共治共享的社会治理制度、生态文明制度体系、党对人民军队的绝对领导制度、“一国两制”制度体系、独立自主的和平外交政策、党和国家监督体系，共十三个方面。

在《决定》第七部分“坚持和完善繁荣发展社会主义先进文化的制度，巩固全体人民团结奋斗的共同思想基础”中，特别强调：“发展社会主义先进文化、广泛凝聚人民精神力量，是国家治理体系和治理能力现代化的深厚支撑”，并把“完善坚持正确导向的舆论引导工作机制”作为“坚持和完善繁荣发展社会主义先进文化的制度”的第四个具体方面，是国家治理体系和治理能力现代化的战略格局和制度安排的有机组成部分。而媒体，特别是主流媒体是舆论引导工作机制中的主力军，应当从“治理体系中的有机体”这个层面进行自我定位和功能定位。

在《决定》第九部分“坚持和完善共建共治共享的社会治理制度，保持社会稳定、维护国家安全”中，开宗明义，强调“社会治理是国家治理的重要方面”，要“建设人人有责、人人尽责、人人享有的社会治理共同体”，清晰准确地明确了社会治理在国家治理中具有“重要方面”的地位，是建设“社会治理共同体”的目标。这都为媒体在大格局中重新自我定位和功能定位提供了法理基础和制度支撑。

（二）加强能力建设：在治理能力现代化中的不懈追求

媒体要担当起在国家治理体系和治理能力现代化进程中的制度安排

赋予的责任和角色任务，不仅要重新自我定位和功能定位，还必须有效加强能力建设，并把能力建设置于应对百年未有之大变局和推进国家治理体系和治理能力现代化的大格局中，突出重点、完善体系、强化基础、优化成效。

在这个大格局下，媒体首先应当加强政治能力。这里的政治能力应当如何定位？按照习近平总书记在十九届中央政治局第六次集体学习时所强调的，领导干部要增强的政治能力，是“把握方向、把握大势、把握全局的能力，辨别政治是非、保持政治定力、驾驭政治局面、防范政治风险的能力”，是“善于从政治上分析问题、解决问题”的能力，是能够“炼就一双政治慧眼，不畏浮云遮望眼，切实担负起党和人民赋予的政治责任”的能力[①]。而且，应把提高政治能力视为“为我们党不断发展壮大、从胜利走向胜利提供”的“重要保证”[②]之一。虽然这是对领导干部，特别是对高级领导干部的要求，但对媒体的把关人和领导者同样适用。考虑到媒体在当今时代所起的作用，就更应当加强把握方向、把握大势、把握全局的能力，更应当加强善于从政治上分析问题、解决问题的能力，更应当努力炼就一双政治慧眼。从大格局和使命任务的要求看，媒体把关人和领导者必须不断增强的政治能力，是对政治方向、历史趋势、战略大势、事业全局的把握能力，是对战略方向、战略问题的把握能力，是能够保持政治定力、驾驭政治局面的能力。就是说，是在政治根本层面上的把握能力，而不是其他具体层面的能力。在当前的国内国际形势下，更可以体悟到加强政治能力的重要性和急迫性。

其次，应当加强兼顾国内外不同舆论环境和任务要求的融合传播能

① 习近平：《增强推进党的政治建设的自觉性和坚定性》，《求是》2019年第14期。

② 习近平在十九届中央政治局第六次集体学习时强调：“要把准政治方向，坚持党的政治领导，夯实政治根基，涵养政治生态，防范政治风险，永葆政治本色，提高政治能力，为我们党不断发展壮大、从胜利走向胜利提供重要保证。”《习近平在中共中央政治局第六次集体学习时强调 把党的政治建设作为党的根本性建设 为党不断从胜利走向胜利提供重要保证》，《人民日报》2018年7月1日，第1版。

力，特别要加强国际传播能力。加强传播力，既是媒体的自我追求，也是对媒体的基本要求。但在大格局下审视所需要加强的传播力，是能够兼顾国内外不同舆论环境和任务要求的传播力，是能够适应技术推动和人们信息获取行为变化所产生的融合传播条件和需求的传播力，而不是简单地增强传统传播力。正是因为网络传播越来越成为信息获取和影响力传递的主要渠道和主要形态，正是因为社交传播和算法推送形成的精准传播的影响力越来越强，对政治、经济、社会运行和文化生活等的影响越来越深，融合传播力才能够真正发挥作用。也正是因为网络、社交、移动传播的弱地域性、强相关性，任何通过网络、社交、移动平台传播的内容都可能跨越地域，既可能从境内传播外溢到海外，也可能从海外回流到境内。而今天，国际事件和现象，对国内舆论动向和人们的行为同样有深刻影响。因此，传媒必须构建更为强大的兼顾国内外不同舆论环境和任务要求的融合传播能力。

在大格局下担当起自己的角色，发挥更有力的作用，在加强政治能力和融合传播能力建设的同时，媒体应当努力加强综合竞争力。同样，对综合竞争力的构成和优化重点，也应当以新的思维来认识。

第三节　拓展战略：基于战略考量激发学术传播影响力

学术传播是非常重要的传播现象，既具有学术性影响，在客观上又产生国际传播、战略传播所期望产生的深层影响，深刻影响人们对科学活动、科学成果及其相关研究团队、研究实体和国家的认知。数字科技给学术传播活动产生全球性影响提供了新工具、新便利和新驱动因素，进一步促使学术传播成为国际传播构成中具有战略意义的部分。

一、科技竞争中的学术传播数字化变革

数字化变革带来的挑战是特征鲜明又复杂多变的。

新媒体已经成为传媒格局的决定性力量，这是数字化变革给传统媒体带来的最大挑战。新媒体工具出现的间隔越来越短，新媒体使用者的增加速度、新技术工具媒体化的速度越来越快，新媒体影响力越来越大，深刻驱动着新闻传播、信息分发领域加速变革，推动数字经济发展和社会变革。

从发展的历史看，“新”媒体是时间概念，400 多年前出现的新媒体是现代意义上的报纸，100 多年前出现的新媒体是广播，然后出现的新媒体是电视。互联网的出现使新媒体出现的速度、种类、数量都大为增长，媒介化的速度大大加快。微信作为新的社交联络工具，在中国仅上线 421 天，就已经媒介化，开始推送新闻。一种传播工具的演变为传媒工具的发展速度有多快？从广播技术出现到第一个广播电台诞生用了 14 年，电视台的出现距电视技术发明用了 5 年，而微信演变成传媒工具在中国只用了 421 天。

对传媒业格局与未来发展而言，更应关注的是传播模式正在发生的变化和不同传播类别正在发生的变化，它们是推动传媒形态、终端工具、传播方法、竞争格局变化的基础性力量。

这里以人人受惠却受关注不多的学术传播为例，分析其在数字化变革中的演变特征。这些演变，相当部分也会同样出现在其他传播类别、传播领域中。

学术传播作为人类探索真理、创造知识、传播文化活动的组成部分，具有悠久的历史和丰富的表现。历史地看，学术传播现象是人类知识传承活动的组成部分。古人的知识传授、著述发表、学问切磋等活动构成了那个时代的学术传播。记录孔子及其弟子言行的语录文集《论语》，既是学术传播的成果，又体现了古代“有教无类”的知识传承活动的特点。学术传播与近现代学术活动是共生并互相促进的。17 世纪出现的科技期刊成为专业学术成果发表平台，既推动了科学研究，又成为相关国家实力与影响力的承载者与放大者，如 1665 年创办、1776 年改名并出版至今的《哲学汇刊》。

在前数字科技时代，学术传播主要借助课堂、学术著作出版、学术期刊、学术会议等进行。在数字科技支撑下，学术传播数字化变革呈现一系列重要特征，深刻改变了国际学术传播的传播形态、传播渠道、传播影响、传播关系，其影响逻辑在不断演化。特别是随着在线学习、在线会议、在线工作等成为常态，在深刻改变了科研、教育等领域的工作形态、运行方式的同时，也深刻改变了人们的思维方式和工作习惯，深刻改变了学术成果、学术观点的呈现、传播方式，同样也在强化学术传播对政治、经济、社会的影响。国际学术传播在服务科研教学、应用转化的同时，也支撑着国家间的科技竞争与战略博弈。

在数字化、智能化变革中，学术传播至少正在发生以下十个方面的变化。

（一）在线会议塑造协同模式，改变表达逻辑

新冠肺炎疫情全球流行后诸多应急选择实际上深化了包括学术传播在内的各领域数字化变革。国内外学术活动、教学活动越来越多地借助线上会议形式进行，学术活动参与者越来越习惯借助互联网工具实现网上协同，越来越多的组织运作转向利用线上会议，政治、经济、社会运行更加依赖线上协同，从而既进一步了拓展学术交流、学术传播方式，其便利、效率和低成本也在深刻改变社会形态、工作方式和组织方式。人们对于线上授课、线上会议、线上工作的接受度大为增强，深化了人们对数字化的依赖的同时，也在塑造更有支配力的线上协同模式，影响今后至少十年国家、企业等的竞争逻辑。协同工作能力将成为个人、机构、组织、国家等主体竞争能力的重要部分甚至是核心部分。

教学、科研、工作等活动在线化，也在改变学术传播的表达逻辑。口语内容是在教室、实验室等教学场景，各类学术研讨、学术沙龙等学术交流场景和各种学术会议、学术论坛等学术传播场景产生的主要内容形态。口头传播是文化传承与学术研究活动非常重要的部分。中国文化传统中既有“尊师重教”，也有先贤“述而不作”。孔子的《论语》、

康德的《逻辑学讲义》等在学术史上影响深远的著作就是由听课笔记整理而成的。在数字科技推动下，口语内容在线化传播成为趋势，在社交群组里语音讲课成为新的讲授形式，非面对面交流改变着口语内容的表达方式、表达重点，也在影响人们的思维方式和相互关系。

（二）数据库平台成为主渠道，左右科研取向

传统上，学术成果以学术期刊、学术出版为发表平台和传播主渠道。随着在线数据库媒介化并成为最有影响力的传媒形态，学术成果虽仍以学术期刊、学术出版为发表平台，但实质转向了以在线数据库平台为传播主渠道。数字科技首先改变了文字、图片内容的生产方式与呈现方式。文字及图表、图片等是学术论文、学术综述、实验报告等学术作品中观点、依据的主要表达形式和依据体现。借助数字科技，图表内容、图片内容等的呈现形式更为丰富，生产、组合更为便利。相应地，论文中所使用的图表，也成为学术界判断论文质量，甚至是否存在学术不端的重要切入点和突破口。

学术成果以学术数据库平台而不是纸本学术期刊为学术传播主渠道，是数字时代国内、国际学术传播所发生的最重要变化。其影响逻辑的微妙变化体现在以下几点。一是在线数据库平台对学术传播受众具有更实质性的影响。学术数据库平台的传播广度、使用便利度、内容丰富度远远大于纸本学术期刊，学术活动参与者利用学术数据库平台可以在甚至多达几千种期刊中搜索自己感兴趣的内容，客观上扩大了读者的阅读面、特定期刊的传播面，也相应弱化了以往在阅读纸本期刊为主时学术期刊的编辑意图、编辑方针所产生的影响。二是以在线数据库平台为传播主渠道，深刻改变了学术活动参与者与学术出版机构、学术期刊的关系，也明显或强烈地放大了学术数据库平台及其实际控制者的影响力。三是在线数据库平台为使用者提供了更大的浏览范围和搜索便利，使人们更习惯搜索式获取、多维度比较、多热点关注，客观上给了研究者发现、归纳顶级学术期刊、学术会议的选择偏好和研究热点的机会，

从而牵动研究者的研究方向选择与研究课题选择，深刻影响人们的注意力分配与研究取向，相应地也降低了研究者凭个人喜好与个人发现选择研究方向与研究课题的可能。四是深刻影响学术期刊编辑者的行为取向与追求。以在线数据库平台为传播主渠道，支撑学术期刊品牌、地位、影响力的主要因素集中为所刊登文章的质量和所产生的影响，具体体现在被引率等指标上。为追求更高的被引率，一些学术期刊本能地减少发表文章的数量，以缩小分母来提升被引率、降低风险。五是以在线数据库平台为传播主渠道，使学术内容资源、受众资源、注意力资源等向平台集中，使原就拥有著名学术期刊资源又拥有学术数据库平台的五大世界著名学术出版商爱思唯尔、威利 - 布莱克威尔、施普林格、泰勒 - 弗朗西斯、世哲出版等公司，在国际学术传播格局中占据特殊地位。

（三）网络版在线预出版创造时效价值和影响

基于数字技术提供的便利，在数字出版技术推动下，出现了一些新的学术成果发表和传播方式。既包括在纸质期刊出版之时推出网络版，放在自建网站或学术数据库平台上传播；也包括在纸质期刊出版前，将学术论文等相关内容在网络平台在线优先出版；还包括发布不经同行评审程序的论文预印本。学术出版已经实现数字化，从而为学术期刊内容借助自己的网络版或学术数据库平台传播奠定了基础。2005 年以后，国际学术期刊逐渐开始优先数字出版或在线先出版，“即在期刊印刷出版之前，在互联网上出版期刊的录用稿、单篇定稿和整期定稿”[①]。率先这样做的包括《科学》（*Science*）、《自然》（*Nature*）以及爱思唯尔和施普林格旗下的期刊。之后，在线优先出版逐渐变化为“在正式按期次成册印刷出版前，在网络上以单篇论文为单位、以 PDF 文档的形式

① 陈华、巩倩：《医学期刊文献优先数字出版模式》，《中国出版》2010 年第 20 期。

在线优先发表，通常比印刷出版提前几周或几个月”[①]。在线优先出版显然有利于大幅度提升学术传播的时效，特别是在人类共同面对重大问题时，在线优先出版有利于学术成果更快地发挥其应有的作用。在一些领域，学术成果的价值会更快地随着时间流逝而折损。有学者认为，医学文献的寿命最短，“半衰期只有 3 年”，而“据调查，医学文献数量居所有学科文献之首，约占全部科技文献总量的 20%~25%”[②]，而学术论文预发布形式的出现，更进一步提升了学术传播的效率。中国科学院科技论文预发布平台把自己定义为“接收科研团体提交预印本论文手稿并为这些论文手稿提供开放交流服务的平台系统”，而“预印本”“是一种用于在科研团体间进行学术交流的论文手稿，这样的论文手稿在开放交流之前未经同行评审”。这个平台上还提供了 26 000 多种国际期刊的预印本。

（四）数据内容产品深刻影响数据话语权博弈

以数据为主要表现形态的内容，既包括数据挖掘、数据可视化等形成的内容，又包括各类数据库内容产品、数据流内容产品；既包括数据集、程序等研究成果，又包括发布、展现科研成果、科学发现、学术观点的学术数据库内容。在数字科技支撑下，以数据内容形态进行传播越来越便利，数据形态成为具有更强证明力、说服力的学术表达方式，也同样是向公众进行政治传播、新闻报道、经济分析等的重要表达手段。如果说为互联网等新内容载体、传播载体所制作的数字内容，还可以看作传统内容在数字平台上的延展，发生变化的主要是内容形态、表达方式、文体形式，那么以数据为主要表现形态的数字内容，则已经是基于数字科技赋能的内容形态创造。利用各种传感器系统和其他数据收集处理系统收集的新形态数据，既是自然世界变化和人类活动的反映，是科

① 丁媛媛、翁洁敏：《国内医学科技期刊在线优先出版状况调查》，《中国科技期刊研究》2014 年第 2 期。

② 同①。

学研究对象和产出本身，也是帮助认识政治、经济、社会和人本身的有力媒介。

数据的收集和发布是科研活动的重要体现，也是各国政府和国际组织政务活动中的一部分。不同的数据来源、数据内容、数据构成、数据呈现和发布方式，潜藏着不同的影响逻辑，也具有迥然不同的影响力。学术传播中所收集、处理、公开的数据，不仅对科研活动有深刻影响，对政务、商务活动同样有深刻影响，甚至左右着人们对某些现象、变化趋势等的认知，左右着人们的观点和行为取向。在国际传播活动中，使用各国政府和国际组织发布的数据是常规选项。尽管新闻作品、研究报告、政府相关文件常常使用数据作为事实本身的描述，或作为对所要发布事实和观点的支撑，但数据构成本身、表达方式和发布方式等，在很大程度地影响着人们接受、采信这些数据。实际上，国际组织、各国政府、新闻机构等也常常使用学术传播中的数据作为自己的观点和传播意图的支撑。国际知名大学、科研机构、媒体发布的调查数据、预测数据和统计数据分析结果的影响力更为明显，几乎左右着影响力竞争和数据话语权博弈。

数据话语权是特定主体通过对某个领域数据或更大范围数据集的积累、收集、控制、处理、发布、解读、传播等行为，以及通过提供不断延伸的相关数据产品和数据服务而获得的现实传播优势和深层影响能力。它是话语权的一种特殊存在方式。其特殊表现在于，数据和数据服务的专业性、客观性、连续性，使数据和数据服务更容易让使用者接受和相信，更容易让使用者对数据源产生路径依赖、形成特殊信任。相比一般由传播优势、表达方式形成的话语权，数据话语权的说服力、影响力和塑造威信的能力更强，对国际政治、经济运行和人们的意识形态能够产生更微妙而深层的影响。人们在获知、接受、使用、传播相关数据的过程中，为说明其权威性和客观性，往往都会强调自己的数据来源，这无疑又不断强化着数据收集者、控制者、发布者、传播者的权威地位。

（五）学术传播有学术影响更有战略传播价值

首先，学术传播的影响力当然体现在本学科、本研究领域。诺贝尔奖获得者常集中于一些顶尖研究机构、高校、实验室等，师徒同获诺贝尔奖的情况也不鲜见，不能忽略作为学术研究活动组成部分的学术传播在其中所发挥的重要作用。因“对拍卖理论的改进和新拍卖形式的发明”同获2020年诺贝尔经济学奖的保罗·米尔格罗姆和罗伯特·威尔逊，两人既是邻居也是师徒，至此威尔逊已有三个学生获诺贝尔经济学奖。包括学术交流在内的多种形态的学术传播，就是这些顶尖研究机构、高校、实验室研究基础、学术氛围、学术实力的有机组成部分。其次，学术传播在其学科、研究领域形成传播效能与影响力的同时，还会对其他学科领域产生直接影响，给予灵感启示，激发、促进其他学科的学术研究。科学发明与应用正是受益于这种影响力溢出效应而互相激励、共同发展。2018年诺贝尔物理学奖获得者阿瑟·阿什金就是因为受到参加科学会议时偶然听来的一段对话激发，才开始对用微弱“光压”捕捉微小物体的“激光镊子”的研究。1986年，他与美籍华人科学家朱棣文等贝尔实验室的同事完成了“激光镊子”的第一次实际应用，实现了对原子的捕获。朱棣文因“发明了用激光冷却和俘获原子的方法”获1997年诺贝尔物理学奖。“激光镊子”之后在物理学、生物医学等多个领域得到广泛使用①。

更值得重视的是，学术传播可在科研教育之外的领域产生传播效能，深刻影响政治、经济、文化进程和人们的思维与决策，会对人们的认知、情感、思想、行为等产生深远而强烈的影响，改变或强化他们对学术活动及其成果所依托的科学机构、制度文化、政治实体（如国家）

① “激光镊子”也称“光学镊子”（Optical Tweezer），其发明者阿瑟·阿什金的灵感，源于1966年他作为贝尔实验室激光研究部门负责人在凤凰城参加一个科学会议时，偶然听到两位研究人员讨论激光的一些奇怪性质：激光束中的尘埃颗粒会来回乱窜。当时，激光发明仅6年。阿什金用一系列实验和计算证明不是光压而是热辐射引起了微粒位移。1980年，他又提出了一种利用光学陷阱来测量电子电荷的方法。1986年，他与美籍华人科学家朱棣文等完成了“激光镊子”的第一次实际应用，实现了对原子的捕获。

的认知和价值判断。这种影响力溢出效应，还会超越一个国家或其他政治实体而呈现国际传播、跨文化传播的影响效能。在实际运行中学术传播的影响力会超出学术范围，呈现影响力溢出效应，这是一种历史事实和现实存在。学术活动、科学知识、科学成果等的科普传播、新闻化传播、可视化传播成为宽泛意义上的学术传播，包括互联网、学术数据库平台、移动应用在内的数字传播平台和媒介，放大了学术传播的影响效能。

（六）实验既是学术传播内容也成为特殊载体

在实验室、工厂、发射场等场所进行的实验、实际应用过程既是科学研究也是学术传播活动。实验是蕴含信息丰富、说服力强的教学手段。实验既是科学研究活动的重要部分，也是证实或证伪某种观点、假说、理论模型的重要手段，甚至是关键验证方法和研究途径。物理学家吴健雄的实验证明了在弱相互作用中的宇称不守恒。之后，1957 年，杨振宁、李政道因发现弱作用中宇称不守恒而获得诺贝尔物理学奖。当实验具有超乎想象的难度或是与所验证理论的相隔时间很长时，一旦获得具有重要价值的成果，就会既具有很高科学价值，又产生很强的学术传播效果。1916 年爱因斯坦基于广义相对论预言了引力波的存在。100 多年后，科学家获得了引力波存在的直接观测证据。2017 年 10 月 16 日，全球多国科学家同步举行新闻发布会，宣布人类第一次直接探测到来自双中子星合并的引力波，并同时“看到”这一壮观宇宙事件发出的电磁信号。这次观测研究成果发布既是一个科学事件，也是一次高效的学术传播，使决策者和普通公众知晓了引力波的存在及其科学意义，也带来了更多对引力波探测等天文观测能力感兴趣的资金和人力投入。

实验本身和结果既是一种重要研究节点和研究水平的标志，也可以是或可能被作为传递某种信息的载体，或是具有某种特定意义的仪式。这种实验往往更强烈地体现了影响力溢出效应。在地缘政治中，进行某种武器或运载工具的实验，常常是表达某种战略意图、政治信息的重要选择。国际社会也会同时从研究水平及其在地缘政治、军事威慑中的价值及所表达的战略意图等角度，解读这种实验被启动及其结果所携带的信息。特殊情况下，更把某个国家是否进行某种武器的实验解读为一种具有战略意图的外交手段。比如在有关朝核、伊核的新闻报道和各方表态中，可以看到某种试验进行或停止与地缘政治、与双边及多边外交之间的强烈联系，其影响力溢出效应更为明显。

（七）实物展示体现研究水平也具有特殊影响力

在科技馆、展示厅等场所展示某种科学研究成果实物或模型，以展现科技成果的原理、应用、功效，展示科学研究水平和成果，构成有说服力的实物内容，也具有很强的影响力溢出效能。传播主体特意选择的实物传播地点往往是为了传递某种信息、体现某种传播意图。能否进入国家级博物馆或展览厅，选择什么地点进行实物收藏和展示，都具有深层考虑和深刻含义。比如嫦娥五号携带返回地球的月壤，不仅以中国科学院北京天文台作为主要存储点，还将 100 克月壤放置于中国国家博物馆供观众参观，更有部分月壤存放在湖南韶山。

（八）多媒体内容提升内容丰富度与公众接受度

以图片、视频、音频等多媒体手段记录、展现学术研究过程和结果，是数字时代科学研究、学术传播的新进展，有效提升了学术传播内容的丰富度、表现力和说服力。以多媒体手段将所要传播的学术内容以独特创意、专业标准、易于接受的表达方式等传递出来，也有效提升了公众对学术内容的接受度，使专业内容在传播中产生超专业影响。摄影史上现存最早的照片是 1826 年拍摄并保留在铅锡合金板上的法国乡村一座谷仓周边的景象。图片左边是鸽子笼、一棵梨树及枝头间透出的天空一角，中间是有倾斜屋顶的谷仓，右侧可见到房屋的另一个侧厅。这与其说是一种实景记录，不如说就是对一次科学试验的记录。这种对真实景象的记录，让人们迅速认识并接受了摄影术。之后，照片和活动影像成为有证明力、说服力的学术记录手段和学术传播手段。作为对公众最有影响力的学术传播载体之一，科学题材的纪录片受到人们的欢迎。数字科技的发展，电视片的拍摄从早期使用胶片，发展为使用模拟技术，最终走向使用数字技术。因为具有了数码摄影摄像等便利、高效的记录手段和传播工具，学术研究和其他领域一些昂贵的重要活动消失了，比如不再需要以返回式卫星把卫星在太空拍摄的胶片送回地球冲洗，而是可以借助网络技术把数码摄影照片和视频直接发送回地面。但修图等图像处理手段、数字合成等技术的不当使用甚至非法使用，大大贬损了照片、视频的证明力和证据价值。互联网、移动终端的广泛使用，多种社交平台和提供视频分享功能、流媒体服务、小视频分享、音频服务等的网站、客户端等互联网平台迅速获取了海量用户，小视频也成为学术传播工具。知识性、方法性、学术性内容在互联网上产生了超专业影响，大学教授在网站上开设的经济学音频付费课程推出当年即获得了 27 万个订阅者。这既说明知识付费被越来越多的人所接受，也说明学术传播借助数字科技获得了更大的受众群、影响空间和新的表达方式。以影像、音频和交互手段等实现的沉浸式体验等，也在学术传播中越来越多地运用。以图表、图示、动图等可视化手段在多种场所、环境、条件下进行的学术传播，展现了独特证明力、说服力。

（九）交互传播、沉浸体验提升展陈传播影响

以实物、模型、文字、图片、海报、多媒体、空间布设、可供体验的模拟装置等手段在特定场所展示、陈列、展览、展现形成的展陈内容，既是重要的学术交流、学术传播手段，也是科普教育的基本形式之一。展陈内容形态正借助数字科技走向采用实时交互传播、个性沉浸体验以增强影响力。展陈空间、陈设布局等可以让参观者感受到特定信息和展览者的意图。建筑空间的尺度、递进都会对观众产生影响，展品、

空间、环境及其布设都在传达特定信息。早期的展陈内容形态体现往往是在某个场所布设一个展览，以实物、模型、照片、文字说明等手段表达。而随着传播理念、表达手段的发展，展陈传播越来越多地引入多媒体传播手段。而展示越来越发展成一种独立的传播形态或类别。相对成熟的体育展示的一些手段和方法也被引入科学主题的展览等学术传播场景中。

（十）学术传播数据再挖掘助力大国科技博弈

学术传播的数字化变革集中呈现为两个鲜明特征。

一是互联网、社交媒体成为学术传播的重要平台，扩大了学术传播影响范围。数字科技不仅大大提升了面对专业受众所进行学术传播的效率与能力，还大大提升了面对公众进行的包括科普在内的学术传播的效率与能力，从而使学术传播的外延和受众群进一步扩大。在互联网上，专业内容在传播中创造了超专业影响。互联网、社交媒体成为学术活动、学术观点、学术成果、学术影响的集散地和放大器，服务于学术研究和学者的学术社区，传递某个学科、领域研究进展和观点的个人账号或团队账号正在产生越来越大的影响。公众接触学术信息、学术成果最便利、最迅捷的渠道，不再是媒体的传统传播方式，不再只是学术场所、学术沙龙、学术会议、学术期刊，而已经首推互联网、社交媒体了。

二是不仅科研活动产生海量数据和大量包含重要信息的图片、视频，浏览需耗费大量人力、时间，而且学术论文、学术观点、学术活动等海量学术传播信息已非人力所能跟踪，急需人工智能等手段介入，智能挖掘学术传播海量数据，以助力科技竞争、大国博弈。当代史中不乏从学术信息里挖掘出重要研究方向的先例，甚至在某些时刻深刻影响大国间的战略博弈。有些学术传播举动，以传播者或许意料不到的方式改变了世界进程，比如关于铀原子裂变时可引起链式反应的学术观点的传播，虽然当时很少有人关注，但就在无意间产生了改变世界进程的效果。原子弹的研究，就始于这次学术传播引发的警觉和决策。1939 年初，科学界已经获知中子被吸收后有时会引起铀原子裂变，引起链式反应，产生惊人爆炸[①]。1939 年 3 月德国占领捷克斯洛伐克后开始禁止铀矿出口。不久，德国科学家傅吉在德文科学期刊上公开发表了一些德国核分裂研究的新近成果。同盟国科学家认为，德国能够发布这么多资料，他们真正的发展情况还要更加先进。匈牙利裔科学家利奥・齐拉特说服爱因斯坦共同具名致信美国总统，从而促使美国开始实行“曼哈顿计划”[②]。

今天，各国都认识到科学发明对国家经济发展和综合实力提升的作用。具有重要意义的科研方向、颠覆性技术的发现，必须依靠科研工作者的直觉、经验和学识，也必须运用大数据、人工智能等技术帮助处理海量数据，挖掘有用信息，获得重要启示。这在科技竞争日趋激烈、大国博弈走向深层的历史关口，刻不容缓。

二、学术传播在中国战略传播体系中的地位与价值

时刻进行的全球传播活动，不仅包括一般意义上由媒体等专业机构所进行的大众传播，由国家或某种政治实体为实现战略目的所进行的国际传播或战略传播，由公众通过自媒体等进行的社交传播，还包括主要由学术活动参与者等主体进行的学术传播。

学术传播是非常重要但还缺少系统研究的传播现象，是人类知识生产和文化传承的组成部分，与近现代学术活动共生并互相促进。从新闻

① 1939 年初，李泽・梅特纳、奥特・哈尔姆和弗里茨・斯特拉斯曼等称，中子被吸收后有时会引起铀原子裂变。之后，其他物理学家如弗里德里克・约里奥-居里等人也得出相同结论：铀原子裂变时可引起链式反应，产生惊人爆炸。

② 齐拉特认为应对当时比属刚果的铀矿进行控制，于是请求和比利时皇家熟识的爱因斯坦帮忙，爱因斯坦欣然同意。接着齐拉特和银行家沙克斯共同具名一信，准备敦促罗斯福总统在美国进行原子弹计划，为了增加这封信的分量，他们也要求爱因斯坦共同具名，爱因斯坦同意了。这封信函，是促成美国原子弹计划的一个关键因素。

传播学的视野观察，学术传播是内容独特、类别多样、范围广阔、传播迅速、影响深远的特殊传播活动和传播现象。由包括学者、教师、学生等在内的学术活动参与者和其他知识生产者，通过发表论文、讲授课程、发表学术观点等活动，以口头传播、文字传播等形态所进行的学术传播活动，不仅是学术活动的重要组成部分，而且构成了内涵清晰、形态多样、受众庞大、影响深远的学术传播现象。

数字科技的广泛应用，给学术传播活动在全球进行、产生全球性影响提供了新工具、新便利和新驱动因素。学术传播在数字时代的最重要演变，是学术数据库平台成为学术传播主渠道，人们阅读学术论文不再主要通过纸本学术期刊，而是借助各种各样的学术数据库平台、知识服务融合平台等通过检索、查询、浏览、下载等方式实现在线阅读或线下阅读。在数字科技推动下，学术传播的外延和受众群进一步扩大，从而深刻影响科学研究活动本身和学术活动参与者的思维和行为。

更为重要的是，借助学术数据库平台、互联网等提供的便利，学者在国际著名期刊发表的成果影响范围更大、传播时间更久，而且当一些研究成果、研究者的某种成就或研究者在某个领域的影响被国际学术期刊、国际著名媒体和领域内的权威专业媒体报道后，学术同行、所在机构、管理者、决策者以及普通公众还会把其作为一种肯定，从而进一步再传播以扩大影响：会将其视为一个国家、地区努力研究的成果和科研能力的象征；还会将其视为重要荣誉的象征。因而，学术传播不仅会产生学术性影响，助力科学研究活动本身，也会在学术影响之外产生多重影响，深刻影响人们对科学活动、科学成果、研究团队背后的研究实体和国家的认知。

从总体上看，学术传播本身既是学术活动的组成部分，又有力支撑、深刻影响着科学研究活动与成效；学术传播的影响既是学术性的，也是战略性的；既是原本意义上的学术传播，又产生国际传播、战略传播所期望产生的深层影响；学术传播能力和效果，深刻影响国际学术界和国际社会对中国的认知。“中国要强盛、要复兴，就一定要大力发展科学技术，努力成为世界主要科学中心和创新高地。"①而这就需要通过包括学术传播在内的有效传播活动让世界同行重新认识中国科学技术的成果和未来发展空间，也需要在学术传播等的助力下，吸引更多的人才和学术资源。

当前，加强中国国际传播能力建设、加强和改善国际传播工作正面临"新的形势和任务"，即"必须加强顶层设计和研究布局，构建具有鲜明中国特色的战略传播体系，着力提高国际传播影响力、中华文化感召力、中国形象亲和力、中国话语说服力、国际舆论引导力"②。学术传播具有战略性影响，学术传播应当是具有鲜明中国特色的战略传播体系的组成部分，这应是今天人们认识学术传播地位和价值的基点。

（一）学术传播的影响力溢出效应

1. 数字科技不断提升学术传播的全球影响

学术传播作为人类探索真理、创造知识、传承文化等活动的组成部分，具有悠久历史和丰富表现。在传统媒体时代，学术传播主要借助课堂、学术著作出版、学术期刊、学术会议等进行。虽然借助印刷术和发行网络可以流传甚远，但总体上还是受到发布时效、发行范围、购买费用、阅读便利等的限制。信息科技、网络科技等数字科技的发明及其应用，使学术传播有了新工具、新形态、新空间，不仅改变了学术传播的传播形态、传播渠道、传播影响、传播关系，更为提升学术传播影响力提供了物质基础与巨大空间。

当今世界，学术传播影响力在全球范围的扩展与增强，除缘于人类知识生产和传承活动本身的影响和支撑外，还得益于学术传播在数字时

① 习近平：《努力成为世界主要科学中心和创新高地》，《求是》2021 年第 6 期。

② 习近平：《习近平在中共中央政治局第三十次集体学习时强调 加强和改进国际传播工作 展示真实立体全面的中国》，《人民日报》2021 年 6 月 2 日，第 1 版。

代的发展与演变。

一是内容形态更为丰富，传播形态走向多媒体化与数据化，数字时代特有的数据传播、多媒体传播、可视化传播、展陈传播等形态使传播效率和影响力都得到有效提升。

二是学术数据库平台成为学术传播的主渠道，形成远比借助期刊等传统媒介更为强劲的全球影响力。它深刻改变了学术活动参与者与学术出版机构、学术期刊的关系，深刻改变了人们的使用行为，也明显或强烈地放大了学术数据库平台及其实际控制者的影响力。

三是网络版、在线预出版等数字传播形态，大大提升了学术传播的时效和效率而增强了影响力。网络版、在线预出版是基于数字技术出现的新的学术传播方式。

四是网络和数据库传播更容易形成全球性学术研究焦点，对各国科学研究和决策产生特殊影响。

五是互联网、社交媒体成为学术传播的重要平台，扩大了学术传播的影响范围，从而使学术传播的外延和受众群进一步扩大，增强了对全球公众的影响力。互联网、社交媒体的迅速发展，使专业内容在传播中创造出超专业影响。

2. 学术传播影响力的多维度拓展与溢出效应

学术传播在实际运行中的影响力会超出学术范围，呈现影响力溢出效应。这既是一种历史事实和现实存在，也是一个多维度逐渐拓展的过程。

学术传播的影响从来就不仅仅限于学术领域，而总是外溢到政治、经济和社会等其他领域，对社会精英、决策者和普通公众产生深刻的影响，对科学进程、社会进程、政治进程都会产生深刻、微妙而有力的影响，甚至可能催生出人意料的结果[①]。特别是包括互联网、学

① 陈景润（1933—1996）的论文《大偶数表为一个素数及一个不超过二个素数的乘积之和》（简称“1+2”）及其后续发表的详细证明，被称为“陈氏定理”，被国际数学界认为是对“哥德巴赫猜想”研究的重要贡献。有关陈景润研究活动和成果的报道，在改革开放之初产生了激发人们投身科学研究和经济建设的效果，深刻地影响了中国社会。

术数据库平台、移动应用等在内的数字传播平台和媒介，放大了学术传播的影响效能，学术活动、科学知识、科学成果等的科普传播、新闻化传播、可视化传播成为宽泛意义上的学术传播，对普通公众特别是青少年的影响更为直接、密切。这样的影响力溢出效应，不仅体现为知识溢出效应，还会对受众的认知、思想、行为甚至人格产生更深层的影响。

学术传播的影响以学术为圆心多维度拓展。

第一，学术传播的影响力当然首先体现在本学科、本研究领域。包括学术交流在内的多种形态的学术传播，就是这些顶尖研究机构、高校、实验室研究基础、学术氛围、学术实力的有机组成部分。

第二，学术传播的影响力体现在对相关学科、研究领域以外的学术研究产生的影响和支撑。在中外科学史上，这种学术传播的影响力溢出效应是客观存在的。一个学科、一个研究方向的学术论文、学术报告、学术方法，其影响往往会超出相关学科、方向，对其他学科的读者、检索者、听众及其他受众产生影响和灵感启迪，促进跨学科研究，甚至形成交叉学科研究成果。如“激光镊子”的发明和应用拓展。

第三，学术传播的影响力还体现在其可在学术研究之外的广阔领域产生传播效能，影响甚至深刻影响政治、经济、文化进程和人们的思维与决策。这种影响力溢出效应，体现为学术传播的影响效能会超出单纯的学术研究范畴，影响政治、经济、社会活动，甚至在其进程中发挥特殊作用；体现为学术传播会深刻影响学术活动参与者和青年学生的科学精神、科学思维及其对某个领域的了解和认知；同时具有超出学术领域的传播影响和特殊传播意义，不断深刻影响学术活动参与者和青年学生的思想、意识的形成与发展，影响他们对相关科学学术活动、学术成果的认知和把握，影响他们对学术活动及其成果所依托的科学机构、制度文化、政治实体的认知和价值判断。

第四，学术传播影响力溢出效应，既可能呈现为正外部性，也可能表现出负外部性[①]。学术传播不仅对相关学科、研究领域的学术活动参与者和学术研究本身产生影响，还会对学术传播预期对象之外的个人、群体、组织、国家产生一定或较强的影响，会对预期传播对象及其他受众产生学术之外的影响，这即为一种外部性体现。当学术传播在学术领域之外的更广阔领域产生传播效能，并没有减损其在学术领域的影响时，就呈现出较强的正外部性。一般来说，学术传播的影响力溢出效应往往呈现为正外部性。但也有一些学术传播活动在学术研究领域和学术研究以外的范围产生了不符合预期、不利于传播者、不利于其所在学术共同体的影响，甚至对一个国家政治、经济、社会产生负面影响，或可能导致国际社会对一个国家的科学精神、科学实力、科研成果水平等形成一定的负面印象产生不利评价。这样的影响力溢出效应，就呈现出负外部性[②]。这种负外部性现象的存在，对学术传播影响力溢出效应研究提出了应当急迫解决的问题。

（二）学术传播的国际传播价值

1. 学术传播是国际传播的有机构成

"国际传播本质上是一种基于战略目的的交流、沟通和对话。促进知悉、了解，进而理解、认可，甚至形成一定程度的认同，是以国家为政治主体实施国际传播的战略目的。"[③] 在全球化浪潮的起伏波动中，世界各国的合作与竞争交织进行，包括原创能力、创新能力、应用能

① 外部性是指一个人或一群人的行动和决策使另一个人或一群人受损或受益的情况。正外部性是指某个经济行为个体的活动使他人或社会受益，而受益者无须花费代价；负外部性是指某个经济行为个体的活动使他人或社会受损，而后者却无法获得相应补偿。从经济学的角度来看，外部性的概念是由阿尔弗雷德·马歇尔（1842—1924）和阿瑟·塞西尔·庇古（1877—1959）在 20 世纪初提出的。

② 一旦所传播的学术成果被认定涉及学术不端，不仅会对当事人产生负面影响，还会波及所在的学术团队、研究机构，也不利于国际社会对相关研究机构、高校甚至国家学术界的评价。

③ 陆小华，《国际传播中的对抗性传播探究》，《国际传播》2020 年第 4 期。

力、工程能力在内的科技实力成为国家综合实力的重要组成部分。而一个国家的科技实力既需要借助新闻传播以为人们所知晓，也需要借助学术传播以客观、实证、持续的方式展现。一个国家综合影响力、人才感召力、发展带动力、环境塑造力、秩序构建力等的体现和竞争，显然需要科技和文化的支撑，需要并且一直在由学术传播加以体现和支撑。学术传播能力已经是一个国家综合影响力、人才感召力、发展带动力、环境塑造力、秩序构建力等的重要部分。在近百年间各国利用新媒体传播工具增强国际传播能力的努力中[①]，学术传播实际上已经参与其中。各国在国际传播中纷纷通过选择信息、讲述故事、表达观点、交流文化以对其他国家、地区受众的思想、情感、选择、行为施加影响，而学术传播客观上也在以特殊方式证明一个国家在方针政策、制度环境、人才吸引、研发投入等方面的成效。因此，学术传播已经成为国际传播构成中具有战略意义的部分。一个国家的国际传播能力应当包含在国际传播领域可发挥特殊作用的学术传播能力。学术传播是国际传播的有机构成，具有特殊地位，应当得到更有力的重视和在政策制度上的支持。

学术传播不仅对学术研究参与者及其他传播对象的学术研究有直接影响，也直接、深刻地影响并决定着他们对其他国家和地区某个研究领域的情况、能力、成果的知悉、认可、认同情况，这同时也深刻地影响并决定着他们对这些研究背后的相关国家、地区相关因素的认同程度。而且相比一般大众传播及其他信息渠道，学术传播直接影响研究者、决策者等更有影响力的社会主流人群，对他们的思想倾向、意见判断、决策选择等会有更具战略意义的重要影响。持续影响有影响力的人群，正是学术传播影响力溢出效应的一种具体体现。

随着各种学术数据库平台取代纸本学术期刊成为主要传播平台，各

① 1900 年，无线电广播技术诞生。1920 年世界上第一座广播电台开始播音。广播是那时的新媒体。1927 年，荷兰开始用荷兰语向其遥远的海外殖民地东印度及其他一些地区广播，成为世界上最早开办对外广播的国家。不久，德国（1929 年）、法国（1931 年）、英国（1932 年）、日本（1934 年）等国家也相继开办国际广播。赵水福、郭北平：《国际广播概况》，《国际新闻界》1986 年第 4 期。

学科、研究领域国际学术会议和综合性国际会议的参加人数越来越多，在线交流、在线会议和在线学术平台的使用率、使用人数急剧增长，学术传播在国际社会的影响力进一步增强。各国研究人员和青年学生以国际通用语言直接参与学术传播活动，他们既是传播者，又是主要传播对象，更是影响力溢出效应的放大者。学术传播实际上已经成为具有特殊影响效应、深层影响力的国际传播现象，是互联网时代国际传播有机且重要的组成部分。

2. 学术传播国际传播价值的具体体现

学术传播的国际传播价值，体现在以下五个方面。

其一，学术传播既是学术研究中的课题交流、成果展现环节，也是一个国家科研实力与成效的客观表达、具体体现。

学术传播在促成不同国家、地区的学术共同体之间对话的同时，客观上是一个国家科技实力、创新能力、综合实力的具体体现。随着科学技术对经济、政治、社会和人自身产生越来越大的影响，当今世界普遍把自然科学和主要工程学科等的发展水平和原创成果，把一个国家在哲学社会科学、人文科学、文化艺术等领域的思考、探索、研究及成果，视为一个国家综合实力、发展潜力和竞争力的重要标志。因而，各国越来越重视其自身学术活动、学术成果在全球的传播，甚至把国际顶级期刊对本国学术成果的报道视为科学发展水平的一种重要标志。重要国际学术会议在一个国家、地区召开时得到举办地政府的重视和支持，既是对国际学术界和科学家的尊重，也是一个国家政策取向、价值观的国际表达。可以说，国际学术会议就是一个国家进行国际传播的载体。国际组织以及其他研究机构也越来越重视依据学术传播内容评判各国的综合实力、发展潜力、竞争力①。

① 经济合作与发展组织（OECD）将国际竞争力划分为宏观竞争力、微观竞争力和结构竞争力。宏观竞争力是指国家法规、教育、技术层次的竞争力，微观竞争力是指与企业取得市场和增加利润相关的竞争力，结构竞争力是指与技术基础设施、投资结构、生产类型、外部性等相关的竞争力。王勤：《当代国际竞争力理论与评价体系综述》，《国外社会科学》2006 年第 6 期。

学术传播客观上已经起到体现、彰显国家综合实力的作用，甚至在某些时刻、某种意义上深刻地影响战略博弈。有些学术传播举动，以传播者或许始料未及的方式改变了世界进程，比如关于铀原子裂变时可引起链式反应的学术观点的传播，使相关科学家意识到可据此制造原子弹，而原子弹被制造出来对第二次世界大战结果的影响尽人皆知。

其二，学术传播既是学术团队和学术研究参与者的一种学术活动、成果竞争，也是各个国家在科技领域的影响力博弈、话语权竞争。

学术成果的发表、学术观点的发布，既是科研活动的自然延续，也是一种成果竞争。在科学史上，不乏因为论文或成果晚于竞争对手发表而未能得到相应承认的例子。学术期刊的刊期和容量远远满足不了学术活动参加者发表成果和观点的需要，因而，学术期刊网络版、预出版等成为成果面世的新形态。各国科研机构、高校纷纷创办新的学术期刊，为相关领域提供新的成果发表平台，并努力提升所办学术期刊的影响因子以提升学术传播的影响力。

从国家层面看，这种通过学术传播进行的成果竞争，也是一个国家在科技领域的成效展现、影响力博弈、话语权竞争。“话语权的产生，实质上是在传播竞争中产生，在影响力竞争中形成的。”① 出于综合实力竞争与国家声誉竞争，任何国家都希望本国科学家在某些领域先做出成果，或做出的成果先得到承认，哪怕再以某种形式分享给其他国家。一个学者的学术成果先于学术同行发表，显然可以获得竞争优势和在该问题上的话语权，也显然让所背靠的学术团队、研究机构和国家享有了在问题上的竞争优势和话语权。学术传播所形成的传播优势，客观上也延伸到所背靠的学术团队、研究机构和国家层面。国际政治现实中，也存在一些国家抑制学术交流、学术传播的现象，以实现在科技领域保持优势的目的。这种情况下，学术传播成为大国博弈的牺牲品。

其三，学术传播既是科学精神、学术认知的客观表达和展现，也是各

① 陆小华：《数据话语权：国际传播的战略性竞争焦点》，《现代传播》2020 年第 10 期。

国学术界历史背景、价值认知、民族心理的文化交流、文明互鉴。

学术传播与一般大众传播相比，在体现更强的学术性、对象性的同时，已经体现出强烈的跨文化传播特征。即使是学者以论文、口头、实物等形式进行的学术传播，客观上也体现着其历史背景、价值认知、民族心理。因而，学术传播在一定程度上也可以被视为各国体现其历史背景、价值认知、民族心理的文化交流。学术领域的会议和学术界其他形式的国际交流、沟通，本来就比外交领域的交流更为多样、深入和频繁，某种意义上不自觉地发挥着民间外交、公共外交的效能，更有效地发挥着传播效能。学术知识分享、学术期刊阅读、学术数据库平台使用早就呈现跨国传播特征，向国际性学术会议和学术期刊投稿早已被各国高校和学术机构的认知和考评机制所鼓励，学术传播的国际和跨文化传播的广度与深度，某种意义上并不亚于大众传播中的跨文化传播、国际传播。

其四，学术传播既是学术观点、学术成果的展现，也是对人类共同面对的问题的关切和对国际社会的提醒，学术话题也会随之成为各国政府的政策重点和目标。学者们所关注的科学问题、所得出的研究成果，是出于科学认知和关切。学术活动参与者提出的人类共同面临的问题，借助学术会议、学术数据库平台、互联网提供的便利，通过学术传播和大众传播引起全世界的注意，并成为国际社会共同关注的问题，成为国际组织的议题，也成为各国政府的政策重点和政策目标。全球气候变暖问题作为一个重要课题，就是通过学术传播和大众传播而成为人类共同关注的问题，成为国际组织的议题和各国必须面对的重大问题的，因而各国相应确定了减少排放、在一定时间内实现“碳达峰”以至“碳中和”的政策目标，以对人类未来承担起责任①。气候问题这种人类关注

① 自 2020 年 9 月 22 日在第七十五届联合国大会一般性辩论上发表讲话，至 2021 年 1 月 25 日在世界经济论坛“达沃斯议程”对话会发表题为《让多边主义的火炬照亮人类前行之路》的特别致辞，国家主席习近平七次在重大国际场合就“中国力争于 2030 年前二氧化碳排放达到峰值、2060 年前实现碳中和”发表重要讲话。

的科学问题，也可能成为地缘政治的博弈工具[1]。

其五，学术传播既是按学术逻辑的学术表达，也是对一个国家形象的持续描绘、客观构建。

学术传播是学术活动参与者按学术逻辑所做的学术表达，按照学术研究进程和学术成果价值进行发布和传播。这与其他基于某种传播目标、传播策略进行的国际传播明显不同。但客观上，这种学术表达、学术传播构成了一个国家形象的持续描绘、客观构建。在人类文明进程中，国家形象的内涵越来越丰富，对一个国家的印象和认知涉及的方面越来越多。随着科学发明与应用越来越深刻、有力地改变政治、经济、社会和人本身，科学、人文等因素在国家形象中所占的比重越来越大，学术传播对国家形象的影响越来越大。对国家形象的最好塑造方式之一，就是有效的学术传播。这是学术传播影响力溢出效应的长期体现和直接结果。

（三）学术传播在具有中国特色的战略传播体系中的地位

面对当前复杂的国际局势与实现中华民族伟大复兴的使命，加强和改善国际传播工作所面临的“新的形势和任务”，就是“必须加强顶层设计和研究布局，构建具有鲜明中国特色的战略传播体系，着力提高国际传播影响力、中华文化感召力、中国形象亲和力、中国话语说服力、国际舆论引导力”[2]。学术传播的影响既是学术性的，又是战略性的，因此应当在具有鲜明中国特色的战略传播体系中占有重要地位，并着力

---

① 2019 年 11 月 4 日，时任美国国务卿蓬佩奥证实，特朗普政府已正式通知联合国，美国将退出《巴黎协定》。这是为期一年退出协定流程的第一个正式步骤。2020 年 11 月 4 日，美国正式退出了《巴黎协定》，成为迄今为止唯一退出《巴黎协定》的缔约方。2020 年 12 月 12 日，美国新当选总统拜登在其社交媒体上宣布，美国将在 39 天后重回《巴黎协定》。2021 年 1 月 20 日，美国总统拜登签署行政令，美国将重新加入《巴黎协定》。2 月 19 日，美国方面宣布，正式重新加入《巴黎协定》。

② 习近平：《习近平在中共中央政治局第三十次集体学习时强调 加强和改进国际传播工作 展示真实立体全面的中国》，《人民日报》2021 年 6 月 2 日，第 1 版。

加强。

1. 战略传播视角中的学术传播

战略传播是一个国家为体现国家战略利益、实现国家战略目标而对特定重要受众群进行传播、沟通、交流以实现战略价值影响的现象、活动和过程[①]。

战略传播的关键点在于：其一，之所以进行战略传播，其核心目的是“体现国家战略利益、实现国家战略目标”；其二，战略传播所针对的受众群是否重要的判断标准，在于这些受众的认知、态度、行为对“体现国家战略利益、实现国家战略目标”有无重要影响；其三，战略传播活动总体上所要实现的影响，必须是具有战略意义、战略价值的；其四，战略传播实现战略性影响的实现手段可以是多种多样的，在包括互联网、人工智能在内的数字科技深度影响传播的时代，战略传播可以使用的手段早已超越传统大众传播常见的范围；其五，战略传播的主导者是国家，而传播主体既包括政府机构、媒体，也包括在一个国家战略传播框架下为实现战略传播影响而努力的各种社会力量甚至个人。基于战略传播的定义，更值得讨论的是，战略传播的内容并不拘泥于一般意义上的新闻传播、国际传播常见的内容，只要能够帮助体现国家战略利益、实现国家战略目标，只要能够实现具有战略意义、战略价值的影响，都应视为战略传播的一部分，都应作为具有战略传播价值的内容、领域去着力经营。

学术传播的影响具有战略性，至少体现在以下几个方面。其一，学

① 战略传播的定义有多种。赵启正在《提升对“战略传播”的认识和实践》（《公共外交季刊》2015 年第 3 期）中提到：“战略传播”是为实现国家战略利益和战略目标而对重要的特定受众进行的传播、沟通和接触活动，战略利益即为维护领土主权、国家安全、金融稳定、生态环境、核心价值观等。战略传播是精心设计的活动，战略传播首先要求政府各部门之间充分协调，并主导民间力量也参与其中；战略传播的效果会表现为加强国内团结、获取国际支持、削弱敌对势力而谋求实现国家的战略利益。美国国防部《军事及相关术语辞典》这样定义：战略传播是美国政府为理解并触及关键受众以便创造、强化或保持有利于增进美国政府利益、政策和目标而进行的针对性努力。

术传播对于人们的影响是深层的。学术传播不仅会深刻影响人们对相关研究领域的认知，还会深深影响人们对相关研究实体、相关国家、相关制度特别是其背后的文化、价值观等的认知。其二，学术传播的影响往往是基础性、根本性的。传播者因具有权威地位而具有特殊影响力，如教师相对于学生具有权威地位，学术大师相对于一般科学研究参与者具有权威地位。其三，学术传播的影响是长远的，会长久影响人们的思维与行为。其四，学术传播的影响是整体性的，会慢慢塑造人们的认知框架、思维方式、知识体系、行为偏好，从而影响一个人的基本认知。

从总体上看，学术传播不仅会对社会精英、决策者和普通公众产生深刻影响，还会深刻影响人们对科学活动、科学成果、研究团队背后的研究实体和国家的认知；学术传播的能力和效果，不仅是科学研究和应用能力的组成部分，也已经成为评价一个国家科研实力、发展潜力等的重要标准。因此，从影响范围看，学术传播客观上已经具有战略传播价值；从传播范围看，学术传播已经在全球范围内时刻进行着，已经成为国际传播的组成部分，而国际传播本质上就是一种基于战略目的的交流、沟通和对话。

历史地看，一些原本没有战略色彩的选择、举措、事件，却具有很重要的战略价值。学术传播虽然是学术论文、学术演讲等的累积，但并不只单纯地产生学术影响，还会产生学术以外的战略性影响。在战略传播中，恰恰是一些看似没有标明“战略”两字的举措、内容、选择，有着深层的战略考虑，具有不可忽视的战略价值。有学者系统分析了美国战略传播视角上议程设置的特点，发现美国的一些政治、军事行动虽然是出于维护本国安全和国家利益的需要，但在设置议题、进行舆论动员时，却往往超越国家、民族的范畴而以“天下观”“道义论”“合法性”设置议题，或将现实政治隐藏在观念政治背后，以隐性手段设置议题，进行思想、观念、意志的导入①。

① 程曼丽：《谈战略传播视角下的议题设置——以美国涉外舆论为例》，《对外传播》2016 年第 8 期。

2. 从战略传播看中国学术传播面临的问题

1）中国科研论文发表量已跃升世界第二，但学术传播“西强我弱”态势仍然明显

根据2021年1月公布的《2019年中国科技论文统计与分析简报》，2019年，《科学引文索引》（SCI）数据库收录世界科技论文共229.28万篇（统计截至2020年8月），比2018年增加了10.8%，其中收录中国科技论文49.59万篇，按数量统计，中国连续11年位居世界第二，中国科技论文占SCI收录科技论文总数的21.6%，所占比例提升了1.4%[①]。但从总体上看，在学术传播能力与效果上，“西强我弱”态势明显，甚至并不能简单地说中国的学术传播能力与效果处在世界第二位或第二阵营。这表现在以下几个方面。一是中国科技期刊总量虽然已有约5 000种[②]，并且覆盖理、工、农、医、交叉学科等各个领域，但与建成世界科技强国的战略目标相比，总体发展规模和水平还存在较大差距。而学术传播，除了涉及科技领域，在哲学社会科学等领域同样既具有学术性影响又具有战略性影响。二是中国学术期刊的国际传播能力相对不足。这当然与以英文出版的期刊总量较少相关。虽然已经实施了中国科技期刊国际影响力提升计划和中国科技期刊卓越行动计划，但中国科技期刊的国际传播能力与中国科技的发展、与科技强国战略的要求，依然是有明显差距的[③]。三是中国学者的学术论文和研究成果还主要发

① 中国科技论文统计与分析课题组：《2019年中国科技论文统计与分析简报》，《中国科技期刊研究》2021年第1期。

② 《中国学术期刊影响因子年报》收录6 785种中国学术期刊，其中自然科学与工程技术期刊4 389种，人文社会科学期刊2 396种。2020年9月24日，在第十六届中国科技期刊发展论坛上，中国期刊协会副会长李军在发布《中国科技期刊发展蓝皮书（2020）》时介绍，基于国家新闻出版署2019年全国期刊年检数据，截至2019年底中国科技期刊总量为4 958种。

③ 2013年中国大陆主办的具有CN号的英文科技期刊只有244种。中国科技期刊国际影响力提升计划自2013年实施以来，已累计遴选D类新创刊项目90个（2013—2015年每年支持10个，2016—2018年每年支持20个）。2019—2023年为期5年的中国科技期刊卓越行动计划每年支持30种高起点新刊。宁笔、杜耀文、任胜利，等：《2020年我国英文科技期刊发展回顾》，《科技与出版》2021年第3期。

表在国外期刊上，在中国学术期刊上的发表量不足，这也影响了中国学术期刊国际影响能力的提升。根据《2019 年中国科技论文统计与分析简报》的数据，2019 年，中国学者作为第一作者共计发表 45.02 万篇论文，但其中在中国本土期刊发表的不足 3 万篇（占比约为 6.7%）[①]。

2）中国尚缺少能够向全球用户提供服务的学术数据库平台，全球学术传播能力有待加强

借助数字科技的发展，在各国加速把文献资料数字化、内容生产数字化的基础上，各类专业数据库平台成为学术活动参与者、决策者、管理者最重要的学术资源获取工具。学术数据库平台成为学术传播的主渠道。一些学术期刊出版集团运用数据库手段实现了在数字时代的转型，因为拥有内容资源和学术数据库平台而使其优势地位进一步增强[②]。在学术数据库平台领域，更凸显“西强我弱”局面。虽然自 1999 年开始，中国出现了知网、超星、读秀等学术数据库平台，但在吸引全球学术内容、向全球用户提供服务、向全球进行学术传播等方面的能力还有待加强。《关于推动学术期刊繁荣发展的意见》中强调，要“推进融合发展平台建设”，“支持大型学术期刊出版单位开发全流程数字出版平台、综合性学科资讯平台、知识服务平台，运营服务学者的虚拟学术社区”，“加强学术期刊论文大数据中心建设，打造世界科技论文引文库。加强国家哲学社会科学文献中心、国家哲学社会科学学术期刊数据

---

① 《2020 年我国英文科技期刊发展回顾》认为：如果这些论文的三分之一在中国期刊发表，则可能约 15 万篇论文会在中国科技期刊发表，这对于中国高水平期刊建设无疑是巨大的发展机遇；并且论文处理费用超过 2 万元的海外 OA 期刊将面临中国稿源减少的困境。宁笔、杜耀文、任胜利，等：《2020 年我国英文科技期刊发展回顾》，《科技与出版》2021 年第 3 期。

② 2018 年，全球最大的科技出版商爱思唯尔旗下的 2 500 种科技期刊共发表 47 万篇文章。其所拥有的 ScienceDirect 是全球最大的经同行评审的基础科学和医学研究数据库，现有 1 600 万篇论文和 39 000 种图书。从 2012 年至 2018 年，爱思唯尔进行了七次大的战略性并购，涉及科研价值链的多种平台和工具，从而进一步增强了其优势地位。练小川：《爱思唯尔的价值链延伸》，《出版科学》2020 年第 2 期。

库建设”，并提出“提升国际传播能力”[①]。而要建设吸引全球学术内容、向全球用户提供服务、向全球进行学术传播的学术数据库平台，仍然需要有专门的政策设计和付出艰苦努力。

3）面向全球进行学术传播的顶层战略、立体实施还需加强

总体上看，中国面向全球进行的学术传播处在主要以发表学术成果为驱动力的状态，还缺少面向全球进行学术传播的总体设计、顶层战略，缺少对中国学者的研究成果、学术观点等进行内容整合、提炼、挖掘，缺少把中国的学术研究成果、学术观点等内容通过各种媒体、手段进行立体、全方位传播。从战略传播视角看，面向全球的中国学术传播还需要从“自在”状态走向“自为”阶段。

3. 把学术传播作为国际传播能力建设的重要构成

其一，中国学术传播可以为实现中华民族伟大复兴塑造更有利的战略态势。学术传播的影响不仅是学术性的，还是深层、长远的，是基础性、根本性、整体性的，因此学术传播的实力、能力和努力，就更容易收获具有战略意义的影响。“国际传播的根本任务，从战略层面看，就是要基于国家利益努力塑造态势、引导趋势、放大优势、催成大势。”[②]学术传播必须在塑造更有利战略态势这个方面大有作为，强劲助力。

其二，中国学术传播可助力强化国家战略科技力量，提升国家创新体系整体效能。“世界科技强国竞争，比拼的是国家战略科技力量。”“当前，新一轮科技革命和产业变革突飞猛进，科学研究范式正在发生深刻变革，学科交叉融合不断发展，科学技术和经济社会发展加速渗透融合。”[③]在战略层面强化中国学术传播战略设计和能力建设，有助于“紧跟世界

① 2021年5月18日，中共中央宣传部、教育部、科技部印发《关于推动学术期刊繁荣发展的意见》，http://www.nopss.gov.cn/n1/2021/0708/c362661-32152337.html，访问日期：2024年3月27日。

② 陆小华：《新媒体战略在中国共产党百年历史中的地位和作用》，《天津大学学报（社会科学版）》2021年第3期。

③ 习近平：《在中国科学院第二十次院士大会、中国工程院第十五次院士大会、中国科协第十次全国代表大会上的讲话》，《人民日报》2021年5月29日，第2版。

科技发展大势，适应我国发展对科技发展提出的使命任务，多出战略性、关键性重大科技成果”，有助于“以国家战略需求为导向，着力解决影响制约国家发展全局和长远利益的重大科技问题，加快建设原始创新策源地，加快突破关键核心技术”[①]。其中，学术传播起着特殊作用。

其三，中国学术传播可以助力中国构建开放创新生态，参与全球科技治理。“科学技术具有世界性、时代性，是人类共同的财富。”[②]中国在自然科学、社会科学、工程科学等领域的研究成果和贡献有助于解决人类共同面对的问题。在战略层面强化中国学术传播战略设计和能力建设，有助于“深度参与全球科技治理，贡献中国智慧，塑造科技向善的文化理念，让科技更好增进人类福祉，让中国科技为推动构建人类命运共同体作出更大贡献”[③]。

其四，中国学术传播可以助力更有效地增强中国的综合国力和国际竞争力。在战略层面强化中国学术传播战略设计和能力建设，不仅要有效传播中国科学研究的成果和水平，也要有力传播中国哲学社会科学研究的成果和水平。哲学社会科学的“发展水平反映了一个民族的思维能力、精神品格、文明素质，体现了一个国家的综合国力和国际竞争力”[④]。这需要有效实施包括学术传播在内的国际传播，使国际社会能够通过我们的传播努力对此不断有更新的认识。

其五，中国学术传播可以助力其在学术领域充分体现中国特色、中国风格、中国气派。中国的发展，不仅需要在哲学社会科学领域，“在指导思想、学科体系、学术体系、话语体系等方面充分体现中国特色、中国风格、中国气派”[⑤]，在自然科学等多个领域同样如此。在战略层面

① 习近平：《在中国科学院第二十次院士大会、中国工程院第十五次院士大会、中国科协第十次全国代表大会上的讲话》，《人民日报》2021 年 5 月 29 日，第 2 版。

② 同①。

③ 同①。

④ 习近平：《在哲学社会科学工作座谈会上的讲话》，《人民日报》2016 年 5 月 19 日，第 2 版。

⑤ 同④。

强化中国学术传播战略设计和能力建设，才能更有效地实现这个目标。

从总体上看，高度重视、科学评估、准确定位学术传播的战略性影响及其在具有鲜明中国特色的战略传播体系中的重要地位，既具有理论价值，又具有实践意义。中国科学技术研究和应用的努力和成果，中国的科研团队和学术活动参与者的观点、见识，既是为人类进步事业所做的贡献，也是中华文化感召力、中国形象亲和力、中国话语说服力的重要体现。中国学术传播能力和成效就是中国国际传播影响力、国际舆论引导力的组成部分。

三、在线数据库媒体化、平台化演变与战略地位

2022 年 5 月 13 日 16 时，国家市场监督管理总局官网上发布了题为《市场监管总局依法对知网涉嫌垄断行为立案调查》的新闻，内文只有一句话："近日，市场监管总局根据前期核查，依法对知网涉嫌实施垄断行为立案调查。"梳理以往具有垄断地位的公司、平台的相关舆情发生后反垄断部门实施立案调查的时间可以发现，这一次是比较特殊的。随后，同方股份有限公司发布了关于子公司收到《国家市场监督管理总局垄断案件调查通知书》的公告。公告称，同方股份有限公司全资子公司同方知网（北京）技术有限公司、全资子公司同方知网数字出版技术股份有限公司于 2022 年 5 月 13 日收到国家市场监督管理总局《国家市场监督管理总局垄断案件调查通知书》，国家市场监督管理总局将于 2022 年 5 月 13 日开始对同方知网（北京）技术有限公司和同方知网数字出版技术股份有限公司进行反垄断调查。公告称，同方股份有限公司的主营业务包括数字信息、民用核技术、节能环保等产业领域。其中数字信息产业包括计算机产品、知识内容与服务、大数据与云计算等业务领域。同方知网（北京）技术有限公司和同方知网数字出版技术股份有限公司是同方股份有限公司在知识内容与服务领域的运营主体。公告最后一段强调："将坚决支持，全力配合上述调查工作，并将在持续支

持知网改革发展的同时，着力加强监督管理，依法合规经营，创新发展模式，努力将知网打造成服务科技创新、促进学术传播、勇担社会责任的全新平台。”而在 2022 年 5 月 13 日，同方知网（北京）技术有限公司已公告，“今天，国家市场监督管理总局对知网涉嫌垄断行为立案调查，我们坚决支持，全力配合”，“知网的发展离不开党和国家的关心厚爱，离不开社会各界的指导帮助，更离不开广大作者和读者的信赖扶植。我们将以此次调查为契机，深刻自省，全面自查，彻底整改，依法合规经营，创新发展模式，承担起中国知识基础设施的社会责任，努力将知网打造成具有中国特色、世界一流的学术资源信息平台，推动学术传播交流，促进国家科技创新，为广大作者和读者提供更好的服务。”①

国家市场监督管理总局依法对知网涉嫌垄断行为立案调查，引发人们的广泛关注，有一系列问题值得新闻传播学界、新闻媒体、主管机关深入研究、有所作为，从战略层面看，其中至少包括以下几个问题。

（一）从能力生成到垄断地位形成：数据库平台化

在当今社会的物质生活与精神生活领域，基于互联网从事信息服务、调度服务等的平台占有关键位置，甚至已经形成数字社会的基础设施。平台经济有利于提高全社会的资源配置效率，推动技术和产业变革朝着信息化、数字化、智能化方向加速演进，有助于贯通国民经济循环各环节，也有利于提高国家治理的智能化、全域化、个性化、精细化水平。2022 年 5 月 16 日，中华全国新闻工作者协会发布《中国新闻事业发展报告》，报告显示，2020 年至 2021 年中国新闻事业全媒体化、平台化趋势日益显著。

总体来看，互联网平台的生成路径不仅有人们熟悉的基于信息网站、社交网站发展而成，还有基于数据库发展而成，经历在线化、媒体化、平台化等阶段而成为在人们生活中占有重要位置甚至关键位置的互

① 《涉嫌垄断，知网被立案调查！知网回应……》，https://m.thepaper.cn/baijiahao_18075772，访问日期：2024 年 5 月 13 日。

联网平台，特别是在信息服务、内容服务、知识服务等领域。

作为技术概念，数据库是基于数据管理方法、技术，按照数据结构来组织、存储和管理数据的仓库，是存储在计算机内的、有组织的、可共享的、统一管理的大量数据的集合。因而，在计算机科学领域人士的习惯中，“数据库”一词是一种基础软件系统。而基于数据库软件构建的数据库，就是人们所使用的信息数据库。从数据库技术角度看，数据库技术先后经历层次数据库、网状数据库和关系数据库等发展阶段。云计算、大数据时代的到来，使越来越多半关系型和非关系型数据需要用数据库进行存储管理，再加上分布式技术等应用的发展，更强调高并发读写数据和存储大数据的非关系型数据库大量应用。从便利应用角度看，数据库经历了在线化、媒体化、平台化等发展阶段，从而有了特殊吸引力。

在线化即可以按权限在线使用数据库中的数据，是数据库内容和数据库本身价值提升的关键一跃，是在线数据库能力生成和加速的过程，也是数据库发展为互联网平台的基础，更是一些信息资源拥有者和媒体等适应数字科技发展、互联网时代到来的不二选择。1964 年，英国路透集团引入“股票大师”电脑报价系统，向欧洲传送股票行情，进入用电脑传送股票信息的时代；1973 年采用货币汇率电脑系统，可以显示几十家银行的牌价变动；1976 年，路透社的经济信息服务包括近乎实时提供 106 种货币汇价、135 种大宗商品价格、37 000 种股票、3 000 种债券，以及多种物资的交易信息、航运市场情况等。道琼斯公司于 1882 年创立，最早在地下室用手工抄写名为“flimsies”的简讯，并将其送到华尔街订阅者手中；1889 年，创办《华尔街日报》；20 世纪 70 年代，迈入电子出版领域。20 世纪 80 年代，《华尔街日报》的发行量超过了 200 万份。道琼斯公司通过收购德励财经推出了数据库、电视报道和实时市场数据传递等一系列服务。

20 世纪 70 年代后兴起的在线金融信息服务方式，以其实时准确的行情信息、丰富的市场信息、多样的使用角色设置、实用的分析功能，利用数据库中的丰富数据和分析工具进行数据挖掘、分析比较、定量研究等有助于分析和研究的功能和便利，以及基于不断发展的数据库科技和信息技术的其他服务功能，吸引了越来越多的使用者，也在一些行业、领域和人群中完成了通过在线数据库平台检索信息、阅读下载的使用习惯教育。

在线数据库作为存储平台、加工平台的同时，又担当传播平台的角色，由此也完成了媒体化，走向平台化。而走向平台化运行使得相关主体具有更强的竞争力。如成立于1982年的彭博集团，通过在线服务平台提供实时行情，金融市场历史数据、价格及交易信息等，仅用22年就实现金融信息市场销售收入超越路透集团。客观地看，在线数据库走向平台化运行，凭借网络特性、用户使用依赖性、数据价值等因素可能形成一定的垄断地位。

但耐人寻味的是，虽然人们依然把上述提供在线信息服务的主体视为媒体集团，但很少有人把在线数据库作为媒体形态进行研究。这与人们基于工业时代形成的媒体观紧密关联。2004年，我在《数字媒体观与传媒运行模式变革》（《新闻记者》2004年第1期）一文中提出："科技革命正在改变媒体及其支撑环境，数字技术正在成为支撑所有传媒的存在基础、技术标准与发展取向，正在改变不同形态传媒的边界，造就新意义上的数字媒体。因此，为真正把握传媒业发展方向与产业发展规律，把握不同传媒形态聚集规律与资源共享规律，必须超越传统的传媒认识方式，建立数字媒体观。"我还在此文中对数字媒体和数字媒体观做了界定："所谓数字媒体观，就是把一切基于电子技术的传媒形态都视为具有共同技术内核、运作规则、分享基础的统一体；不同形态的传媒，如广播、电视、互联网、短信、数据库，都是基于数字技术内核及其运作规则、分享基础的不同传播方式、不同传播手段。" "如果用数字媒体观来分析现有的传媒格局、分工格局、生产流程、产品结构、市场格局，我们将会有全新的发现，从而可以把资源整合推进到一个新的高度。"2005年在接受采访时，我强调了一个观点："数据库媒体将成最有影响力的传媒形态。”今天，数字新闻学理论、方法与实践成为研究热点之一，基于数字媒体观认识、分析在线数据库平台的发展与演变，可以帮助我们对在线数据库的发展演变、运用规律等有更深刻的认识。

（二）战略地位：国家基础设施与国际学术传播主体

对在线数据库平台在国家政治、经济运行与社会生活中地位的认识和把握，决定了在线数据库平台的自我定位，决定了国家相关发展政策、规制规则的制定和优化，也在很大程度上决定了在线数据库平台与社会的关系模式。一些在线数据库平台遇到的问题，就与此前的自我定位密切相关。前文同方股份有限公司的公告中，把知网等所在领域定义为“知识内容与服务领域”；知网的公告中，把自己定义为“中国知识基础设施”和“学术资源信息平台”。公告出现这样的自我定位，其自我定位的演变，恰恰应是媒体在报道关于“知网涉嫌垄断行为被立案调查”时应予以充分关注的。如何认识和把握在线数据库平台在国家政治、经济运行与社会生活中的地位，在今天和今后都是重大问题。认识结果、把握方式决定了如何运用、如何规制。

客观地看，与信息服务、内容服务、知识服务相关的在线数据库平台，在运行、发展中，其影响力、垄断地位会逐渐增强，社会对其的依赖度会逐渐增强，对其作为基础设施的公益性要求、社会责任要求就会增强。而鉴于信息服务、内容服务、知识服务的意识形态属性和社会动员力，政府管理部门对从事这类服务的在线数据库平台还会有特殊要求和规制规则。无论是从经济学角度视其为公共产品，还是从政治学角度视其为国家意志的体现、国家力量的象征，在数字科技时代，任何国家都不可能仅仅把在线数据库平台视为单纯的市场主体、单纯的技术运用者。何况，从全球来看，21 世纪初提出的负责任或可持续投资理念的细化和发展，就是强调投资者和企业决策者不仅要关注财务指标，更要关注与 ESG（即环境友好（Environmental）、社会责任（Social）、公司治理（Governance））相关的非财务指标。

就此而言，有两个重大问题需要解决。

一是对国家科研与知识传承基础设施的地位与相应政策的思考。知网涉嫌垄断行为被立案调查所应引发的重大思考，恰恰是中国需要什么样的国家科研与知识传承基础设施，恰恰是以科教兴国作为基本国策的中国，国家科研与知识传承基础设施在战略上、政治上、法规上处在什么地位，应当如何构建，应当如何运用已有资源、发挥多种积极性迅速发展，恰恰是当与信息服务、内容服务、知识服务相关的在线数据库平台的影响力逐渐增强，国家如何在政策、法规等方面明确引导、规范平衡、有效规制。

二是在信息服务、内容服务、知识服务等领域，中国如何培育有国际市场竞争力的在线服务平台、主体，使其既有效体现中国发展、中国力量，也有效体现中国为人类社会的服务和贡献。

在全球范围内时时刻刻进行的传播活动，不仅包括一般意义上由媒体等专业机构所进行的、面对公众的大众传播，由国家或某种政治实体为实现战略目的所进行的国际传播或战略传播，由公众通过自媒体等进行的社交传播，还包括主要由学术参与者开展的学术传播。学术传播活动是人类知识传承活动的组成部分，与近现代学术活动共生并互相促进。从新闻传播学的视野观察，学术传播是内容独特、类别多样、范围广阔、传播迅速、影响深远的特殊传播活动和传播现象。但包括学者、教师、学生等在内的学术活动参与者，通过发表论文、讲授课程、发表学术观点等活动进行的学术传播活动，需要借助一定场所、媒介、平台才能真正产生影响。数字科技的广泛应用，为学术传播活动在全球进行、产生全球性影响提供了新工具、新便利和新驱动因素。最有影响力的学术传播场所，不再只是课堂、会议室，而是线上线下的国际学术会议、论坛。虽然人们仍然把发表论文作为学术成就最重要的体现，但学术传播在数字时代最重要的演变，是学术数据库平台成为学术传播主渠道，人们阅读学术论文不再主要通过纸本学术期刊，而是借助各种各样的学术数据库平台、知识服务融合平台等通过检索、查询、浏览、下载等方式实现在线阅读或线下阅读；是互联网、社交媒体成为学术活动、学术观点、学术成果、学术影响的集散地和放大器，从而在全球产生影响。因此，我在《学术传播在中国战略传播体系中的地位与价值》中概括说："从影响范围看，学术传播客观上已经具有战略传播价值；从传播范围看，学术传播已经在全球时刻进行，客观上已经成为国际传播现象的组成部分，而国际传播本质上就是一种基于战略目的的交流、沟通和对话。"①

从战略层面看，中国国际学术传播能力是中国国际传播能力的重要组成部分，正因为学术传播有知识、信息"硬核"的特点而更使受众在不经意间接受并深受影响。因而，"构建具有鲜明中国特色的战略传播体系"应当包括构建具有国际市场服务能力与竞争力的信息服务、内容服务、知识服务平台。

从世界范围看，市场占有率较高的学术数据库平台往往是从学术出版商发展而来的，即以往主要从事纸质学术期刊和学术专著出版的出版商，在数字科技时代到来后同时提供在线学术数据库服务。一些学术期刊出版集团运用数据库手段实现了数字时代转型，不但因为拥有内容资源和学术数据库平台而使优势地位得到增强，而且通过沿知识服务链不断并购而具有更强的国际市场竞争力与垄断地位。

第四节　规则战略：从战略高度认识算法治理规则博弈

新闻传播领域的数字化变革，不可能完全局限于传统新闻传播领域内进行，必须从总体上认识、思考、把握中国在数字经济、数字社会、数字政府、数字文化等领域的重要规划、指导意见所体现的顶层设计和发展指向，并依此发现、运用新闻传播领域数字化变革可以凭借的政策

① 陆小华：《学术传播在中国战略传播体系中的地位与价值》，《现代传播》2021年第11期。

指向、规则要求、路径手段等，重塑深度融合，实现新的发展。

人工智能的发展也使全球人工智能治理成为既具有现实性又具有战略性的重大问题。在这个领域进行的规则博弈和治理主导权博弈，已经是国际社会关注的焦点之一。因此，治理规则的研发、制定与实施就成为战略问题。

一、在战略层面重视推进算法综合治理

（一）用主流价值导向驾驭算法

“用主流价值导向驾驭‘算法’”，这是习近平总书记明确提出的要求。算法是基于数据用系统方法描述、解决问题的策略机制，在经济、社会生活多领域广泛应用的同时基于累积数据不断迭代，成为影响信息分发、服务提供、机会分配、资源配置的基础性机制和力量。当前，既要把握人工智能的发展趋势，用得好，又要管得住，有效防范算法滥用带来的风险隐患，更要通过加强算法综合治理，实现用主流价值导向驾驭算法。

1. 加强算法综合治理是必答题

21 世纪以来，算法技术发展迅速，自动化决策在经济生活、社会生活中日益获得更大的影响力和主导权。互联网平台通过使用算法提升信息服务与用户需求匹配度而获得竞争优势，单一平台甚至拥有数亿日活用户。中国规模庞大的用户群体为算法发展提供了坚实基础。在海量增长的用户数据支撑下，算法不断迭代，智能水平也在逐渐提升。同时，算法推荐服务对社会生活、公众认识和意识形态具有越来越大的支配作用，因此必然要纳入政府综合治理范围。

从公众利益和国家安全层面看，绝不能任由推荐算法决定青少年的信息获取和价值观形成，绝不能任由推荐算法决定信息分发导致意识形态安全失衡，绝不能任由因法律、技术监管能力不到位而在关键时刻对互联网信息算法推荐服务难以措手。可以说，加强推荐算法综合治理是

一道必答题。

2. 多方入手实施算法综合治理

算法综合治理有效实施至少需要加强四个方面的建设。

其一，树立正确导向。算法由人设计，就应由人操控、有人负责。算法推荐所体现的价值取向，在相当程度上体现了算法推荐服务提供者的价值观。算法应用必须向上向善，这是社会共识；坚持主流价值导向，优化算法推荐服务机制，积极传播正能量，这是对算法推荐服务提供者的基本要求；不得利用算法推荐服务从事危害国家安全、扰乱经济秩序和社会秩序、侵犯他人合法权益等法律、行政法规禁止的活动，不得利用算法推荐服务传播法律、行政法规禁止的信息，这是算法推荐服务提供者必须遵守的底线规则；建立完善人工干预和用户自主选择机制，在首页首屏、热搜、精选、榜单类、弹窗等重点环节，积极呈现符合主流价值导向的信息内容，提高正能量传播的精准性和有效性，这是算法推荐服务提供者应有的价值取向和追求。在算法综合治理中必须用多种规则、手段强力要求，切实监管，确保实现。

其二，健全法律法规。2021 年 9 月 1 日施行的《中华人民共和国数据安全法》（以下简称《数据安全法》）对数据处理活动进行了全面规范。于 2021 年 11 月 1 日施行的《中华人民共和国个人信息保护法》，第一次在法律文本中定义了“自动化决策”一词的含义为“通过计算机程序自动分析、评估个人的行为习惯、兴趣爱好或者经济、健康、信用状况等，并进行决策的活动”，并明确规定“个人信息处理者利用个人信息进行自动化决策”时，“应当保证决策的透明度和结果公平、公正”，应提供“不针对其个人特征的选项，或者向个人提供便捷的拒绝方式”；还应就“利用个人信息进行自动化决策”，“事前进行个人信息保护影响评估，并对处理情况进行记录”。

国家网信办等九部门 2021 年 9 月 17 日公布的《关于加强互联网信息服务算法综合治理的指导意见》，对管理好、使用好、发展好算法应用做出了顶层设计，确定了“利用三年左右时间，逐步建立治理机制健全、监管体系完善、算法生态规范的算法安全综合治理格局”的目标，并就健全算法安全治理机制、构建算法安全监管体系、促进算法生态规范发展做出了规定和系统安排。2021 年 12 月 31 日国家网信办等四部委发布的《互联网信息服务算法推荐管理规定》，第一次区分了生成合成类、个性化推送类、排序精选类、检索过滤类、调度决策类五类向用户提供信息内容的算法技术，并就算法推荐服务提供者的责任和义务、算法推荐服务公告和算法备案等制度、算法推荐未成年人模式做出了详细规定。这个管理规定明确将根据算法推荐服务的舆论属性或者社会动员能力、内容类别、用户规模、算法推荐技术处理的数据敏感程度、对用户行为的干预程度等，对算法推荐服务提供者实施分类分级管理，并对算法安全评估和监督检查做出了具体规定。

《数据安全法》和《个人信息保护法》的施行、《关于加强互联网信息服务算法综合治理的指导意见》的出台和《互联网信息服务算法推荐管理规定》公开征求意见，为算法综合治理提供了规则依据，奠定了法治基础。

其三，提升监管能力。算法综合治理需要专业监管。算法不断迭代甚至自我更新是其智能水平的体现。人们对算法的“可解释性”有多种观点，对算法推荐结果的“不可解释性”也有深深担忧，因此常把算法称为“黑箱”。算法监管不仅需要专业监管队伍和不断提升的依法监管能力，还需不断迭代的检测、验证、评估工具和技术监管能力，只有这样，算法综合治理才可能落到实处。监管部门应当具有在不掌握算法内部结构、核心内容的情况下，以一定规则、特定输入条件、输出结果对算法进行综合测试的专业能力；或是根据算法使用者所提供的算法相关情况对其推荐服务结果进行综合验证的专业能力；以及根据相关规定对算法安全做出评估，对其自评估报告进行验证的专业能力。《关于加强互联网信息服务算法综合治理的指导意见》第三部分“构建算法安全监管体系”中就对“积极开展算法安全评估”提出了要求，包括“组织建立专业技术评估队伍，深入分析算法机制机理，评估算法设计、部署和使用等应用环节的缺陷和漏洞，研判算法应用产生的意识形态、社会公平、道德伦理等安全风险，提出针对性应对措施”。这样的专业技术评估是有效实施算法综合治理的物质基础。

其四，优化协同机制。建立健全有法可依、多元协同、多方参与的算法安全治理机制，是中国进行算法综合治理的组织优势、制度优势所在和重要保障。协同机制建设的基础是权利、义务、责任的配置。通过法律、法规、规章和相关规定，进一步明确政府、企业、行业组织和网民在算法安全治理中的权利、义务和责任，特别是强化企业对算法应用结果所负的主体责任，才能够形成政府监管、企业履责、行业自律、社会监督的算法安全多元共治局面。因此，要求企业建立算法安全责任制度和科技伦理审查制度，健全算法安全管理组织机构，加强风险防控和隐患排查治理，提升应对算法安全突发事件的能力和水平。协同机制有效运转也需要各个相关部门依法依规协同运作，需要吸引专业人才队伍，汇聚多方资源投入，为算法安全治理提供有力支撑。

（二）为推荐算法发展树立法治路标

2022 年 3 月 1 日实施的《互联网信息服务算法推荐管理规定》（以下简称《规定》），作为第一个正式出台的规范推荐算法运用的部门规章，既是信息服务算法管理的法律依据，又为推荐算法发展树立了法治路标。

1. 落实“用主流价值导向驾驭‘算法’”的有力体现

《规定》的正式实施，不仅有利于规范算法发展与使用、抑制算法滥用等现象、回应社会关切，更是落实“用主流价值导向驾驭‘算法’”坚实有力的体现。

“用主流价值导向驾驭‘算法’”成为《规定》核心规则的重要体现，针对具有“舆论属性或者社会动员能力”的算法推荐服务明确了建立算法分级分类安全管理制度和针对性监管要求。《规定》第二十三条提出：“根据算法推荐服务的舆论属性或者社会动员能力、内容类别、用户规模、算法推荐技术处理的数据重要程度、对用户行为的干预程度等对算法推荐服务提供者实施分级分类管理。”作为分级分类管理制度的组成部分，《规定》第二十四条明确：“具有舆论属性或者社会动员能力的算法推荐服务提供者应当在提供服务之日起十个工作日内通过互联网信息服务算法备案系统填报服务提供者的名称、服务形式、应用领域、算法类型、算法自评估报告、拟公示内容等信息，履行备案手续。”并且第三十三条另行规定了“具有舆论属性或者社会动员能力的算法推荐服务提供者通过隐瞒有关情况、提供虚假材料等不正当手段取得备案的”，应当承担的法律责任。第二十七条还明确：“具有舆论属性或者社会动员能力的算法推荐服务提供者应当按照国家有关规定开展安全评估。”进一步织密了规则，从基础上保证有效监管。

2. 创设新规则、构建新机制，维护良好内容生态

21 世纪以来，算法技术发展迅速，自动化决策在经济生活、社会生活中日益获得更大的影响力和主导权。在信息服务算法推荐运用领域实施有效监管，既能依据《中华人民共和国网络安全法》《中华人民共和国数据安全法》《中华人民共和国个人信息保护法》《互联网信息服务管理办法》等法律、行政法规，也能依据《规定》创设一系列新规则，它构建了有效监管的新机制，有利于在维护良好内容生态的前提下实现信息服务算法的发展和运用。

《规定》创设了一系列新规则，包括第一次在规范性法规文本中界定了“生成合成类、个性化推送类、排序精选类、检索过滤类、调度决策类”五类算法，相比单纯使用“自动化决策”更进了一步。2021 年 11 月 1 日起正式施行的《中华人民共和国个人信息保护法》首次在法律文本中定义了“自动化决策”一词，但没有界定“自动化决策”所使用的算法技术的不同类型。而在信息服务领域，不同类型算法技术的运用，产生的内容形态、服务形态有很大不同，监管重点也有所不同。要实施有力监管，就必须清晰界定所应用的算法技术的不同类型。《规定》对这五类算法技术的界定，为实施有效监管奠定了基础。

《规定》创设的新规则，还包括进一步确立了用户所具有的算法服务选择权、拒绝权和对个人权益是否有重大影响的说明要求权。《规定》第十七条规定“算法推荐服务提供者应当向用户提供不针对其个人特征的选项，或者向用户提供便捷的关闭算法推荐服务的选项。”《规定》把《个人信息保护法》的相关规定应用到信息服务算法领域，并使其更具有易实现性和可核验性。《规定》第十七条还明确：“用户选择关闭算法推荐服务的，算法推荐服务提供者应当立即停止提供相关服务。”“立即停止”的明确规定，既是社会关切，也便于算法推荐服务提供者自我核查、管理到位。同时，《规定》第十七条进一步规定：“算法推荐服务提供者应当向用户提供选择或者删除用于算法推荐服务的针对其个人特征的用户标签的功能。”该规定不仅保证了用户行使算法服务的选择权、拒绝权，还延伸到与个人隐私有关的“针对其个人特征的用户标签”等方面。这些规定是对信息服务算法推荐面前个人权利和尊严的法律保护，对于已深度使用算法推荐进行信息分发和传播的互联网平台，是清晰而明确的法律规制要求，是对个人所拥有的法律赋予的权利的保护。

更重要的是，《规定》构建了有效监管的新机制，有利于在维护良好内容生态的前提下实现信息服务算法的发展和运用。其中详细规定了使用信息服务算法的互联网平台的备案、公示、告知等义务，以保护个人信息等权益和国家安全。

《规定》第二章“信息服务规范”共有十条，分别规定算法推荐服务提供者所应遵守的基本原则和所应履行的义务。其中第六条规定了基本原则：“算法推荐服务提供者应当坚持主流价值导向，优化算法推荐服务机制，积极传播正能量，促进算法应用向上向善。”《规定》也明确了相应底线：“算法推荐服务提供者不得利用算法推荐服务从事危害国家安全和社会公共利益、扰乱经济秩序和社会秩序、侵犯他人合法权益等法律、行政法规禁止的活动，不得利用算法推荐服务传播法律、行政法规禁止的信息，应当采取措施防范和抵制传播不良信息。”这与中国相关法律法规和国家网信办相关法律性文件的要求是一致的。

《规定》明确了算法推荐服务提供者的主体责任，包括第七条“算法推荐服务提供者应当落实算法安全主体责任”等，并在每一方面都提出了具体明确、可操作、可验证的要求。如在“落实算法安全主体责任”方面，第七条规定，算法推荐服务提供者应当“建立健全算法机制机理审核、科技伦理审查、用户注册、信息发布审核、数据安全和个人信息保护、反电信网络诈骗、安全评估监测、安全事件应急处置等管理制度和技术措施”；为此还需“制定并公开算法推荐服务相关规则，配备与算法推荐服务规模相适应的专业人员和技术支撑”。

作为落实主体责任要求的具体化体现，《规定》第八条要求“算法推荐服务提供者应当定期审核、评估、验证算法机制机理、模型、数据和应用结果等，不得设置诱导用户沉迷、过度消费等违反法律法规或者违背伦理道德的算法模型”。第九条要求“算法推荐服务提供者应当加强信息安全管理”，并通过“建立健全用于识别违法和不良信息的特征库，完善入库标准、规则和程序”来落实加强信息安全管理。“发现未作显著标识的算法生成合成信息的，应当作出显著标识后，方可继续传输”，“发现违法信息的，应当立即停止传输，采取消除等处置措施”。

为保护个人信息、维护良好社会秩序，《规定》第十条明确规定“算法推荐服务提供者应当加强用户模型和用户标签管理，完善记入用户模型的兴趣点规则和用户标签管理规则”，以从基础上保证主体责任的履行，并且“不得将违法和不良信息关键词记入用户兴趣点或者作为用户标签并据以推送信息。”

为维护良好内容生态，《规定》明确要求：“算法推荐服务提供者应当加强算法推荐服务版面页面生态管理，建立完善人工干预和用户自主选择机制，在首页首屏、热搜、精选、榜单类、弹窗等重点环节积极呈现符合主流价值导向的信息。”“鼓励算法推荐服务提供者综合运用内容去重、打散干预等策略，并优化检索、排序、选择、推送、展示等规则的透明度和可解释性，避免对用户产生不良影响，预防和减少争议纠纷。”

3.《规定》新增内容中体现的价值取向与监管指向

2021 年 12 月 31 日正式公布的《规定》共 35 条，与征求意见稿的 30 条相比，不仅通过分为六章更明确地区分了各部分的功能，而且增加了一些重要条款，体现了重要价值取向、清晰立法意图，明确了引导、监管指向。

一是明确互联网新闻信息服务底线要求。第十三条要求“算法推荐服务提供者提供互联网新闻信息服务的”，不仅“应当依法取得互联网新闻信息服务许可，规范开展互联网新闻信息采编发布服务、转载服务和传播平台服务”，而且特别明确“不得生成合成虚假新闻信息”。

二是与现有管理规定相衔接。第十三条明确要求“不得传播非国家规定范围内的单位发布的新闻信息”。这与国家网信办现行管理规定紧密衔接。

三是体现与其他法律法规的衔接。第十五条规定：“算法推荐服务提供者不得利用算法对其他互联网信息服务提供者进行不合理限制，或者妨碍、破坏其合法提供的互联网信息服务正常运行，实施垄断和不正当竞争行为。”这既与反不正当竞争的相关法律法规紧密衔接，又弥补了相关法律法规在算法运用规则方面强化反不正当竞争规制的不足。

四是体现鲜明的价值取向和引导要求。第十九条对算法推荐服务提供者“向老年人提供服务”出台了专门规则，包括“应当保障老年人依法享有的权益，充分考虑老年人出行、就医、消费、办事等需求，按照国家有关规定提供智能化适老服务，依法开展涉电信网络诈骗信息的监测、识别和处置，便利老年人安全使用算法推荐服务”。这既体现了对社会关切的回应，也体现了明确的引导要求，即通过推荐算法提供智能化适老服务，为防范出现电信网络诈骗等问题提供支持。

五是强化了算法推荐服务者在解决用户投诉方面的主体责任。第二十二条：“算法推荐服务提供者应当设置便捷有效的用户申诉和公众投诉、举报入口，明确处理流程和反馈时限，及时受理、处理并反馈处理结果。”这有助于解决用户向平台投诉难以得到及时有效解决等问题。

二、数字规则体系化构建将如何重塑格局?

2022 年可以被称为中国数字规则体系化构建之年。这是因为 2021 年底至 2022 年出台了一系列对数字经济、数字科技、数字社会、数字政府建设意义重大、影响深远的规划、法规和规范等顶层设计文件，在数字规则体系化构建方面迈进了一大步。其构建成果对数字经济、数字社会、数字政府建设已经并将继续产生重大影响，从而使这一年在历史上留下特殊印记。数字规则体系化构建也将深刻影响新闻传播领域，重塑媒体深度融合，因此需要以创新思维把握、运用新数字规则。

（一）顶层设计：从总体上引导构建数字规则体系

2022 年数字规则的集中出台，是基于一系列体现顶层设计的重要规划、总体方案、指导意见来实现的。把握与数字规则相关的顶层设计，才能从总体上认识数字规则体系化构建。

一是 2021 年 12 月 12 日国务院印发的《“十四五”数字经济发展规划》，开篇即指出：“数字经济是继农业经济、工业经济之后的主要经济形态，是以数据资源为关键要素，以现代信息网络为主要载体，以信息通信技术融合应用、全要素数字化转型为重要推动力，促进公平与效率更加统一的新经济形态。数字经济发展速度之快、辐射范围之广、影响程度之深前所未有，正推动生产方式、生活方式和治理方式深刻变革，成为重组全球要素资源、重塑全球经济结构、改变全球竞争格局的关键力量。”该发展规划明确了“十四五”时期推动数字经济健康发展的指导思想、基本原则、发展目标、重点任务和保障措施；对数字经济的概括和规划，已经超出传统意义上的经济领域，对新闻传播与信息领域的发展也具有重要指导和规范意义。

二是2021年12月21日国务院办公厅印发的《要素市场化配置综合改革试点总体方案》，要求"探索建立数据要素流通规则"，"完善公共数据开放共享机制。建立健全高效的公共数据共享协调机制，支持打造公共数据基础支撑平台，推进公共数据归集整合、有序流通和共享。探索完善公共数据共享、开放、运营服务、安全保障的管理体制。优先推进企业登记监管、卫生健康、交通运输、气象等高价值数据集向社会开放。探索开展政府数据授权运营"。"建立健全数据流通交易规则"，探索"原始数据不出域、数据可用不可见"的交易范式，探索建立数据用途和用量控制制度，稳妥探索开展数据资产化服务。"拓展规范化数据开发利用场景"，"加强数据安全保护"，强化网络安全等级保护要求，推动完善数据分级分类安全保护制度，运用技术手段构建数据安全风险防控体系，探索完善个人信息授权使用制度，探索建立数据安全使用承诺制度，探索制定大数据分析和交易禁止清单，强化事中事后监管，探索数据跨境流动管控方式，完善重要数据出境安全管理制度。

这一系列要求，在2022年12月19日公布的《中共中央 国务院关于构建数据基础制度 更好发挥数据要素作用的意见》，中得到了系统体现。

三是2021年12月28日国家网信办、国家发展改革委、工业和信息化部、公安部、国家安全部等十三部门联合发布修订后的《网络安全审查办法》，该办法自2022年2月15日起施行，将网络平台运营者开展数据处理活动影响或者可能影响国家安全等的情形纳入网络安全审查，并明确掌握超过100万用户个人信息的网络平台运营者赴国外上市必须向网络安全审查办公室申报网络安全审查。

四是2021年12月14日国务院印发的《"十四五"市场监管现代化规划》，要求：引导平台经济有序竞争；推动完善平台企业数据收集使用管理、消费者权益保护等方面的法律规范；强化平台内部生态治理，督促平台企业规范规则设立、数据处理、算法制定等行为；建立数据要素市场化流通标准和规则，保护数字经济领域各方主体权益。

五是 2021 年 12 月 24 日，国家发展改革委等九部门发布的《关于推动平台经济规范健康持续发展的若干意见》，定义了“平台经济是以互联网平台为主要载体，以数据为关键生产要素，以新一代信息技术为核心驱动力、以网络信息基础设施为重要支撑的新型经济形态”。这一定义，并不只适用于现在的互联网平台，实际上也在提示数字媒体发展可以走什么样的发展路径，主流媒体的新媒体平台应当基于什么战略框架发展。该意见要求“健全完善规则制度”，包括修订《中华人民共和国反垄断法》，完善《数据安全法》和《个人信息保护法》配套规则；细化平台企业数据处理规则；厘清平台责任边界，强化超大型互联网平台责任；建立互联网平台信息公示制度；完善跨境数据流动“分级分类+负面清单”监管制度，探索制定互联网信息服务算法安全制度。并要求“推动协同治理”，“提升监管能力和水平”，探索数据和算法安全监管。

六是 2022 年 5 月 22 日中共中央办公厅、国务院办公厅印发的《关于推进实施国家文化数字化战略的意见》。要积极应对互联网快速发展给文化建设带来的机遇和挑战，推进实施国家文化数字化战略，到 2035 年建成物理分布、逻辑关联、快速链接、高效搜索、全面共享、重点集成的国家文化大数据体系。就此，该文件提出了八项重点任务，并要求在数据采集加工、交易分发、传输存储及数据治理等环节，制定文化数据安全标准，强化中华文化数据库数据入库标准，构建完善的文化数据安全监管体系，完善文化资源数据和文化数字内容的产权保护措施。

七是 2022 年 6 月 6 日国务院印发的《关于加强数字政府建设的指导意见》，提出：“加强数字政府建设是适应新一轮科技革命和产业变革趋势、引领驱动数字经济发展和数字社会建设、营造良好数字生态、加快数字化发展的必然要求，是建设网络强国、数字中国的基础性和先导性工程，是创新政府治理理念和方式、形成数字治理新格局、推进国家治理体系和治理能力现代化的重要举措，对加快转变政府职能，建设法治政府、廉洁政府和服务型政府意义重大。”该指导意见提出“坚持数据赋能”的六个基本原则：“建立健全数据治理制度和标准体系，加强数据汇聚融合、共享开放和开发利用，促进数据依法有序流动，充分发挥数据的基础资源作用和创新引擎作用，提高政府决策科学化水平和管理服务效率，催生经济社会发展新动能。”

该意见还明确了数字政府建设的七个方面重点任务。这七个重要规则、指导意见虽然是从数字经济、要素市场化配置、网络安全、市场监管、平台经济、文化数字化战略、数字政府等七个方面所做的发展规划、总体方案、指导意见，但其中的指导思想、路径设计、规则要求、政策支持等，对新闻传播领域的数字化变革也具有重要的指导意义。

（二）规则创设：在算法数据领域构建新规则机制

2021 年底至 2022 年在数字规则体系化构建方面最引人注目的成果，就是在算法、数据等领域出台了重要的规则性文件和指导意见，既与现有法律法规、管理规则相衔接，又形成了重要的规则创设、机制构建。其成果主要有以下几个方面。

其一，2021 年 12 月 31 日国家网信办、工业和信息化部、公安部、市场监督管理总局联合发布了《互联网信息服务算法推荐管理规定》。作为第一个正式出台的规制算法推荐运用的部门规章，该规定既是互联网信息服务算法推荐管理的法律依据，又为推荐算法发展树立了法治路标，不仅有利于规范算法发展与使用、抑制算法滥用等现象、回应社会关切，更是落实“用主流价值导向驾驭‘算法’”坚实有力的体现。该规定更重要的价值体现在创设了一系列新规则。随着算法技术迅速发展，自动化决策在经济生活、社会生活中日益获得更大的影响力和主导权，人们期望在信息服务算法推荐运用领域实施有效监管。《中华人民共和国网络安全法》《中华人民共和国数据安全法》《中华人民共和国个人信息保护法》《互联网信息服务管理办法》等法律、行政法规提供了规则框架，但还需要针对算法推荐运用的情况与问题创设一系列新规则，从而构建有效监管的新机制，以利于在维护良好内容生态的前提下实现信息服务算法的发展和运用。

更重要的是，《互联网信息服务算法推荐管理规定》构建了有效监管的新机制，有利于在维护良好内容生态的前提下实现信息服务算法的发展和运用。

其二，2022 年 11 月 25 日，国家网信办会同工业和信息化部、公安部联合发布了《互联网信息服务深度合成管理规定》。这个管理规定明确了一些基本规则，既包括“任何组织和个人不得利用深度合成服务制作、复制、发布、传播法律、行政法规禁止的信息，不得利用深度合成服务从事危害国家安全和利益、损害国家形象、侵害社会公共利益、扰乱经济和社会秩序、侵犯他人合法权益等法律、行政法规禁止的活动”；也包括“深度合成服务提供者应当落实信息安全主体责任”，“深度合成服务提供者应当加强深度合成内容管理，采取技术或者人工方式对深度合成服务使用者的输入数据和合成结果进行审核”等。

针对深度合成的特殊问题，《互联网信息服务深度合成管理规定》创设了一系列新规则。如在“数据和技术管理规范”方面规定：“深度合成服务提供者和技术支持者应当加强训练数据管理，采取必要措施保障训练数据安全；训练数据包含个人信息的，应当遵守个人信息保护的有关规定。”并特别要求“深度合成服务提供者和技术支持者提供人脸、人声等生物识别信息编辑功能的，应当提示深度合成服务使用者依法告知被编辑的个人，并取得其单独同意”，从而解决已经出现的深度伪造信息混淆视听等问题。

其三，2022 年 7 月 7 日国家网信办发布了《数据出境安全评估办法》。这个自 2022 年 9 月 1 日起施行的文件明确了数据处理者向境外提供在中华人民共和国境内运营中收集和产生的重要数据和个人信息须进行安全评估，数据处理者在申报数据出境安全评估前，应当开展数据出境风险自评估，并明确了重点评估的事项。文件明确规定：“数据出境安全评估坚持事前评估和持续监督相结合、风险自评估与安全评估相结合，防范数据出境安全风险，保障数据依法有序自由流动。”

其四，2022年12月19日公布的《中共中央 国务院关于构建数据基础制度 更好发挥数据要素作用的意见》，引起国内外广泛关注，文件提出：“数据作为新型生产要素，是数字化、网络化、智能化的基础，已快速融入生产、分配、流通、消费和社会服务管理等各环节，深刻改变着生产方式、生活方式和社会治理方式。数据基础制度建设事关国家发展和安全大局。”该文件分为六大部分：总体要求，建立保障权益、合规使用的数据产权制度，建立合规高效、场内外结合的数据要素流通和交易制度，建立体现效率、促进公平的数据要素收益分配制度，建立安全可控、弹性包容的数据要素治理制度，保障措施。这六大部分分别明确了指向清晰的20个方面的政策措施，因而该文件又被称为“数据20条”。如在“建立保障权益、合规使用的数据产权制度”部分，文件提出要“探索数据产权结构性分置制度”，“推进实施公共数据确权授权机制”，“推动建立企业数据确权授权机制”，“建立健全个人信息数据确权授权机制”，“建立健全数据要素各参与方合法权益保护制度”。

（三）思维拓展：以创新思维把握运用新数字规则

2022年在历史上留下了许多印迹。让公众感受强烈的事物之一就有数字技术广泛应用到疫情防控、社会管理、经济运行中。莫名弹窗、时空伴随，而红码等时而成为舆论焦点，人们由此体验到数字应用可以如此深刻地影响人们的社会生活和经济活动，也促使普通公众更加强烈关注个人隐私的保护。2022年12月12日，中国信息通信研究院公告将停止行程服务后迅即引发公众对相关个人信息数据如何处理的关注和删除的呼吁。之后，中国信息通信研究院声明将依规删除数据，回应了社会关切。这也成为2022年数字法规体系化构建与传播成效的一种印证。

对新闻传播领域而言，更要看到数字规则体系化构建已有成果的重要地位和正在产生的深远影响，看到数字规则体系化构建在重塑数字经济、数字社会、数字文化、数字政府进程中在新闻传播领域必然产生的外溢效应，看到这些重要发展规划、总体方案、指导意见对新闻传播领域发展演变底层逻辑的重塑和改变。

新闻传播领域的数字化变革，不可能完全局限在传统新闻传播领域内进行，不可能完全依循工业化时代新闻媒体的发展路径，不可能完全自我确立一套规则体系。这既是我们观察以往新闻传播领域数字化变革的重要发现，也是我们认识未来媒体深化融合进程应有的思维方式。正因为如此，我们必须从总体上认识、思考、把握中国在数字经济、数字社会、数字政府、数字文化等领域的重要规划、指导意见所体现的顶层设计和发展指向，并依此发现、运用新闻传播领域数字化变革可以凭借的政策指向、规则要求、路径手段等，重塑深度融合，实现新的发展。

三、包容监管与规则博弈：与人工智能如何共生?

人类社会正在经历的智能变革，不仅包括人工智能技术以出人意料的速度发展，也包括如何以伦理、规则和机制促进人工智能安全发展。人们已经深刻认识到，人工智能既产生巨大的技术红利，也在政治、经济、社会、军事等领域不断显现复杂效应，从而引发越来越多的担忧。人工智能不仅以内容生成、信息分发等深刻地影响人类的知识萃取、认知形成、观点表达、意识形态，还正在就一系列重要资源分配、机会分配自动决策。人工智能会如何影响人类未来？人类与人工智能如何共生？这既是新闻媒体在实践中必须关注并妥善把握的问题，也是数字新闻学研究应当探索并回答的问题。

（一）包容审慎监管与协同治理格局

经历三个月的征求意见后，2023 年 7 月 10 日，国家网信办联合发展改革委、教育部、科技部、工业和信息化部、公安部、广电总局公布了《生成式人工智能服务管理暂行办法》（以下简称《办法》），该文件自 2023 年 8 月 15 日起施行，以促进生成式人工智能健康发展和规范应用，维护国家安全和社会公共利益，保护公民、法人及其他组织的合法权益。《办法》针对生成式人工智能已经出现的传播虚假信息、侵害个人信息权益、数据安全和偏见歧视等问题，明确了提供和使用生成式人工智能服务的总体要求。《办法》提出了促进生成式人工智能技术发展的具体措施，明确了训练数据处理活动和数据标注等要求；规定了生成式人工智能服务规范，明确生成式人工智能服务提供者应当采取有效措施防范未成年人用户过度依赖或者沉迷生成式人工智能服务，按照《互联网信息服务深度合成管理规定》对图片、视频等生成内容进行标识，发现违法内容应当及时采取处置措施等。此外，还规定了安全评估、算法备案、投诉举报等制度，明确了法律责任，以既促进生成式人工智能健康发展，又防范生成式人工智能服务风险。

1. 第一次明确规定包容审慎的监管原则

引人注目的是，这个管理办法在关于算法的管理规定中，第一次明确规定实行“包容审慎”的监管原则。《办法》第三条规定：“国家坚持发展和安全并重、促进创新和依法治理相结合的原则，采取有效措施鼓励生成式人工智能创新发展，对生成式人工智能服务实行包容审慎和分类分级监管。”明确体现“坚持发展与安全并重，既鼓励创新，又依法治理，坚持包容审慎、分级分类的思路，以安全促发展，以发展保安全”[①]。

包容审慎、分级分类监管的思路，在《办法》中得到明确体现。与 2023 年 4 月 12 日发布的《生成式人工智能服务管理办法（征求意见稿）》相比，《办法》对规制对象的界定更为明确，第二条明确了“行业

① 中央网信办、国家网信办总工程师孙蔚敏 2023 年 7 月 18 日在厦门举办的“2023 年中国网络文明大会”算法治理论坛上表示，出台《办法》，是坚持发展与安全并重，既鼓励创新，又依法治理，坚持包容审慎、分级分类的思路，以安全促发展，以发展保安全。

组织、企业、教育和科研机构、公共文化机构、有关专业机构等研发、应用生成式人工智能技术，未向境内公众提供生成式人工智能服务的，不适用本办法的规定”。这为中国人工智能的研究和发展提供了制度空间。

2. 规则体系化与协同治理格局

《办法》是国家网信办在算法综合治理领域出台的第三个算法综合治理规定，也是中国关于生成式人工智能服务的第一个管理规定。前两个分别是 2021 年 12 月 31 日国家网信办等四部委出台的《互联网信息服务算法推荐管理规定》（国际社会上第一个关于算法治理的规范性文件）和 2022 年 11 月 25 日国家网信办等三部委出台的《互联网信息服务深度合成管理规定》。这三个管理规定与作为上位法和上位规定的《中华人民共和国网络安全法》《中华人民共和国数据安全法》《中华人民共和国个人信息保护法》《中华人民共和国科学技术进步法》《关于加强互联网信息服务算法综合治理的指导意见》等，构成了规则体系。

2023 年 6 月 20 日，《国家互联网信息办公室关于发布深度合成服务算法备案信息的公告》公布了首批获得备案的 41 款深度合成技术服务算法，包括文本生成、图片生成、短视频生成、语音生成、开放域文本对话生成等深度合成技术算法，应用于开放域多模态内容生成、对话生成、短视频制作、智能客服、即时通信等场景，备案者包括百度、阿里、腾讯、抖音、快手、美团等多个互联网公司，算法角色包括服务提供者和服务技术支持者。该公告特别指出：《互联网信息服务深度合成管理规定》第十九条明确规定，具有舆论属性或者社会动员能力的深度合成服务提供者，应当按照《互联网信息服务算法推荐管理规定》履行备案和变更、注销备案手续。深度合成服务技术支持者应当参照履行备案和变更、注销备案手续。尚未履行备案手续的深度合成服务提供者和技术支持者应尽快申请备案。

此次备案中，出现了百度“文心一言”等应用的多个生成式算法。这是因为《互联网信息服务深度合成管理规定》规制的对象“深度合成技术”，包含了今天人们关注的生成式人工智能的诸多技术。此规定第二十三条明确定义，所谓“深度合成技术，是指利用深度学习、虚拟现实等生成合成类算法制作文本、图像、音频、视频、虚拟场景等网络信息的技术，包括但不限于”：“篇章生成、文本风格转换、问答对话等生成或者编辑文本内容的技术”；“文本转语音、语音转换、语音属性编辑等生成或者编辑语音内容的技术”；“音乐生成、场景声编辑等生成或者编辑非语音内容的技术”；“人脸生成、人脸替换、人物属性编辑、人脸操控、姿态操控等生成或者编辑图像、视频内容中生物特征的技术”；“图像生成、图像增强、图像修复等生成或者编辑图像、视频内容中非生物特征的技术”；“三维重建、数字仿真等生成或者编辑数字人物、虚拟场景的技术”。而7个多月后出台的《生成式人工智能服务管理暂行办法》第二十二条规定：“生成式人工智能技术，是指具有文本、图片、音频、视频等内容生成能力的模型及相关技术。”两者相比，明显差异在于后者的定义中特别增加了“模型及相关技术”，这正是2022年11月后迅速发展的基于预训练大模型的生成式人工智能技术的特点。大模型利用海量数据、巨量参数进行训练，这正是以往文本生成、语音合成等深度合成技术不具备的。这也可能是《互联网信息服务深度合成管理规定》出台仅仅7个多月后就出台《生成式人工智能服务管理暂行办法》的重要原因。

国家网信办有关负责人在发布《办法》时特别提出，生成式人工智能服务的发展与治理需要政府、企业、社会、网民等多方参与、共同促进生成式人工智能健康发展。第五条明确提出希望构建起协同治理格局：“支持行业组织、企业、教育和科研机构、公共文化机构、有关专业机构等在生成式人工智能技术创新、数据资源建设、转化应用、风险防范等方面开展协作。”

包括生成式人工智能在内的算法综合治理、协同治理，若用于新闻传播是有特殊要求的。《办法》第二条明确：“国家对利用生成式人工智能服务从事新闻出版、影视制作、文艺创作等活动另有规定的，从其规定。”更重要的特殊要求在于，面对人工智能辅助人生产的内容和人工智能生成的内容已经进入并可能更大规模进入传播领域的现实，必须尽快建立相应的内容生产、内容使用、内容审核、内容发布的伦理规范、审核流程、监管机制，探索在内容生产、新闻传播等领域既积极发展运用人工智能，又有效规避其风险。

（二）统筹发展安全与应对规则博弈

人工智能快速发展的同时，“复杂效应不断显现，既产生巨大技术红利，也引发越来越多的担忧，凸显了构建人类命运共同体的重要性、必要性、紧迫性”。可见人工智能研究在国际计算机科学领域成为重要方向，同时人工智能国际治理已成为国际政治的热点问题。

面对人工智能技术迅速发展与已有可见成果的多种应用可能，最大的不安全，就是自己不发展。为推动人工智能研究和相关产业发展，工业和信息化部 2021 年 7 月 4 日发布了《新型数据中心发展三年行动计划（2021—2023 年）》。科技部等六部门 2022 年 7 月 29 日发布了《关于印发〈关于加快场景创新以人工智能高水平应用促进经济高质量发展的指导意见〉的通知》，科技部 2022 年 8 月 12 日发布了《关于支持建设新一代人工智能示范应用场景的通知》。同时，各地也出台了相应政策。2022 年 9 月 22 日，上海发布了《上海市促进人工智能产业发展条例》。2023 年 5 月 30 日，北京市政府发布了《北京市促进通用人工智能创新发展的若干措施》和《北京市加快建设具有全球影响力的人工智能创新策源地实施方案（2023—2025 年）》。2023 年 5 月 31 日，深圳印发了《深圳市加快推动人工智能高质量发展高水平应用行动方案（2023—2024 年）》。2023 年 7 月 6 日，工业和信息化部在 2023 世界人工智能大会强调，将以多项举措培育壮大智能产业。

人工智能国际治理问题已经引起国际社会的关注。2021 年 11 月 25 日，193 个成员国正式通过了联合国教科文组织关于人工智能伦理的建议，达成发展以人为本的人性化人工智能为共同愿景的共识。2023 年 7 月 18 日，联合国安理会前所未有地首次就人工智能与安全问题举行高级别公开会，这说明在生成式人工智能快速发展之后，人工智能国际治理进一步成为焦点问题。概括来看，人工智能国际治理至少集中于以下几个问题。

1. 如何评估复杂影响

在联合国安理会就人工智能与安全问题举行的高级别公开会上，联合国秘书长古特雷斯认为，“人工智能已关系到全球和平与安全”。“生成式人工智能可能造成假信息和仇恨言论泛滥”，“人工智能与核武器、生物技术、神经技术、机器人技术的交互让人不寒而栗”，因而，他强调，“生成式人工智能同时具有行善与作恶的巨大潜能，如不采取措施防范风险，将是对当代和后代的失职”[①]。与会的中国常驻联合国代表张军强调：“人工智能作为‘双刃剑’，它是好是坏、是善是恶，取决于人类如何利用、如何规范、如何统筹发展与安全。”[②]

2. 如何治理人工智能

围绕人工智能国际治理，不同主体提出了不同的主张和方案，客观上形成了比较激烈的规则博弈。

联合国秘书长古特雷斯于 2021 年 9 月在《我们的共同议程》报告中提出制定“全球数字契约”（ Global Digital Compact ），涵盖数字连接、避免互联网碎片化、为人们提供如何使用其数据的选择、通过引入对歧视和误导信息问责标准促进生成可靠的互联网内容、人工智能监管、数字公共产品等领域，旨在为全人类构建一个开放、自由和安全的数字未来而制定共同原则，为数字未来发展提供关键的基本原则，并计划在 2024 年 9 月的未来峰会上达成一致。

2023 年 6 月 14 日，欧洲议会以 499 票赞成、28 票反对、93 票弃权的压倒性优势通过了《人工智能法案》草案。这意味着该结果即将进

① 尚诸谦：《联合国秘书长呼吁强化人工智能全球治理》，http://www.xinhuanet.com/2023-07/19/c_1129757277.htm，访问日期：2024 年 3 月 27 日。

② 《安理会就人工智能与安全问题举行会议，中国代表提出治理五原则》，https://baijiahao.baidu.com/s?id=1771803636549425264&wfr=spider&for=pc，访问日期：2023 年 7 月 19 日。

入欧洲议会、欧盟成员国和欧盟委员会的“三方谈判”阶段，以确定该法案的最终条款。2021 年，欧盟委员会已经提出首部监管人工智能的法律草案，欧洲议会和欧盟理事会就草案进行过多轮修订和讨论。基于大模型的生成式人工智能上线后，这部法律草案增加了相应的条款。值得注意的有三点。一是该草案第二条就该法律的适用范围做出明确规定，即该法律草案将适用于在欧盟境内将人工智能系统投放市场或投入使用的实体（无论该实体是在欧盟境内还是在第三国）、在欧盟境内使用人工智能系统的实体以及在第三国使用人工智能系统但系统输出结果用于欧盟境内或对欧盟境内人员产生影响的实体。这实际上明确了该法律的域外管辖原则。二是将人工智能风险分为不可接受的风险、高风险、有限的风险和极小的风险四级，对应不同的监管要求。提出严格禁止对人类安全造成不可接受的风险的人工智能系统，包括部署潜意识或有目的操纵技术、利用人们的弱点或用于社会评分的系统。三是法案要求每个欧盟成员国都将设立一个监督机构[①]。

3. 如何实施国际治理

随着欧盟关于人工智能治理的立法进入新阶段，谁来主导人工智能国际治理问题更加凸显。联合国秘书长古特雷斯在联合国安理会就人工智能与安全问题举行的高级别公开会上“敦促安理会带着‘一种紧迫感、一种全球视野和一种学习者的心态’来应对这项技术”，强调“联合国正是为人工智能制定全球标准与治理手段的‘理想场所’”，“欢迎一些会员国提出建立新的联合国机构来治理人工智能，其模式可以参考国际原子能机构、国际民航组织或政府间气候变化专门委员会”[②]。在安理会就人工智能与安全问题举行的高级别公开会上，中国常驻联合

① 王卫：《抢占全球人工智能监管先机 欧盟〈人工智能法案〉进入最终谈判阶段》，《法治日报》2023 年 7 月 3 日，第 6 版。

② 《秘书长：联合国是为人工智能制定全球标准与治理手段的“理想场所”》，https://news.un.org/zh/story/2023/07/1119877，访问日期：2023 年 7 月 18 日。

国代表张军表示，“中方支持联合国在此方面发挥中心协调作用”[①]。

可以预见，随着人工智能的发展及其复杂影响的日益显现，人工智能国际治理规则管辖力与监管主体之争还会继续。如何应对人工智能监管规则博弈是一个具有重大意义和影响的现实课题。

4. 如何确定治理原则

在联合国安理会就人工智能与安全问题举行的高级别公开会上，中国常驻联合国代表张军提出关于人工智能治理的五条原则。一是坚持伦理先行，必须将“以人为本”“智能向善”作为基本准则。在此基础上，逐步建立并完善人工智能伦理规范、法律法规和政策体系。二是坚持安全可控。国际社会要强化风险意识，建立有效的风险预警和应对机制，确保不发生超出人类掌控的风险，确保在关键时刻人类有能力摁下停止键。三是坚持公平普惠。发展中国家可以平等获取和利用人工智能技术、产品和服务，对于弥合南北技术鸿沟、数字鸿沟、发展鸿沟至关重要。四是坚持开放包容。科技发展要在推动技术进步和保障安全应用两方面取得相对平衡，最佳路径是保持开放合作，鼓励跨学科、跨领域、跨地区、跨国界的交流对话，反对各种形式的“小院高墙”“脱钩断链”，打造开放、包容、公正、非歧视的科技发展环境。五是坚持和平利用。要重点挖掘人工智能在促进可持续发展、推动跨领域融合创新等方面的潜力，更好赋能全球发展事业。各国应秉持负责任的国防政策，反对利用人工智能谋求军事霸权、破坏他国主权和领土完整[②]。

在此原则下，如何就联合国等正在探讨的人工智能国际治理规则提出“中国方案”，仍然需要研究者、实践者、监管者们共同努力。

① 《安理会就人工智能与安全问题举行会议，中国代表提出治理五原则》，https://baijiahao.baidu.com/s?id=1771803636549425264&wfr=spider&for=pc，访问日期：2023年7月19日。

② 同①。

结语

人类的智能认知水平与深度，不仅集中体现在如何感知、预见人工智能发展与运用可能引发的变化、可能带来的风险上，更集中体现在以什么样的伦理、规则和法律框架进行治理。因而，需要超前研究人工智能科技的发展趋向及其与其他目前看起来毫不相关的技术的可能耦合和协同运行，需要研究人工智能对人们的生活方式、家庭观念、社会认同等的影响，甚至要超前研究人工智能对人类自我认知、主体地位、社会形态等的影响和可能引发的变化。这类重大课题是研究、探讨、形成、确定、批准人工智能发展与运用伦理、规则、法律框架、治理体系的基础。2024 年国家社会科学基金重大项目招标的 375 个选题中，有 24 个与人工智能直接相关。其中既有“人工智能技术变革对我国经济社会发展的影响及对策研究”（序号 57）、“大数据、互联网和人工智能发展的社会影响与风险治理研究”（序号 184）、“人工智能发展对全球重点国家国力变化的综合影响研究”（序号 307）、“数字智能技术发展与人类社会形态变革研究”（序号 327）等人工智能发展与运用所产生的影响的研究，也有“人工智能大模型驱动的科技创新与产业升级策略研究”（序号 64）、“人工智能前瞻精准识别高潜能未来产业研究”（序号 84）等人工智能运用与应对的研究，还有一系列与人工智能治理相关的研究选题，包括“人工智能‘深度伪造’对刑事司法的挑战及应对研究”（序号134）、“新一代生成式人工智能发展的法治问题研究”（序号139）、“生成式人工智能传播风险及综合治理研究”（序号185）、“人工智能生产内容对舆论生态的挑战、影响与治理研究”（序号216）和“人工智能国际治理趋势及对策研究”（序号315）。这些重大课题以国家社会科学基金重大项目招标选题方式提出，将有助于深化人们的智能认知。